U0586907

高等职业教育物流管理专业系列教材

GAODENG ZHIYE JIAOYU WULIU GUANLI ZHUANYE XILIE JIAOCAI

物流市场营销

WULIU SHICHANG YINGXIAO

主　编　石小平　任　翔

副主编　李　慧　丁　琳　冯秀娟

重庆大学出版社

图书在版编目(CIP)数据

物流市场营销/石小平,任翔主编.--重庆:重
庆大学出版社,2019.8(2024.7重印)
高等职业教育物流管理专业系列教材
ISBN 978-7-5689-1478-9

Ⅰ.①物… Ⅱ.①石… ②任… Ⅲ.①物资市场—市
场营销学—高等职业教育—教材 Ⅳ. ①F252.2

中国版本图书馆 CIP 数据核字(2019)096989 号

物流市场营销

主 编 石小平 任 翔
副主编 李 慧 丁 琳 冯秀娟
策划编辑:顾丽萍

责任编辑:李定群 刘玥凤 版式设计:顾丽萍
责任校对:关德强 责任印制:张 策

*

重庆大学出版社出版发行
出版人:陈晓阳
社址:重庆市沙坪坝区大学城西路 21 号
邮编:401331
电话:(023) 88617190 88617185(中小学)
传真:(023) 88617186 88617166
网址:http://www.cqup.com.cn
邮箱:fxk@ cqup.com.cn(营销中心)
全国新华书店经销
POD:重庆新生代彩印技术有限公司

*

开本:787mm×1092mm 1/16 印张:12 字数:286 千
2019 年 8 月第 1 版 2024 年 7 月第 4 次印刷
印数:4 501—5 500
ISBN 978-7-5689-1478-9 定价:31.00 元

编委会成员

总　序

随着全球经济一体化进程的加快,现代物流产业已经成为国民经济中重要的服务性产业和新的经济增长点,并被列为我国调整和振兴的重点产业之一。2016年是物流产业转型升级继续深化的一年,在2015年移动互联网、4G信息通路的推动下,在电子商务高速发展的带动下,中国的传统产业发生了革命性的颠覆,物流业也不例外。而在2016年大经济环境条件下,物流行业也步入了另一个发展阶段,虽然物流创新在2016年已经迈开了步子,但总体上看,物流创新对社会物流效率提升的带动作用还不强,物流产业创新驱动发展的效应才刚刚开始,尚未显现。这一时期,物流业持续快速发展的关键是需要大量的优秀人才作为支撑。由于我国物流教育起步较晚,在课程体系设计、教材建设和师资队伍建设等方面还有待完善,培养出来的学生在知识结构、职业素养和综合能力等方面往往与市场需求不对称,尤其是目前国内物流教材零散、缺乏系统性的状况比较突出,很大程度上制约了我国物流教育和物流业的发展。

为了创新教学模式,按照教育部"对接产业(行业)、工学结合、提升质量,促进职业教育深度融入产业链,有效服务经济社会发展"的职业教育发展思路和用信息化促进职业教育现代化的指示精神,从"以教学做一体""教学相长""校企合作"三方面进行深度挖掘、创新。根据湖北省普通高等学校重点人文社会科学研究基地湖北技能型人才培养研究中心立项通知《鄂技人研〔2014〕3号》文件精神,由湖北省8所高职院校牵头,其他开设物流管理专业的相关院校参与,对物流管理专业8门课程标准开展立项研究,并依据研究成果编写了本套教材。

本套教材具有以下三个特点:

1. 按照"能力本位"原则确定课程目标。扭转传统教材目标指向,由知识客体转向学生主体,以学生心理品质的塑造和提升为核心目标,并通过其外部行为的改变来反映这些变化,突出培养学生在工作过程中的综合职业能力,充分体现了高等职业教育的职业性、实践性和实用性。

2.坚持"行业、企业"专家引导内容。采用"行(企)业专家+专业教师+课程专家"的开发模式,打破传统教材开发形式,基于行(企)业专家提出的典型工作任务,在课程专家指导帮助下,由专业教师提炼出适配的知识、技能和态度等方面的教育标准,再通过多种技术方法设计教学任务,编写满足物流管理专业使用的教材。

3.运用"学生能力本位"思想安排教学。由"教程"向"学程"转变,转变传统课堂教育中教师的主宰地位,成为促进学生主动学习的组织者和支持者,强调和重视学习任务与学生认知规律保持一致。保持各专业系列教材之间、课堂教学和实训指导之间的相关性、独立性、衔接性与系统性,处理好课程与课程之间、专业与专业之间的相互关系,避免内容的断缺和不必要的重复。

本套教材定位于物流产业发展人才需求数量最多和分布面最广的高职高专教育层次,是在对物流职业教育的人才规格、培养目标、教育特色等方面的把握和对物流职业教育与普通本科教育的区别理解以及对发达国家物流职业教育借鉴的基础上编写而成的。本套教材在研发期间得到了武汉大学海峰教授、华中科技大学刘志学教授等专家的大力支持。相信本套教材的出版,其意义不仅仅局限在高职高专教学过程本身,而且还会产生巨大的牵动和示范效应,将对高职高专物流管理专业的健康发展产生积极的推动作用。

编审委员会

2017 年 6 月

前　言

　　《物流市场营销》是基于"湖北技能型人才培养研究中心"课题"高职物流管理专业'物流市场营销'课程标准研究"（项目编号：C2014006）完成的工学结合、课程改革规划教材。本书响应习总书记在党的十九大报告中提出的"深化产教融合、校企合作"的号召，依据物流市场的需求和特点，打破了传统的按章节来设计教学内容的程式化教学方式，按照"工学结合"的思想，联合顺丰速运、邮政EMS、德邦等企业，共同开发设计课程内容。本书作者对物流行业企业进行了调研，在专家的指导下对物流市场营销岗位进行了分析，按照物流营销职业岗位（群）的任职要求，结合调研分析结果，确定物流营销岗位的岗位要求和技能标准；并以典型工作任务为载体，结合物流师职业技能鉴定的相关要求，作者与课程主讲教师、企业专家共同设计课程学习领域，开发学习内容。

　　本书由湖北交通职业技术学院石小平、任翔担任主编，湖北交通职业技术学院李慧、丁琳、中诺思信息技术（武汉）有限公司冯秀娟担任副主编。本书的编写分工如下：任翔负责编写项目1、项目2，并负责制订全书的总体策划、结构设计、统稿和定稿；石小平负责编写项目3、项目4；李慧负责编写项目5；冯秀娟负责编写项目6；丁琳负责编写项目7。

　　本书在编写过程中参考、吸收了大量国内外学者的文献和研究成果，在此对作者表示真诚的感谢。由于编者水平有限，加之编写时间仓促，书中难免存在疏漏和不足之处，恳请广大同行和读者提出批评意见，并及时反馈给编者，以便使本书不断完善。

　　本书可作为高等职业教育物流管理、工商管理等经济管理类专业的教材，也可作为工商企业物流营销从业人员的培训教材。

编者

2019 年 4 月

目录

参考文献

▲项目1 认知营销基础知识

【项目导读】

市场营销学是商品经济发展史上一种全新的经营哲学。它是第二次世界大战后在美国新的市场形势下形成的,相继盛行于美国、日本以及西欧各国。它是企业进行市场营销活动时的指导思想和行为准则的总和。物流企业在进行市场营销活动之前,非常有必要了解市场营销的历史发展,以便为后面的物流营销知识的理解和运用奠定良好的基础。

本项目通过对市场营销的定义及其历史的分析,让学生了解现代营销和传统营销的本质区别;阐述了服务营销的定义、层次和特点;重点阐述了物流的相关基本知识以及物流市场营销的含义及运用特点,目的在于了解物流市场营销的特殊性和复杂性。

【教学目标】

1.知识目标
①了解市场营销的定义和发展史。
②了解现代营销的相关观念。
③了解物流的基础知识。
④掌握物流市场营销的定义及特殊性。
2.技能目标
①能辨别不同市场营销理念。
②能运用营销相关方法开展简单的营销活动。
③能清楚掌握物流的基本知识。
④能清楚识别物流市场营销和其他服务营销的区别。

【案例导入】

联邦快递的营销与经营战略

弗雷德·史密斯是联邦快递(Federal Express,FedEx)的创始人和经营者。他知道,如果要通过服务吸引投资者和客户,就应该将自己的服务成功地区别于一般的航空货运。因此,史密斯告知商界:

联邦快递从事的是运输、通信和物流业务。

我们用快速运输货车提供优质的货运服务。

我们用喷气式货运飞机组成联合运输系统。

但是,商界对此都持怀疑态度,因为他们不相信有谁能成功地将航空运输和卡车运输融合在一起,而且他们也不理解联邦快递仅仅运输小件包裹的原因。

史密斯的回答是:如今的社会所形成的新经济靠的并不是汽车和钢铁工具,而是服务,是以电子、光学和医疗科学为基础的服务行业。联邦快递致力于这些要素的流动。本公司具备了为这个社会服务的所有物流手段。运输小件包裹可以给大众留下整洁、清晰的印象。我们已在市场上找到了自己的合适位置。我们不会在同一班飞机上运输老鼠和大象,这与许多货运公司不同。我们运送的是人们可以随身携带的货物。

为了实现其新型的服务,弗雷德·史密斯必须用同样坚定的经营观念来支持他的营销观念。联邦快递的管理层经过详细的市场调查获悉,市场对计算机部件、医疗器械和成套建筑设计材料都有大量的需求;当然也存在着问题——需求的根源尚未可知。需求是大量的,但分布极为分散。他们借鉴电话公司转换系统的观念提出了自己的"X幅结构"的观念。所有的包裹和文件将在周一到周五的夜间运送,货物在运往最终目的地之前,先送到中心处理站。对于客户而言,包裹是直接从 A 城市运往 B 城市还是间接运到的,两者没有区别。包裹没有生命,它们不会在提货和递送过程中抱怨,客户唯一关心的就是联邦快递能否在第二天准时将包裹送到收件人手中。

非直航系统能够用少量的飞机前往多个站点,而且中心站点系统有助于减少误送和延误,因为联邦快递实行了全程监控。这个系统还使联邦快递有机会每晚调整航班,使其与包裹的运量一致。一旦运量变化,公司可以变更航班。这种灵活的机制节约了大量的经营成本。

史密斯将处理站点设在孟菲斯国际机场,其辐射式分布系统结构独特、有效并富有远见。如今,他可以将联邦快递的经营称作"一项畅通无阻的服务,包裹在航班这个运送带上永不停歇"。

史密斯总是希望人们能对公司飞机、快递火车和广告资料上的紫铜色、橙色和白色的徽章标志有深刻的印象。同时,他也十分强调员工的个人形象——整洁、不留胡子、不追求时髦的发式,甚至他对快递人员的制服的选择也非常重视。

(一)营销计划

文斯·法根是联邦快递的首席营销官,他精明能干。在制订营销计划时,他强调公司需要两个阶梯式的市场:一个是传统的递送市场,像行业中其他的企业一样,有运输部门、邮件分发部门及装卸码头——公司称之为"后台市场";另一个被称为"前台市场",这个前台市场包括广告代理公司、建筑设计事务所、银行、咨询所、法律机构以及诸如此类的商业机构和金融服务机构。

在第一个阶梯市场上,联邦快递不得不与 Emery 公司、Airborne 公司和联合包裹服务公司(UPS)等企业以及整个航运业巨头和商业航空公司进行面对面的竞争。第二个阶梯市场是一个非传统的市场,很少有人能准确地认识或理解这个市场。在第一个阶梯市场上,潜在的客户是企业和提供专业技术服务的人员;在第二个阶梯市场上,人们很少利用航空递送服务。但是文斯·法根却认为,如果有足够的理由支持夜间航空快递服务,各企业前台的办公室文员们便能形成巨大的消费市场。他的战略是,不仅要吸引收发部门和运输部门的注意力,而且应该吸引秘书们的注意力,因为是他们这些人每天决定采用何种运输方式递送包裹和文件,以及决定给哪家航空快递公司打电话。

在法根到达孟菲斯后不久,他就认识到公司需要明确采用何种营销策略来快速地增加货物量。他选择在市场上做广告,而不用传统的"唐突的电话推销方式"与个人联系。他感到分散的营销力量没有作用,因而建议联邦快递再花100万美元做广告,辞退推销人员。

这是一个十分有争议和冒风险的建议,尤其在法根提出该计划的细节时,人们更是有这种感觉。他提议投入大量的电视广告,其次是印刷品广告。而以前的航空运输业没有人使用过电视广告。

在10年间,联邦快递的营销部联合纽约广告代理商阿林和加格诺公司开展了五轮重要的营销活动。每一轮都经过精心策划,给人留下了深刻印象。具体情况见表1.1。

表1.1 联邦快递五轮重要的营销活动的具体情况

活动目的	活动口号
树立公众意识	美国,你有了一家新的航空公司。但是,不要激动,除非你是一个包裹。那儿没有头等舱,没有食品,没有电影,甚至也没有乘客,有的只是包裹
在竞争中占上风	我们比最优的还要好几倍
强调服务效率	除了飞机,我们和其他人的一样好
强调服务的可靠性	绝对一夜递送到位
增强客户对联邦快递的认识	各种幽默的广告语,如"一投到位的空中运输""我们与公务员零接触""全球快节奏"等

联邦快递公司的媒体宣传活动在提高其商业份额上获得了巨大的成功。但是,正如一位营销管理人员所说的:"如果你单单依靠这个战略,可能会做过了头。提高递送服务的能力才是真正决定你成绩的关键。"

(二)新的竞争

在快递领域,联邦快递公司遇到了最为激烈的竞争挑战——UPS公司决定进入夜间空运服务市场。史密斯先生一直很佩服UPS公司在财务运作和有效管理上的成功。在联邦快递公司组建时,公司主要依靠曾经是UPS公司员工的技术支持。联邦快递公司采用了许多UPS的经营方式和营销技术,一直到联邦快递公司有时间制订出自己的策略为止。实事求是地说,公司不希望和UPS面对面地竞争。

联邦快递公司迎接挑战的方法依然是基于自己与竞争对手之间的差异,但这次的差异是服务质量。因此,史密斯又对外宣称:

UPS能将他们的业务做得最好。但是,联邦快递也同样能把自己的业务做得最好。我们希望能去除消费者心目中的这样一种观念:以为竞争者可以与我们平起平坐。但事实上,他们并非如此。我们不会让竞争者与联邦快递平起平坐。我们将提供上午10:30送达的快递服务、更多的服务选择、周六提货的服务、包裹递送跟踪服务以及致电告知托运人货物已送到的服务。

为了支持这个战略,经营必须更加顺畅有效。为此,联邦快递公司采用了新的技术。新技术使公司在全国4个内部电话中心实现了专业的客户服务功能。公司用屏幕上的电子订货单代替纸张记录。同时,成熟的信息和检索系统使客户服务代理能通过简单地键入客户账号来获得普通客户的数据。由于所有的包裹都有条形码,在运输的每个环节和处理过程中都要经过扫描,因此信息被送入中心计算机,方便了客户服务代理进行查找。如果出现了客户服务代理解决不了的问题,则此问题会很快上交给专家小组解决。

问题:

1.联邦快递公司的经营战略和营销之间有何联系?

2.联邦快递公司的营销计划有哪些特点?

任务1 了解营销发展历程

1.1.1 情境设置

大一学生小王暑假应聘到某家电卖场做兼职,他所负责的工作主要是发促销传单、打促销电话和向客户介绍家电产品,工作虽然比较充实,但是非常单调。他有点担心,自己毕业以后如果从事这样的营销工作就太没有挑战性了。你能向小王全面地介绍市场营销的相关知识吗?

1.1.2 学习目标

①理解市场营销的含义及现代市场营销的定义。

②了解市场营销理念的6个演变阶段。

③掌握不同市场营销理念的联系与差别。

1.1.3 知识认知

关于市场营销(Marketing),国内外专家各有不同的见解。

1)市场营销的含义

美国市场营销协会认为,市场营销是在创造、沟通、传播和交换产品中为顾客、客户、合作伙伴以及整个社会带来价值的一系列活动、过程和体系。

"现代营销学之父"菲利普·科特勒强调营销的价值导向。他认为市场营销是个人和集体通过创造产品和价值,并同别人自由交换产品和价值来获得其所需所欲之物的一种社会和管理过程。

"服务营销理论之父"克里斯琴·格罗路斯则强调营销的目的。他认为所谓市场营销,就是在变化的市场环境中,旨在满足消费需要、实现企业目标的商务活动过程,包括市场调研、选择目标市场、产品开发、产品促销等一系列与市场有关的企业业务经营活动。

美国学者基恩·凯洛斯将各种市场营销定义分为以下3类:

①将市场营销看成一种为消费者服务的理论。

②强调市场营销是对社会现象的一种认识。

③认为市场营销是通过销售渠道把生产企业同市场联系起来的过程。这从一个侧面反映了市场营销的复杂性。

相关专家认为,可以从以下 4 个方面理解市场营销的含义:

(1)市场营销分为宏观和微观两个层次

宏观市场营销是反映社会的经济活动,其目的是满足社会需要,实现社会目标。微观市场营销是一种企业的经济活动过程。它是根据目标顾客的要求生产适销对路的产品,从生产者流转到目标顾客,其目的在于满足目标顾客的需要,实现企业的目标。

(2)市场营销活动的核心是交换

市场营销活动的核心是交换,但其范围不仅限于商品交换的流通过程,而且包括产前和产后的活动。产品的市场营销活动往往比产品的流通过程要长。现代社会的交易范围很广泛,已突破了时间和空间的壁垒,形成了普遍联系的市场体系。

(3)市场营销与推销、销售的含义不同

市场营销包括市场研究、产品开发、定价、促销、服务等一系列经营活动,而推销、销售仅是企业营销活动的一个环节或部分,是市场营销的职能之一,不是其最重要的职能。

(4)营销活动贯穿于企业活动的全过程

市场营销不是企业某一方面的活动,而是贯穿于企业经营活动的全过程;也不只是营销部门的事情,还是整个企业的事情。因此,企业要树立全员营销的观念。

2)市场营销理念的演变

市场营销学于 20 世纪初期产生于美国。随着社会经济及市场经济的发展,市场营销学发生了根本性的变化:从传统市场营销学演变为现代市场营销学,其应用从营利组织扩展到非营利组织,从国内扩展到国外。当今,市场营销学已成为同企业管理相结合,并同经济学、行为科学、人类学、数学等学科相结合的应用边缘管理学科。西方市场营销学的产生与发展同商品经济的发展、企业经营哲学的演变是密切相关的。美国市场营销学自 20 世纪初诞生以来,其发展经历了以下 6 个阶段:

(1)萌芽阶段(1900—1920)

这一时期,各主要资本主义国家经过工业革命,生产力迅速提高,城市经济迅猛发展,商品需求量也迅速增多,出现了需过于供的卖方市场,企业产品价值实现不成问题,与此相适应的市场营销学开始创立。早在 1902 年,美国密执安大学、加州大学和伊利诺伊大学的经济系开设了市场学课程,之后相继在宾夕法尼亚大学、匹兹堡大学、威斯康星大学开设此课程。在这一时期,出现了一些市场营销研究的先驱者,其中最著名的有阿切·W.肖(Arch W. Shaw)、巴特勒(Ralph Star. Butler)、约翰·B.斯威尼(John B. Swirniy)及赫杰特齐(J. E. Hagerty)。哈佛大学教授赫杰特齐走访了大企业主,了解了他们如何进行市场营销活动,于 1912 年出版了第一本销售学教科书。

阿切·W.肖于 1915 年出版了《关于分销的若干问题》一书,率先把商业活动从生产活动中分离出来,并从整体上考察分销的职能。但当时他尚未使用"市场营销"一词,而是把分销与市场营销视为一回事。

韦尔达(L.D.H.Weld)、巴特勒和威尼斯在美国最早使用"市场营销"这一术语。韦尔达提出：“经济学家通常把经济活动划分为 3 大类：生产、分配、消费。生产被认为是效用的创造”“市场营销应当定义为生产的一个组成部分”“生产是创造形态效用，营销则是创造时间、场所和占有效用”，并认为“市场营销开始于制造过程结束之时”。

这一阶段的市场营销理论同企业经营哲学相适应，即同生产观念相适应，其依据是传统的经济学是以供给为中心的。

（2）功能研究阶段（1921—1945）

这一阶段以营销功能研究为特点。此阶段最著名的代表者有克拉克（F.E.Clerk）、韦尔达、亚历山大（Alexander）、瑟菲斯（Sarfare）、埃尔德（Ilder）及奥尔德逊（Alderson）。1932年，克拉克和韦尔达出版了《美国农产品营销》一书，对美国农产品营销进行了全面的论述，指出市场营销的目的是“使产品从种植者那儿顺利地转到使用者手中。这一过程包括 3 个重要又相互有关的内容：集中（购买剩余农产品）、平衡（调节供需）和分散（把农产品化整为零）”。这一过程包括 7 种市场营销功能：集中、储藏、财务、承担风险、标准化、推销和运输。1942年，克拉克出版的《市场营销学原理》一书在功能研究上有所创新，把功能归结为交换功能、实体分配功能、辅助功能等，并提出了推销是创造需求的观点，这实际上是市场营销的雏形。

（3）形成和巩固时期（1946—1955）

管理界的一代宗师彼得·德鲁克在其 1954 年写成的《管理的实践》中认为，“关于企业的目的只有一个有效定义：创造消费者”。他指出，“市场是由商人创造的，而消费者的需求只是理论上的”。德鲁克的管理思想进一步促使市场营销理论与实践者从以企业为核心向以消费者为核心的转变。这一时期的代表人物有范利（Vaile）、格雷特（Grether）、考克斯（Cox）、梅纳德（Maynard）及贝克曼（Beckman）。1952年，范利、格雷斯和考克斯合作出版了《美国经济中的市场营销》一书，全面地阐述了市场营销如何分配资源、指导资源的使用，尤其是指导稀缺资源的使用；市场营销如何影响个人分配，而个人收入又如何制约营销；市场营销还包括为市场提供适销对路的产品。同年，梅纳德和贝克曼在他们出版的《市场营销学原理》一书中提出了市场营销的定义，认为它是“影响商品交换或商品所有权转移，以及为商品实体分配服务的一切必要的企业活动”。梅纳德归纳了研究市场营销学的 5 种方法，即商品研究法、机构研究法、历史研究法、成本研究法及功能研究法。

由此可见，这一时期已形成市场营销学的原理及研究方法，传统市场营销学已形成。

（4）市场营销管理导向时期（1956—1965）

这一时期的代表人物主要有罗·奥尔德逊（Wraoe Alderson）、约翰·霍华德（John A. Howard）及麦卡锡（E.J.Mclarthy）。

奥尔德逊在 1957 年出版的《市场营销活动和经济行动》一书中提出了“功能主义”。霍华德在其出版的《市场营销管理：分析和决策》一书中率先提出从营销管理角度论述市场营销理论和应用，从企业环境与营销策略二者的关系来研究营销管理问题，强调企业必须适应外部环境。麦卡锡在 1960 年出版的《基础市场营销学》一书中对市场营销管理提出了新的见解。他把消费者视为一个特定的群体，即目标市场，企业制订市场营销组合策略要适应外部环境，满足目标顾客的需求，以实现企业经营目标。

（5）协同和发展时期（1966—1980）

这一时期，市场营销学逐渐从经济学中独立出来，同管理科学、行为科学、心理学、社会心理学等理论相结合，使其理论更加成熟。

在此时期，乔治·道宁（George S.Downing）于1971年出版的《基础市场营销：系统研究法》一书中提出了系统研究法，认为公司就是一个市场营销系统，"企业活动的总体系统通过定价、促销、分配活动，并通过各种渠道把产品和服务供给现实的和潜在的顾客"。他还指出，公司作为一个系统，同时又存在于一个由市场、资源和各种社会组织等组成的大系统之中。它将受到大系统的影响，同时又反作用于大系统。

1967年，美国著名市场营销学教授菲利普·科特勒（Philip Kotler）出版了《市场营销管理：分析、计划与控制》一书，该著作更全面、系统地发展了现代市场营销理论。他对营销管理下了定义：营销管理就是通过创造、建立和保持与目标市场之间的有益交换和联系，以达到组织的各种目标而进行的分析、计划、执行和控制过程；并提出，市场营销管理过程包括分析市场营销机会，进行营销调研，选择目标市场，制订营销战略和战术，制订、执行及调控市场营销计划。

菲利普·科特勒突破了传统市场营销学认为营销管理的任务只是刺激消费者需求的观点，进一步提出了营销管理任务还影响需求的水平、时机和构成，因而提出营销管理的实质是需求管理，还提出了市场营销是与市场有关的人类活动，既适用于营利组织，也适用于非营利组织，扩大了市场营销学的范围。

1984年，菲利普·科特勒根据国际市场及国内市场贸易保护主义抬头，出现封闭市场的状况，提出了大市场营销理论，即6P战略：原来的4P（Product产品、Price价格、Place分销、Promotion促销）加上Public（公共关系）和Political Power（政治权力）。他提出了企业不应只是被动地适应外部环境，而且也应该影响企业的外部环境的战略思想。

（6）分化和扩展时期（1981年至今）

在此期间，市场营销领域又出现了大量丰富的新概念，使得市场营销这门学科出现了变形和分化的趋势，其应用范围也在不断地扩展。

1981年，莱维·辛格和菲利普·科特勒对"市场营销战"这一概念以及军事理论在市场营销战中的应用进行了研究。几年后，列斯和特罗出版了《市场营销战》一书。1981年，瑞典经济学院的克里斯琴·格罗路斯发表了论述"内部市场营销"的论文，科特勒也提出要在企业内部创造一种市场营销文化，即企业市场营销化的观点。1983年，西奥多·莱维特对"全球市场营销"问题进行了研究，提出过于强调对各个当地市场的适应性将导致生产、分销和广告方面规模经济的损失，从而使成本增加。因此，他呼吁多国公司向全世界提供一种统一的产品，并采用统一的沟通手段。1985年，巴巴拉·本德·杰克逊提出了"关系营销""协商推销"等新观点。1986年，科特勒提出了"大市场营销"这一概念，提出了企业如何打进被保护市场的问题。在此期间，"直接市场营销"也是一个引人注目的新问题，其实质是以数据资料为基础的市场营销，而事先获得大量信息和电视通信技术的发展才会使直接市场营销成为可能。

进入20世纪90年代以来，市场营销、市场营销网络、政治市场营销、市场营销决策支持系统、市场营销专家系统等新的理论与实践问题开始引起学术界和企业界的关注。进入21

世纪后,随着互联网的发展应用,基于互联网的网络营销得到迅猛发展。

3)市场营销观念综述

市场营销观念的演变与发展可归纳为6种,即生产观念、产品观念、市场营销观念、客户观念、社会市场营销观念及大市场营销观念。

(1)生产观念

生产观念是指导销售者行为的最古老的观念之一。这种观念产生于20世纪20年代前,其企业经营哲学不是从消费者需求出发,而是从企业生产出发,其主要表现是"我生产什么,就卖什么"。生产观念认为,消费者喜欢那些可以随处买得到而且价格低廉的产品,企业应致力于提高生产效率和分销效率,扩大生产、降低成本以扩展市场。例如,烽火猎聘专家认为美国皮尔斯堡面粉公司从1869年至20世纪20年代一直运用生产观念指导企业的经营,当时这家公司提出的口号是"本公司旨在制造面粉";又如,美国汽车大王亨利·福特曾傲慢地宣称"不管顾客需要什么颜色的汽车,我只有一种黑色的",这些都是生产观念的典型表现。显然,生产观念是一种重生产、轻市场营销的商业哲学。

生产观念是在卖方市场条件下产生的。在资本主义工业化初期以及第二次世界大战末期和战后一段时期内,因物资短缺,市场产品供不应求,生产观念在企业经营管理中颇为流行。中国在计划经济旧体制下,因市场产品短缺,企业不愁其产品没有销路,工商企业在其经营管理中也奉行生产观念,具体表现为:工业企业集中力量发展生产,轻视市场营销,实行以产定销;商业企业集中力量抓货源,工业企业生产什么就收购什么,工业企业生产多少就收购多少,也不重视市场营销。

除了物资短缺、产品供不应求的情况之外,有些企业在产品成本高的条件下,其市场营销管理也受产品观念支配。例如,亨利·福特在20世纪初期曾倾全力于汽车的大规模生产,努力降低成本,使消费者购买得起,借以提高福特汽车的市场占有率。

(2)产品观念

产品观念也是一种较早的企业经营观念。产品观念认为,消费者最喜欢高质量、多功能和具有某种特色的产品,企业应致力于生产高值产品,并不断加以改进。它产生于市场产品供不应求的卖方市场形势下。最容易产生产品观念的场合莫过于当企业发明一项新产品时,此时,最容易导致企业"市场营销近视",即不适当地把注意力放在产品上,而不是放在市场需要上,以致在市场营销管理中缺乏远见,只看到自己的产品质量好,看不到市场需求在变化,致使企业经营陷入困境。

例如,美国某钟表公司自1869年创立到20世纪50年代,一直被公认为是美国最好的钟表制造商之一。该公司在市场营销管理中强调生产优质产品,并通过著名珠宝商店、大百货公司等构成的市场营销网络分销产品。1958年之前,公司销售额始终呈上升趋势,但之后其销售额和市场占有率开始下降。造成这种状况的主要原因是市场形势发生了变化:这一时期的许多消费者对名贵手表已经不感兴趣,而趋于购买那些经济、方便且新颖的手表,而且,许多制造商为了迎合消费者需要,已经开始生产低档产品,并通过廉价商店、超级市场等大众分销渠道积极推销,从而夺得了某钟表公司的大部分市场份额。某钟表公司竟没有注意到市场形势的变化,依然迷恋于生产精美的传统样式的手表,仍旧借助传统渠道销售,认为自己的产品质量好,顾客必然会找上门,结果致使企业经营遭受重大挫折。

（3）市场营销观念

市场营销观念是作为对上述诸观念的挑战而出现的一种新型的企业经营哲学。这种观念是以满足顾客需求为出发点的，即"顾客需要什么，就生产什么"。尽管这种思想由来已久，但其核心原则直到 20 世纪 50 年代中期才基本定型。当时社会生产力迅速发展，市场趋势表现为供过于求的买方市场；同时广大居民个人收入迅速提高，有可能对产品进行选择。为保持产品的竞争力，许多企业开始认识到：必须转变经营观念，才能求得生存和发展。市场营销观念认为，实现企业各项目标的关键在于正确确定目标市场的需要和欲望，并且比竞争者更有效地传送目标市场所期望的物品或服务，进而比竞争者更有效地满足目标市场的需要和欲望。

市场营销观念的出现使企业经营观念发生了根本性变化，也使市场营销学发生了一次革命。市场营销观念同推销观念相比具有重大的差别。

西奥多·莱维特曾对推销观念和市场营销观念做过深刻的比较，并指出：推销观念注重卖方需要；市场营销观念则注重买方需要。推销观念以卖主需要为出发点，考虑如何把产品变成现金；而市场营销观念则考虑如何通过制造、传送产品以及与最终消费产品有关的所有事物来满足顾客的需要。可见，市场营销观念的 4 个支柱是市场中心、顾客导向、协调的市场营销和利润。推销观念的 4 个支柱是工厂、产品导向、推销、盈利。从本质上说，市场营销观念是一种以顾客需要和欲望为导向的哲学，是消费者主权论在企业市场营销管理中的体现。

许多优秀的企业都是奉行市场营销观念的。例如，日本本田汽车公司要在美国推出一种雅阁牌新车。在设计新车前，他们派出工程技术人员专程到洛杉矶地区考察高速公路的情况，实地丈量路长、路宽，采集高速公路的柏油，拍摄进出口道路的设计。回到日本后，他们专门修了一条 9 英里（1 英里≈1.609 千米）长的高速公路，就连路标和告示牌都与美国公路上的一模一样。在设计行李箱时，设计人员意见有了分歧，他们就到停车场看了一个下午，看人们如何取放行李。这样，意见马上统一起来。结果本田公司的雅阁牌汽车一到美国就备受欢迎，被认为是全世界都能接受的好车。

（4）客户观念

随着现代营销战略由产品导向转变为客户导向，客户需求及其满意度逐渐成为营销战略成败的关键所在。各个行业都试图通过卓有成效的方式及时准确地了解和满足客户需求，进而实现企业目标。实践证明，不同子市场的客户存在着不同的需求，甚至同一个子市场的客户的个别需求也会经常变化。为了适应不断变化的市场需求，企业的营销战略必须及时调整。在此营销背景下，越来越多的企业开始由奉行市场营销观念转变为客户观念或顾客观念。

所谓客户观念，是指企业注重收集每一个客户以往的交易信息、人口统计信息、心理活动信息、媒体习惯信息及分销偏好信息等，根据由此确认的不同客户的终身价值，分别为每一个客户提供各自不同的产品或服务，传播不同的信息，从而提高客户忠诚度，增加每一个客户的购买量，以确保企业的利润增长。市场营销观念与之不同，它强调的是满足一个子市场的需求，而客户观念则强调满足每一个客户的特殊需求。

需要注意的是，客户观念并不适用于所有企业。一对一营销需要以工厂定制化、运营电脑化、沟通网络化为前提条件,因此,贯彻客户观念要求企业在信息收集、数据库建设、电脑软件和硬件购置等方面进行大量投资,而这并不是每一个企业都能够做到的。即使有些企业舍得花钱,也难免会出现投资大于由此带来的收益的局面。客户观念最适用于那些善于收集单个客户信息的企业,这些企业所营销的产品能够借助客户数据库的运用实现交叉销售。客户观念往往会给这类企业带来异乎寻常的效益。

(5)社会市场营销观念

社会市场营销观念是对市场营销观念的修改和补充。它产生于 20 世纪 70 年代西方资本主义出现能源短缺、通货膨胀、失业增加、环境污染严重、消费者保护运动盛行的新形势下。市场营销观念回避了消费者需要、消费者利益和长期社会福利之间隐含着冲突的现实。社会市场营销观念认为,企业的任务是确定各个目标市场的需要、欲望和利益,并以保护或提高消费者和社会福利的方式,比竞争者更有效、更有力地向目标市场提供能够满足其需要、欲望和利益的物品或服务。社会市场营销观念要求市场营销者在制定市场营销政策时,要统筹兼顾三方面的利益,即企业利润、消费者需要的满足和社会利益。

上述 5 种企业经营观念的产生和存在都有其历史背景和必然性,都是与一定的条件相联系、相适应的。当前,外国企业正在从生产型向经营型或经营服务型转变,企业为了求得生存和发展,必须树立具有现代意识的市场营销观念和社会市场营销观念。但是,必须指出的是,由于诸多因素的制约,不是所有的企业都树立了市场营销观念和社会市场营销观念,事实上,还有许多企业仍然以产品观念及推销观念为导向。

目前,中国仍处于社会主义市场经济初级阶段,基于社会生产力发展程度及市场发展趋势,经济体制改革的状况及广大居民收入状况等因素的制约,中国企业经营观念仍处于以推销观念为主、多种观念并存的阶段。

(6)大市场营销观念

大市场营销观念于 20 世纪 80 年代中期提出。20 世纪 70 年代末,资本主义经济不景气和持续"滞胀"导致西方国家纷纷采取贸易保护主义措施。在贸易保护主义思潮日益增长的条件下,从事国际营销的企业为了成功进入特定市场从事经营活动,除了运用好产品、价格、渠道、促销等传统的营销策略外,还必须依靠权力和公共关系来突破进入市场的障碍。大市场营销观念对从事国际营销的企业具有现实意义,重视和恰当地运用这一观念有益于企业突破贸易保护障碍,占据市场。

1.1.4　技能训练——三联"零环节物流"

三联物流描摹的是这样一幅图画:王先生想买冰箱,于是他来到居所附近的一家三联家电连锁店。这个以陈列各类家电产品为主要功能的连锁店更像现在的汽车展示厅。在销售人员的帮助下,王先生大致了解了各种品牌冰箱的性价比,打算购买 A 厂家生产的冰箱 b。王先生下的订单通过这家连锁店的信息采集系统迅速传送到三联家电总部的 ERP 系统中,并通过系统接口自动传达到厂家的信息系统。冰箱 b 生产完成后,由专业物流配送人员根据订单上留下的地址送到王先生家。

这是个基于异常通畅"信息流"的过程,这个过程使物流所涉及的环节减到了最少,三联称此为"零环节物流"。与之相比,传统的物流过程是复杂的,产品从下线到工厂的仓库、大区的中转仓库、各地分公司的仓库,甚至在供应商内部还要经过几个物流环节。然后,到分销零售的配送中心,再到门店的仓库,可能还要再经过安装服务机构才能进入消费者家门。就是说,一件产品从下线到最终售出的过程中,至少停留5~6个仓库,经历10次以上的装卸,而每次装卸的费用都超过1元。"零环节"意味着高效率和低成本。三联物流中心总经理高金玲说,在成本方面,三联物流的费用率可以达到0.5%。而国内百货业的费用率通常为3%~40%;上海华联的物流目前在全国是最好的,其物流费率也只达到1%。高金玲认为,三联物流的费用率水平是比较先进的。

问题:

1.你认为三联物流的费用率水平先进吗? 为什么?

2.你认为还有什么方式可以将营销和物流结合得更加紧密?

任务2 掌握现代营销观念

1.2.1 情境设置

在市场营销讨论课上,同学们热火朝天地讨论着营销的核心。小王说:"做营销得有人脉关系,否则事倍功半。"小李说:"做营销必须要会做方案和策划,否则做事就是无头苍蝇。"小肖说:"做营销不能只看产品本身,因为客户更看重服务。"小张说:"客户对过程的参与和感受决定了营销的成败。"你认为谁说得有道理? 为什么?

1.2.2 学习目标

①了解关系营销和服务营销的定义和特征。

②能运用关系营销和服务营销的相关方法开展营销活动。

1.2.3 知识认知

1)关系营销

关系营销包括以下内容:

(1)基本概念认知

关系营销是把营销活动看成一个企业与消费者、供应商、分销商、竞争者、政府机构及其他公众发生互动作用的过程,其核心是建立和发展与这些公众的良好关系。美国著名学者和营销学专家巴巴拉·本德·杰克逊提出了关系营销的概念,使人们对市场营销理论的研究又迈上了一个新的台阶。

关系营销理论一经提出,迅速风靡全球,杰克逊也因此成了美国营销界备受瞩目的人物。科特勒评价说:"杰克逊的贡献在于,他使我们了解到关系营销将使公司获得较其在交易营销中所得到的更多。"

（2）关系营销的本质特征

关系营销有以下5个本质特征：

①双向沟通。在关系营销中,沟通应该是双向而非单向的。只有广泛的信息交流和信息共享,才可能使企业赢得各个利益相关者的支持与合作。

②合作。一般而言,关系有两种基本状态,即对立和合作。只有通过合作才能实现协同。因此,合作是"双赢"的基础。

③双赢。双赢即关系营销旨在通过合作增加关系各方的利益,而不是通过损害其中一方或多方的利益来增加其他各方的利益。

④亲密。关系能否得到稳定和发展,情感因素也起着重要作用。因此,关系营销不只是要实现物质利益的互惠,还必须让参与各方能从关系中获得情感需求的满足。

⑤控制。关系营销要求建立专门的部门,用以跟踪顾客、分销商、供应商及营销系统中其他参与者的态度,由此了解关系的动态变化,以便及时采取措施消除关系中的不稳定因素和不利于关系各方利益共同增长的因素。此外,通过有效的信息反馈,也有利于企业及时改进产品和服务,更好地满足市场的需求。

（3）关系营销的基本模式

关系营销有一定的基本模式。

①关系营销的中心——顾客忠诚。在关系营销中,发现正当需求—满足需求并保证顾客满意—营造顾客忠诚,构成了关系营销中的三部曲。

a.企业要分析顾客需求,顾客需求满足与否的衡量标准是顾客满意程度。满意的顾客会给企业带来有形的好处（如重复购买该企业产品）和无形产品（如宣传企业形象）。有营销学者提出了导致顾客全面满意的7个因素及其相互间的关系：欲望、感知绩效、期望、欲望一致、期望一致、属性满意、信息满意；欲望和感知绩效生成欲望一致,期望和感知绩效生成期望一致,然后生成属性满意和信息满意,最后的结果才是全面满意。

b.从模式中可以看出,期望和欲望与感知绩效的差异程度是产生满意感的来源。因此,企业可采取3种方法来取得顾客满意：提供满意的产品和服务；提供附加利益；提供信息通道。

c.市场竞争的实质是争夺顾客资源,维系原有顾客。减少顾客的叛离要比争取新顾客更为有效。维系顾客不仅仅需要维持顾客的满意程度,还必须分析顾客产生满意程度的最终原因,从而有针对性地采取措施来维系顾客。

②关系营销的构成——梯度推进。贝瑞和帕拉苏拉曼归纳了3种建立顾客价值的方法。

a.一级关系营销（频繁市场营销或频率营销）。维持关系的重要手段是利用价格刺激增加目标公众的财务利益。

b.二级关系营销。在建立关系方面优于价格刺激,增加社会利益,同时也附加财务利益,主要形式是建立顾客组织,包括顾客档案,正式的、非正式的俱乐部,以及顾客协会等。

c.三级关系营销。增加结构纽带,同时附加财务利益和社会利益。与客户建立结构性关系,使其对关系客户有价值,但不能通过其他来源得到,这样可以提高客户转向竞争者的机会成本,同时也将增加客户脱离竞争者而转向本企业的收益。

③关系营销的模式——作用方程。企业不仅面临着同行业竞争对手的威胁,而且在外部环境中还有潜在进入者和替代品的威胁,以及供应商和顾客的讨价还价的较量。企业营销的最终目标是使本企业在产业内部处于最佳状态,能够抗击或改变这 5 种作用力。作用力是指决策的权利和行为的力量。双方的影响能力可用下列 3 个作用方程表示:"营销方的作用力"小于"被营销方的作用力";"营销方的作用力"等于"被营销方的作用力";"营销方的作用力"大于"被营销方的作用力"。引起作用力不等的原因是市场结构状态的不同和占有信息量的不对称。在竞争中,营销作用力强的一方起着主导作用;当双方力量势均力敌时,往往采取谈判方式来影响、改变关系双方作用力的大小,从而使交易得以顺利进行。

(4)关系营销的原则

关系营销的实质是在市场营销中与各关系方建立长期稳定的相互依存的营销关系,以求彼此协调发展,因而必须遵循以下三大原则:

①主动沟通原则。在关系营销中,各关系方都应主动与其他关系方接触和联系,相互交换信息,了解情况,形成制度或以合同形式定期或不定期碰头,相互交流各关系方需求变化情况,主动为关系方服务或为关系方解决困难和问题,增强伙伴合作关系。

②承诺信任原则。在关系营销中,各关系方相互之间都应做出一系列书面或口头承诺,并以自己的行为履行诺言,才能赢得关系方的信任。承诺的实质是一种自信的表现,履行承诺就是将誓言变成行动,是维护和尊重关系方利益的体现,也是获得关系方信任的关键,是公司(企业)与关系方保持融洽伙伴关系的基础。

③互惠原则。在与关系方交往过程中,必须做到相互满足关系方的经济利益,并在公平、公正、公开的条件下进行成熟、高质量的产品或价值交换,使关系方都能得到实惠。

(5)关系营销的形态

关系营销是在人与人之间的交往过程中实现的,而人与人之间的关系纷繁复杂,归纳起来大体有以下 5 种形态:

①亲缘关系营销形态。亲缘关系营销形态是依靠家庭血缘关系维系的市场营销,如以父子、兄弟姐妹等亲缘为基础进行的营销活动。这种关系营销的各关系方盘根错节,根基深厚,关系稳定,时间长久,利益关系容易协调,但应用范围有一定的局限性。

②地缘关系营销形态。地缘关系营销形态是以企业营销人员所处地域空间为界来维系的营销活动,如利用同省同县的老乡关系或同一地区企业关系进行的营销活动。这种关系营销在经济不发达,交通邮电落后,物流、商流、信息流不畅的地区作用较大。在我国社会主义初级阶段的市场经济发展中,这种关系营销形态仍不可忽视。

③业缘关系营销形态。业缘关系营销形态是以同一职业或同一行业之间的关系为基础进行的营销活动,如同事、同行、同学之间的关系,由于关系中人员接受过相同的文化熏陶,彼此具有相同的志趣,在感情上容易紧密结合为一个"整体",可以在较长时间内相互帮助,相互协作。

④文化习俗关系营销形态。文化习俗关系营销形态是指以企业及其人员之间具有共同的文化、信仰、风俗习俗为基础进行的营销活动。由于公司(企业)之间和人员之间有共同的理念、信仰和习惯,因此,在营销活动的相互接触交往中易于心领神会,对产品或服务的品

牌、包装、性能等有相似需求,容易建立长期的伙伴营销关系。

⑤偶发性关系营销形态。偶发性关系营销形态是指在特定的时间和空间条件下发生突然的机遇形成的一种关系营销,如营销人员在车上与同座旅客闲谈中可能使某款产品成交。这种营销具有突发性、短暂性、不确定性特点,往往与前几种形态相联系,但这种偶发性机遇又会成为企业扩大市场占有率、开发新产品的契机,如能抓住机遇,可能成为一个公司(企业)兴衰成败的关键。

(6)关系营销的具体措施

关系营销的具体措施包括组织设计、资源配置和效率提升。

①关系营销的组织设计。为了对内协调部门之间、员工之间的关系,对外向公众发布消息、处理意见等,通过有效的关系营销活动,使得企业目标能顺利实现,企业必须根据正规性原则、适应性原则、针对性原则、整体性原则、协调性原则和效益性原则建立企业关系管理机构。该机构除协调内外部关系外,还将担负着收集信息资料、参与企业决策的责任。

②关系营销的资源配置。面对当代的顾客、变革和外部竞争,企业的全体人员必须通过有效地资源配置和利用,同心协力地实现企业的经营目标。企业资源配置主要包括人力资源和信息资源。人力资源配置主要是通过部门间的人员转化、内部提升和跨业务单元的论坛和会议等方式进行的。信息资源共享方式包括利用电脑网络建立"知识库""回复网络"以及"虚拟小组"。

③关系营销的效率提升。一方面,与外部企业建立合作关系,必然会与之分享某些利益,增强对手的实力;另一方面,企业各部门之间也存在着不同的利益。这两方面形成了关系协调的障碍,具体的原因包括利益不对称、担心失去自主权和控制权、片面的激励体系、担心损害分权。

关系各方环境的差异会影响关系的建立以及双方的交流。跨文化的人们在交流时,必须克服文化所带来的障碍。对于具有不同企业文化的企业来说,文化的整合对于双方能否真正协调运作有重要的影响。关系营销是在传统营销的基础上融合多个社会学科的思想而发展起来的,它吸收了系统论、协同学、传播学等思想。关系营销学认为,对于一个现代企业来说,除了要处理好企业内部关系,还有可能要与其他企业结成联盟,企业营销过程的核心是建立并发展与消费者、供应商、分销商、竞争者、政府机构及其他公众的良好关系。无论在哪一个市场上,关系都具有很重要的作用,甚至成为企业市场营销活动成败的关键。因此,关系营销日益受到企业的关注和重视。

2)服务营销

服务这个词是目前在各个领域出镜率非常高的词语之一。因为当今世界发展的一大趋势就是服务行业的迅速崛起,也就是专家学者们常说的服务经济时代的来临。随着人们富裕程度的提高、闲暇时间的增多以及产品复杂程度的加深,将会越来越需要服务,越来越离不开服务。近年来,在供给侧结构性改革等一系列政策措施作用下,尽管面临经济下行压力加大、社会消费需求和投资者信心不足等困难,但我国服务业仍保持着较快的发展势头,继续领跑三次产业发展,对国内生产总值的贡献不断提高,成为新常态下稳定增长的新动力、吸纳就业的主渠道,为经济增长、财源增加、民生改善和社会稳定做出了重要贡献。特别是服务业新产业、新业态和新模式的不断涌现、拓展,在错综复杂的国内外环境下,成为引领产业结构持续优化的新生力量。这些都使人们不得不关注服务及其营销中的相关问题。

（1）服务的定义

服务行业门类众多,既包括营利的众多行业,也包括非营利的许多部门。在此,援引菲利普·科特勒关于服务的定义:服务是一方能够向另一方提供的基本上无形的任何活动或利益,并且不导致任何所有权的产生。它的产生可能与某种有形产品密切联系在一起,也可能毫无联系。从这个定义我们看到,在此所讨论的服务是作为购买和交换的产品。许多活动,如饭店租房、银行存款、物流运输等,都涉及购买服务的问题。

（2）服务的特点

把服务作为一类商品与其他商品相比较,尤其是与有形商品相比较,会有一些不同于其他商品的独特之处。而了解这些不同之处是制订适当的市场营销策略的基础。这些特征集中表现为4个方面:无形性、不可分性、可变性和易消失性。

企业在设计市场营销方案时,必须考虑服务的4种特殊特征。图1.1简要地说明了这四大特征。

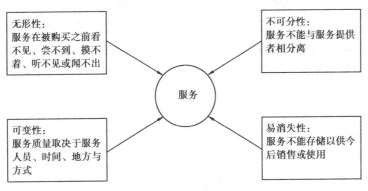

图 1.1　服务产品的特征

①无形性。服务与实体产品最根本的区别就在于服务的无形性。这种无形性使得服务商品在被购买之前是看不见、尝不到、摸不着、听不见或闻不出的。这种特点使得企业在向消费者宣传服务商品的种种好处时要比有形商品困难得多。例如,人们在做面部美容和整形手术之前是看不到成效的,航空公司的乘客除了一张飞机票和安全到达目的地的承诺之外什么也没有。为此,服务的提供者必须在增强消费者对自己的信心方面下功夫:可以通过强调服务带来的好处;为自己的服务制订品牌名称;增加和转化服务的有形性等。通过这些方式,可以增加消费者的信任感,从而达到变无形为有形的效果。

②不可分性。一般来说,服务与其来源是不可分的,无论这种来源是机器还是人。这与有形商品的生产和销售过程非常不同。有形产品是先通过生产、存储,然后销售,最终被消费掉。而服务的产生和消费是同时进行的,其过程是先被销售,然后再被同时生产和消费。这种特征决定了提供者和被提供者双方对服务的结果都有影响,决定了作为购买一方的消费者参与了所购买的服务的生产过程。这种不可分割性决定了购买某项服务的人数要受到提供服务者的人数和时间的限制。为了克服这种限制,服务者一方面可以通过学习和培训学会为较大的群体提供服务;另一方面,提供服务的企业还可以培训更多的服务者为需要此

项服务的消费者服务。由于顾客在服务商品中的参与性,因此服务商品提供者和顾客之间的相互作用成为服务市场营销的一大特色。

③可变性。服务的可变性也称为服务的易变性。之所以称为可变和易变,是因为服务的质量取决于服务人员、时间、地点和方式,它们依赖于由谁来提供服务,在什么时间和什么地点提供服务。并且由于服务的购买者是知道这一特点的,因而他们在选择服务商品时通常会做许多调研,也会和别人做些交流和讨论。另外,虽然服务难以做到像有形产品那样统一和连贯的标准化管理,但并非无章可循。首先,企业可以尽量利用先进科技使服务过程机械化,如机场和车站用电子扫描检测行李代替人工检查,用自动柜员机替代银行出纳员。另外,企业可以选择优秀人员进行培训和投资,使他们能满足客户和企业所要求的优质服务。还有就是通过顾客建议和投诉制度以及顾客调查和采购比较来追踪和检查顾客是否感到满意,从而发现问题,加以改进。

④易消失性。服务易消失性指服务不能储存以供今后销售或使用。例如,一次航班中一个空着的座位并不能存储到下一次使用,随着飞机的起飞,这个座位能创造收入的可能性就消失了。当需求稳定时,服务的易消失性带来的问题容易解决;但是当需求变动时,服务公司就会碰到困难。例如,由于交通高峰时期的需求,公共运输公司所需求的运输设备必须多于全天的均衡需求。因此,服务公司经常需要设计能够更好地解决供求矛盾的策略和方案。例如,饭店和旅游胜地的定价在淡季都会降低,以便吸引更多的顾客;餐馆在高峰时期会雇佣兼职服务员。

(3)服务营销

①服务营销的定义。服务营销是企业在充分认识消费者需求的前提下,为充分满足消费者需要在营销过程中所采取的一系列活动。服务作为一种营销组合要素,真正引起人们重视是在20世纪80年代后期。这一时期,由于科学技术的进步和社会生产力的显著提高,产业升级和生产的专业化发展日益加速,一方面使产品的服务含量,即产品的服务密集度日益增大;另一方面,随着劳动生产率的提高,市场转向买方市场,消费者收入水平也提高了,他们的消费需求逐渐发生变化,需求层次也相应提高,并向多样化方向拓展。

②服务营销的发展历程。西方学者从20世纪60年代就开始研究服务营销问题。直到20世纪70年代中后期,美国及北欧才陆续有营销学者正式开展服务营销学的研究工作,并逐步创立了较为独立的服务营销学。服务营销学的发展大致经历了以下3个阶段:

a.起步阶段(1980年以前)。此阶段的研究主要是探讨服务与有形产品的异同,并试图界定大多数服务所共有的特征——不可感知性、不可分离性、差异性、不可储存性和缺乏所有权。

b.探索阶段(1980—1985年)。此阶段的研究主要包括两个方面:一是探讨服务的特征如何影响消费者的购买行为,尤其集中于消费者对服务的特征、优缺点以及潜在的购买风险的评估;二是探讨如何根据服务的特征将其划分为不同的种类,不同种类的服务需要市场营销人员运用不同的市场营销战略和技巧来进行推广。

c.挺进阶段(1986年至今)。此阶段研究的成果为:一是探讨服务营销组合应包括哪些因素;二是对服务质量进行了深入的研究;三是提出了有关"服务接触"的理论;四是服务营销的一些特殊领域的专题研究,如服务的出口战略,现代信息技术对服务产生管理以及市场营销过程的影响等。

③服务营销的策略。服务商品的特殊性,使得服务产品的市场营销组合策略经常会有不同于有形产品的方面。在制造业中,产品全都标准化并且能放在货架上等顾客来买;但是在服务行业,要靠顾客和第一线服务人员的互动营销形成服务。因此,服务提供者必须有效地影响顾客以便创造出优质服务价值。反过来,相互影响的有效性取决于第一线服务人员的技术以及支持这些服务人员的服务生产和扶持方法。因此有学者提出,服务性产品的营销组合策略由5方面组成,除了产品(Product)、价格(Price)、渠道(Place)、促销(Promotion)之外,还有人员(People),并且人员是其中最为重要的一个因素。在此基础上,美国的布恩思和比特勒在《服务企业的组织结构和营销战略》一文中提出,对服务营销来说,除了传统的4P之外,还要再加3个P,即人(People)、实体证明(Physical Evidence)和过程(Process)。其中,人仍然是最重要的。

④服务营销的一般特点。

a.供求分散性。在服务营销活动中,服务产品的供求具有分散性。不仅供方覆盖了第三产业的各个部门和行业,企业提供的服务也广泛分散,而且需方更是涉及各种各类企业、社会团体和千家万户不同类型的消费者。服务企业一般占地小、资金少、经营灵活,往往分散在社会的各个角落;即使是大型的机械服务公司,也只能在有机械损坏或发生故障的地方提供服务。服务供求的分散性要求服务网点要广泛而分散,尽可能地接近消费者。

b.营销方式单一性。有形产品的营销有经销、代理和直销多种方式。有形产品在市场可以多次转手,经批发、零售多个环节才能到达消费者手中。服务营销则由于生产与消费的统一性,决定其只能采取直销方式,中间商的介入是不可能的,储存待售也不可能。服务营销方式的单一性、直接性,在一定程度上限制了服务市场规模的扩大,也限制了服务业在许多市场上出售自己的服务产品,这给服务产品的推销带来了困难。

c.营销对象复杂多变。服务市场的购买者是多元的、广泛的、复杂的。购买服务的消费者的购买动机和目的各异,某一服务产品的购买者可能牵涉社会各界各业各种不同类型的家庭和不同身份的个人。即使是购买同一服务产品的人们,也有的用于生活消费,有的却用于生产消费,如信息咨询、邮电通信等。

d.需求弹性大。根据马斯洛需求层次原理,人们的基本物质需求是一种原发性需求,这类需求于人们易产生共性;而人们对精神文化消费的需求属继发性需求,需求者会因各自所处的社会环境和各自具备的条件不同而形成较大的需求弹性。同时,对服务的需求与对有形产品的需求在一定组织及总金额支出中相互牵制,也是形成需求弹性大的原因之一。另外,服务需求受外界条件影响大,如季节的变化、气候的变化、科技发展的日新月异等对信息服务、环保服务、旅游服务、航运服务的需求常常会造成重大影响。需求的弹性是服务业经营者最棘手的问题。

e.对服务人员的技术、技能、技艺要求高。服务者的技术、技能、技艺直接关系着服务质量。消费者对各种服务产品的质量要求也就是对服务人员的技术、技能、技艺的要求。服务者的服务质量不可能有唯一的、统一的衡量标准,而只能有相对的标准和凭购买者的感觉体会。

⑤服务营销与传统营销。同传统的营销方式相比较,服务营销是一种营销理念,企业营销的是服务;而传统的营销方式只是一种销售手段,企业营销的是具体的产品。在传统的营销方式下,消费者购买了产品意味着一桩买卖的完成,虽然它也有产品的售后服务,但那只是一种解决产品售后维修的职能。而从服务营销观念理解,消费者购买了产品仅仅意味着销售工作的开始而不是结束,企业关心的不仅是产品的成功售出,更注重的是消费者在享受企业通过产品所提供的服务的全过程中的感受。

这一点也可以从马斯洛的需求层次理论上理解:人的最高需求是尊重需求和自我实现需求,服务营销正是为消费者(或者人)提供了这种需求;而传统的营销方式只是提供了简单的满足消费者在生理或安全方面的需求。随着社会的进步,人民收入水平的提高,消费者需要的不仅仅是一个产品,更需要的是这种产品带来的特定或个性化的服务,从而有一种被尊重和自我价值实现的感觉,而这种感觉所带来的就是顾客的忠诚度。服务营销不仅仅是营销行业发展的新趋势,更是社会进步的必然产物。

1.2.4 技能训练——星巴克的服务营销

星巴克1971年成立于美国西雅图,当时主营咖啡豆业务。1987年,霍华德·舒尔茨收购星巴克,并开了第一家销售滴滤咖啡和浓缩咖啡饮料的门店。1992年,随着在纽约纳斯达克成功上市,星巴克进入了高速发展阶段。2000年,霍华德·舒尔茨从首席执行官的位子上退下来,担任公司主席。随后几年里,星巴克不断扩建门店,自信心膨胀,股价暴涨,门店从1 000家扩张到11 000多家。当然,销售利润也不断提高。直到2007年,这一切都停滞了。星巴克开始走下坡路。由于过分追求增长,星巴克忽略了公司运营,对公司的核心价值也不再那么重视——产品越来越丰富,但却越来越忽视顾客体验;报表越来越好看,但却越来越不知道自己的使命是什么。2008年,星巴克创始人霍华德·舒尔茨回到已经脱离高速发展轨道的星巴克出任CEO,不仅决定关闭600家门店,而且聘请年仅28岁、毫无零售行业经验的斯蒂芬·吉列担任公司CIO,希望重申质量、顾客体验和借用IT来推动公司转型。事实证明,他的想法是对的。在舒尔茨和星巴克其他高管的共同努力下,星巴克的转型已见成效——2011年星巴克门店销售额环比增长了8%,毛利率也增长了1.5%,达到14.8%。

星巴克的服务策略有以下5个:

1)服务标准化

星巴克一直以服务闻名于世,他们对产品与服务的质量已达到苛刻的程度,无论是原料豆及其运输、烘焙、配置,配料的掺加、水的滤除,还是把咖啡端给顾客的那一刻,一切都必须达到严格的标准。星巴克的咖啡豆都是优质的高原咖啡豆,采集回来的咖啡豆统一在西雅图总部烘焙。如果咖啡豆烘焙的品质未达标准,或是咖啡豆拆封后一周未被卖出,都将被淘汰。除了咖啡豆,星巴克对水和烹调手法的要求也近乎苛刻。全球每一家星巴克都使用同一高档品牌的净水器,每杯浓缩咖啡要煮23秒,拿铁的牛奶至少要加热到65.6 ℃,但是绝不超过76.7 ℃。这一切,为的就是使每一杯咖啡都达到完美。

2）服务人性化

星巴克出售的不是咖啡,而是人们对咖啡的体验。星巴克力求在产品服务上与顾客进行情感上的交流。为满足顾客对产品的个性化需求,星巴克提供各种口味的咖啡、各式新鲜的糕点及咖啡器具等商品。另外,顾客可以在星巴克与员工交流,了解和学习关于咖啡的知识和文化。星巴克不会因为顾客多而增加桌椅来增加利润,它会保证顾客之间的交流不被打扰。星巴克力图使顾客把在星巴克看到的、听到的、品味到的以及感觉到的和谐统一起来,打造第三空间。

3）服务技巧化

星巴克建立了一套一流的服务体系,培训内容细致到服务人员服务的心理、态度、手法、执行,因此,星巴克的员工服务素质很高,有自己的服务技巧,注重顾客的感受。在星巴克,如果第二次要同样的咖啡,那么顾客就会被问:您对该款产品有什么感受? 为什么会选择同样的咖啡? 还要求顾客填写一份调查问卷。

4）服务有形化

星巴克注重通过各种有形的实体展示高标准的服务。

①星巴克每个门店的设计风格各异。星巴克的店面中一切装饰都极力模仿了咖啡的色调,从绿色到深浅不一的咖啡色都营造了一种自然与人的和谐氛围。走进任何一家星巴克,店员都会对你露出温馨的微笑,并在 10 秒钟之内对着你说"欢迎光临"。店内放着慵懒的爵士乐,让你在品味咖啡的同时得到心灵的放松。

②在中国等亚太地区,星巴克的很多客户都是白领,除了休闲,他们也把星巴克当成一个办公地点。因此,每一家星巴克都配备有 Wi-Fi 无线网络,方便顾客处理办公事务。

③星巴克还与苹果公司、知名杂志社合作。星巴克门店可以为顾客提供如《华尔街日报》《Zagat 餐厅点评》《经济学家》、Marvel 漫画等免费下载资源,同时还可以提供免费 iTunes 下载。

5）服务关系化

服务关系化在星巴克也被称为"熟客文化"。星巴克与其他的咖啡店不同的是它提供了一种家庭式的氛围。星巴克认为,一个好的咖啡店应该是"咖啡""聚会团体式的""联结顾客日常生活关系"和"艺术感很强"等要素的聚合体。店长会记住老顾客的喜好,包括他们喜欢的位置、所偏好的咖啡等。这种"熟客文化"除了给星巴克带来了稳定的客源,更重要的是它形成了一种重视顾客的文化,为口碑传播打下了基础。

问题:

1.为什么说星巴克出售的不是咖啡,而是人们对咖啡的体验?

2.本案例给了你什么启示?

任务3 认知物流市场营销

1.3.1 情境设置

小张原来是物流企业运营部的员工,现在被调到营销部门任职。他以前是运营部的操作能手,但对营销知识却了解甚少。怎么把公司的产品推销给客户呢?他一筹莫展。你认为应该从哪些方面帮助他适应目前的岗位?

1.3.2 学习目标

①了解物流服务及物流市场营销的定义。
②重点理解物流市场营销的特殊性。

1.3.3 知识认知

1)认知物流

物流的概念最早是在美国形成的,起源于20世纪30年代,原意为"实物分配"或"货物配送",1963年被引入日本,日文意思是"物的流通"。20世纪70年代后,日本的"物流"一词逐渐取代了"物的流通"。中国的"物流"一词是从日文资料中引进的外来词,源于日文资料对"Logistics"一词的翻译:"物流"。

中国的物流术语标准将物流定义为:物流是物品从供应地向接收地的实体流动过程中,根据实际需要,将运输、储存、装卸搬运、包装、流通加工、配送、信息处理等功能有机结合起来实现用户要求的过程。

(1)物流的作用

关于物流的作用,概要地说,包括服务商流、保障生产和方便生活3个方面。

①服务商流。在商流活动中,商品所有权在购销合同签就的那一刻便由供方转移到了需方,而商品实体并没有因此而移动。除了非实物交割的期货交易,一般的商流都必须伴随相应的物流过程,即按照需方(购方)的需要将商品实体由供方(卖方)以适当方式、途径向需方转移。在整个流通过程中,物流实际上是以商流的后继者和服务者的姿态出现的。没有物流的作用,一般情况下,商流活动都会退化为一纸空文。电子商务的发展需要物流的支持,就是这个道理。

②保障生产。从原材料的采购开始,便要求有相应的物流活动,使所采购的原材料按时按需到位,否则,整个生产过程便成了无米之炊;在生产的各工艺流程之间,也需要原材料、半成品的物流过程,这样才能实现生产的流动性。整个生产过程实际上就是系列化的物流活动。合理化的物流通过降低运输费用而降低成本,通过优化库存结构而减少资金占压,通过强化管理进而提高效率等方面的作用,使得整个社会经济水平得到有效的促进

和提高。

③方便生活。实际上,生活的每一个环节都有物流的存在。国际间的运输,可让世界名牌出现在不同肤色的人身上;先进的储藏技术,可让新鲜的果蔬在任何季节亮相;搬家公司周到的服务,可让人们轻松地乔迁新居;多种形式的行李托运业务,可让人们在旅途中舒适地享受;等等。

（2）物流的类型

由于物流对象不同,物流目的不同,物流范围、范畴不同,因此形成了不同类型的物流。

①宏观物流。宏观物流是指社会再生产总体的物流活动,是从社会再生产总体角度进行认识和研究的物流活动。宏观物流还可以从空间范畴来理解:在很大空间范畴的物流活动往往带有宏观性,在很小空间范畴的物流活动则往往带有微观性。宏观物流研究的主要特点是综观性和全局性。宏观物流主要研究的内容是:物流总体构成,物流与社会的关系在社会中的地位,物流与经济发展的关系,社会物流系统和国际物流系统的建立和运作等。

②微观物流。消费者、生产者企业所从事的实际的、具体的物流活动属于微观物流;在整个物流活动中,其中的一个局部、一个环节的具体物流活动也属于微观物流;在一个小地域空间发生的具体的物流活动还是属于微观物流。

③社会物流。社会物流是指超越一家一户的以一个社会为范畴面向社会的物流。

④企业物流。企业物流是指从企业角度研究与之有关的物流活动,是具体的、微观的物流活动的典型领域。

⑤国际物流。国际物流是现代物流系统发展很快、规模很大的一个物流领域。国际物流是伴随和支撑国际间经济交往、贸易活动和其他国际交流所发生的物流活动。

⑥区域物流。所谓区域物流,是指相对于国际物流而言,一个国家范围内的物流,一个城市的物流,一个经济区域的物流都处于同一法律、规章、制度之下,都受相同文化及社会因素影响,都处于基本相同的科技水平和装备水平。

2）物流服务

物流服务业属于服务业,服务业与工业的最大不同在于产出的不同:工业的产出是有形的商品,服务业的产出是无形的服务。物流服务作为一种服务产品,具有服务产品的所有特征,同时作为一种新兴服务它也有着自身的特点。

（1）不可感知性或无形性

"不可感知性"可以从两个不同的层次来理解:服务产品与有形的消费品或工业品比较,服务的特质及组成服务的元素很多都是无形无质的,让人不能触摸或凭肉眼看见其存在;服务产品不仅其特质是无形无质的,甚至使用服务后的利益也很难被察觉,或是要等一段时间后,享用服务的人才能感觉到"利益"的存在。

（2）差异性

差异性是指服务产品的构成成分及其质量水平经常变化,很难统一界定。区别于那些实行机构化和自动化生产的第一产业与第二产业,服务行业是以"人"为中心的产业,由于人类个性的存在,使得对服务产品的质量检验很难采用统一的标准。一方面由于服务人员自身因素,如心理状态的影响,即使由同一服务人员所提供的服务,也可能会有不同的水准;另一方面由于顾客直接参与服务的生产和消费过程,顾客本身的因素如知识水平、兴趣和爱好等也直接影响服务产品的质量和效果。

（3）不可储存性

服务产品的不可感知形态以及服务的生产与消费同时进行的特性,使得服务产品不可能像有形的消费品和工业品一样被储存起来,以备未来出售;而且消费者在大多数情况下也不能将服务携带回家安放。当然,提供服务的各种设备可能会提前准备好,但生产出来的服务如不当时消费掉就会造成损失,不过,这种损失不像有形产品损失那样明显,它仅表现为机会的丧失和折旧的发生。因此,不可储存性的特征要求服务企业必须解决由缺乏库存所引致的产品供求不平衡问题,如何制订分销策略来选择分销渠道和分销商的问题,以及如何设计生产过程和有效地弹性处理被动的服务需求等问题。

（4）物流服务的定制化程度较高

不管是物料供应的服务,还是商品配送的服务,都需要根据客户要求进行服务的设计与提供。这种高定制化的服务只有通过采用服务营销的策略才能够实现。

（5）物流市场不成熟

物流服务企业所面对的是一个尚不成熟的现代物流业市场,许多客户还不熟悉和不习惯于使用物流服务。

3）物流市场营销

（1）物流市场营销的含义

物流市场营销是物流企业为了满足客户对物流服务产品所带来的服务效用的需求,实现企业预定的目标,通过采取一系列整合的营销策略达成服务交易的商务活动过程。物流市场营销的核心理念是客户满意和客户忠诚。它通过取得客户的满意和忠诚来促进相互有利的交换,最终实现营销绩效的提高和企业的长期成长。

（2）物流市场营销的本质

物流市场营销的本质如下:

①物流市场营销的核心是满足客户对物流产品的需求。因此,物流企业必须充分了解客户的需求,不断地提供创新服务,以向客户提供其需要的物流服务产品。客户对物流服务产品的需要不是物流服务产品本身,而是物流服务产品所能够给客户带来的服务效用。

②物流市场营销手段是一系列整合的营销策略。物流市场营销要注重实效,不能仅仅靠某一项营销策略及措施,而应把物流企业各部门及营销组合各因素进行整合,采取综合的物流市场营销策略与措施。

③物流市场营销的目的是达成交易,实现物流企业预定的目标。

（3）物流市场营销的特点

在市场经济条件下,物流企业是一种具有独特的服务性(从事物流活动、提供物流服务)的经济组织。根据物流企业所提供的物流服务的特点,物流市场营销具有以下特点:

①物流企业营销的产品是服务。对于物流企业来说,它提供的产品不是简单的运输、仓储、装卸等环节的空间组合,而是一个系统化的全过程的服务,是一个贯穿在服务产品中的整个时间、空间的增值过程的服务。它的无形性使得客户难以通过触摸予以评价,而与客户的感受有很大关系。物流企业需要通过场所气氛、人员素质、价格水平、设备的先进程度和

强大的供应链整合能力等反映服务能力的信息让客户去感受,以此决定物流的服务质量。

②物流市场营销的服务能力强大。随着物流市场需求的演变,个性化需求越来越突出,这要求物流企业必须具有强大的营销服务能力与之相适应。一个成功的物流企业必须具备较大的运营规模,能有效地覆盖一定的地区,同时还应具有先进的指挥和控制中心,兼备高水准的综合技术、财务资源和经验策略。

③物流市场营销的对象广泛,市场差异度大。由于供应链的全球化,物流活动变得愈加复杂,各工商企业为了让资源集中于自己的核心业务上,常常将其他非核心业务外包。这些急剧上升的物流外包业务为物流企业提供了广阔的市场和服务对象,已经涉及各行各业。客户的广泛也导致了市场的差异。面对这样差异之大、个性之强的市场,物流企业在进行营销工作时,必须根据目标市场客户企业的特点为其量身定制,并建立一套高效合理的物流解决方案。

④物流服务的质量由客户的感受决定。由于物流企业提供产品的特殊性,它所提供服务的质量不是由企业决定的,而同客户的感受有很大的关系,由客户接受服务以后的感受决定。物流企业可通过场所规模、服务人员素质、价格水平、供应链整合能力、先进的设备及信息管理等方面反映出自己的服务能力,让客户感受到本企业服务水平的状况,从而影响客户对物流企业服务质量的评价。

1.3.4　技能训练——顺丰速运的营销策略

顺丰速运无疑是目前国内快递企业营销的成功典范。顺丰速运自1993年成立以来,迅速发展成为国内速度最快、服务最好、系统最完善、最安全的快递物流企业之一。顺丰的迅猛发展,除了它别具一格的管理理念之外,出色的营销策略的运用对顺丰品牌的树立和宣传、顺丰文化的深入人心、顺丰产品及服务的推广也起到了极大的作用。

目前,顺丰速运的营销可以说是无孔不入,各种营销策略的联合使用让顺丰无处不见。顺丰成立和发展之初的营销主要靠的不是广告的宣传,而是优质的产品及服务。而在近年来,顺丰的营销组合策略逐步由以产品为导向的4Ps物流营销组合策略转变为以消费者需求为导向的4Cs物流营销组合策略,尽可能地按照消费者的需求把提供优质的服务放在首位,并着手于建立顾客关系和顾客忠诚。

1)顺丰的产品及服务策略

顺丰可以提供全国大部分省、直辖市、港澳台地区的高水准门到门快递服务。他们采用标准定价、标准操作流程,各环节均以最快速度进行发运、中转、派送,并对客户进行相应标准承诺。

顺丰可以按照寄件方客户(卖方)与收件方客户(买方)达成的交易协议的要求,为寄件方客户提供快捷的货物(商品)专递,并代寄件方客户向收件方客户收取货款;同时,可以提供次周、隔周返还货款的服务。

(1)顺丰的产品及服务优势

①快捷的时效服务。

从客户预约下单到顺丰收派员上门收取快件,1小时内完成。

快件到达顺丰营业网点至收派员上门为客户派送,2 小时内完成。

自有专机和 400 余条航线的强大航空资源以及庞大的地面运输网络,保障各环节以最快路由发运,实现快件"今天收明天到"(偏远区域将增加相应工作日)。

②安全的运输服务。

自营的运输网络:提供标准、高质、安全的服务。

先进的信息监控系统:HHT 手持终端设备和 GPRS 技术全程监控快件运送过程,保证快件准时、安全送达。

严格的质量管控体系:设立四大类 98 项质量管理标准,严格管控。

③高效的便捷服务。

先进的呼叫中心:采用 CTI 综合信息服务系统,客户可以通过呼叫中心快速实现人工、自助式下单、快件查询等功能。

方便快捷的网上自助服务:客户可以随时登录顺丰网站享受网上自助下单和查询服务。

灵活的支付结算方式:寄方支付、到方支付、第三方支付,现金结算、月度结算、转账结算、支票结算等。

(2)顺丰的产品及服务特色

①365 天全天候服务。一年 365 天不分节假日,顺丰一如既往地提供服务。

②多项特色增值服务。顺丰提供代收货款、保价、等通知派送、签回单、代付出/入仓费、限时派送、委托收件、MSG 短信通知、免费纸箱供应等多项增值服务。

③新增夜晚收件服务。为满足客户需求,延长收取快件时间,自 2009 年 7 月 1 日起,顺丰在北京市、天津市、山东省、苏浙沪和广东省服务地区推出了夜晚收件服务。

2)顺丰的价格策略

顺丰速运坚信价格是价值的标签,即价格要与产品价值对比才能看出是否合理。顺丰在同行业中的价格应属中等水平,但提供的服务却是上等优质的服务。

①快递货物享受的国内唯一的货物包机服务在速度上体现快捷。

②在安全方面,顺丰的运输网络都是自己组建的,并通过高科技的业务系统全程跟踪货物在各个运输环节的安全情况。

③货物信息在收派终端实现信息实时上传,并可以通过短信形式免费通知客户快件的运输状态。

这样快捷、准确、安全的服务,将直接帮助从事电子商务的企业或个人提升业务优势,让参与电子商务的消费者更满意。

3)顺丰的促销策略

顺丰速运的促销策略运用在国内物流企业中首屈一指。手段多样、形式多变的促销策略为顺丰吸引了大量的潜在客户,也为老客户随时关注顺丰动态提供了方便。

顺丰速运的促销策略不仅仅是为了宣传产品、提高企业的知名度,更重要的是为了给客户提供获取物流服务的便利性,以及方便与客户沟通,并通过互动、沟通等方式把客户和企业双方的利益无形地整合在一起。

（1）传统营销策略

顺丰通过电视、报纸、广告牌等进行品牌定位和产品及服务特色宣传，让新老客户及时、快捷地了解企业动态，以及新的产品及服务的研发情况和特色；通过统一规格的运输车辆、统一的快件包装对品牌及企业文化进行推广。

（2）网络营销策略

在因特网应用十分普及的今天，网络营销策略对基于电子商务的物流企业就显得十分重要。国内物流企业中，顺丰速运的网络营销无疑最为出色。

①顺丰速运建立了完善的官网，并在百度、谷歌、新浪、搜狐、网易、有道等多家搜索引擎进行网站推广。

②顺丰速运在淘宝、当当等电子商务网站对产品及服务特色进行广告宣传。

③顺丰速运与多家需要快递服务的企业联合，共同宣传，增强企业的知名度和信誉度。

问题：

1.你认为顺丰的服务受广大消费者欢迎的主要原因是什么？

2.顺丰的营销策略有哪些值得借鉴？有哪些营销策略需要改进？

项目2 综观物流市场营销环境

【项目导读】

本项目主要介绍物流市场营销环境对市场营销活动的重要影响;描述了物流宏观环境的主要构成要素;重点阐述了物流客户分类的方法、物流客户购买的过程和应对物流竞争者的方法及应用分析;介绍了评价物流市场机会与环境威胁的基本方法;分析了物流企业面对物流市场营销环境变化所应采取的对策。

【教学目标】

1.知识目标

①了解物流市场营销环境的含义。

②了解物流市场分析的定义。

③了解物流宏观环境组成。

④了解物流客户细分方法、购买过程。

⑤掌握物流竞争者分析方法。

2.技能目标

①能清楚掌握物流市场分析的基本方法。

②能分析物流宏观环境的组成要素。

③能进行物流客户细分,以应对不同客户。

④能应对不同的物流竞争者。

⑤能采用正确方法面对物流环境变化。

【案例导入】

电子商务发展对物流运营的重要影响

电子商务是一场商业领域的根本性革命,核心内容是商品交易,而商品交易会涉及4个方面:商品所有权的转移、货币的支付、信息的获取与应用、商品本身的转交,即商流、资金流、信息流、物流。在电子商务环境下,这4个部分都与传统情况有所不同。商流、资金流与信息流这3种流的处理都可以通过计算机和网络通信设备实现。物流作为四流中最为特殊的一种,是指物质实体的流动过程,具体指运输、储存、配送、装卸、保管、物流信息管理等各种活动。对于大多数商品和服务来说,物流仍要经由物理方式传输,因此,物流对电子商务的实现很重要。

由于电子商务与物流间密切的关系,因此,电子商务这场革命必然对物流产生极大的影响。这个影响是全方位的,从物流业的地位到物流组织模式,再到物流各作业、功能环节,都将发生巨大的变化。具体的变化表现在以下6个方面:

1.物流业的地位大大提高

物流企业会越来越专业化,这是因为在电子商务环境里它们必须承担更重要的任务:既要把虚拟商店的货物送到用户手中,还要从生产企业及时进货入库。物流公司既是生产企业的仓库,又是用户的实物供应者。物流业成为社会生产链条的领导者和协调者,为社会提供全方位的物流服务。电子商务把物流业提升到了前所未有的高度,为其提供了空前发展的机遇。

2.供应链管理的变化

在电子商务环境下,供应链实现了一体化,供应商与零售商、消费者三方通过因特网连在了一起,通过POS(销售终端)、EOS(电子订货系统)等供应商可以及时且准确地掌握产品销售信息和顾客信息。此时,存货管理采用反应方法,即按所获信息组织产品生产和对零售商供货,存货的流动变成拉动式,以实现销售方面的零库存。

3.采购简化

传统的采购极其复杂。采购员要完成寻找合适的供应商、检验产品、下订单、接取发货通知单和货物发票等一系列复杂烦琐的工作。而在电子商务环境下,企业的采购过程会变得简单、顺畅。因特网可降低采购成本。通过因特网采购,企业可以接触到更大范围的供应厂商,因而也就产生了更为激烈的竞争,又从另一方面降低了采购成本。

4.配送业地位强化

配送在其发展初期,发展并不快。而在电子商务时代,商对客(B2C)的物流支持都要靠配送来提供,商对商(B2B)的物流业务会逐渐外包给第三方物流,其供货方式也是配送制。没有配送,电子商务物流就无法实现。

5.运输的变化

电子商务环境下,传统运输的原理并没有改变,但运输组织形式受其影响,有可能发生较大的变化。在电子商务环境下,多式联运将得到大的发展,这是由以下原因所导致的:第一,电子商务技术使运输企业之间通过联盟,扩大多式联运经营;第二,多式联运方式为托运人提供了一票到底、门到门的服务方式,电子商务的本质特征之一就是简化交易过程,提高交易效率。在未来电子商务环境下,多式联运与其说是一种运输方式,不如说是一种组织方式或服务方式。

6.信息流由闭环变为开环

原来的信息管理以物流企业的运输、保管、装卸、包装等功能环节为对象,以自身企业的物资流管理为中心,与外界信息交换很少,是一种闭环管理模式。现在和未来的物流企业注重供应链管理,以顾客服务为中心。它通过加强企业间合作,把产品生产、采购、库存、运输配送、产品销售等环节集成起来,将生产、配送、分销等经营过程的各方面纳入一个紧密的供应链中,此时信息就不只是在物流企业内闭环流动,信息的快速流动、交换和共享成为信息管理的新特征。

问题:

电子商务对物流企业营销有什么影响?

任务 1　分析物流市场营销环境

2.1.1　情境设置

湖北省某知名快递企业拟进军省内零担运输行业。虽然快递和零担物流有一定的联系,但毕竟两者有一定区别。该企业对零担物流市场不熟悉,想在涉足新领域前做一个可行性分析。其中,最重要的一个部分就是分析湖北省零担运输物流市场环境。你能帮这个快递企业做一份湖北省零担运输物流营销环境分析报告吗?

2.1.2　学习目标

①能够分析物流企业所面临的宏观环境和微观环境。
②能够写作物流营销环境分析报告。

2.1.3　知识认知

1)物流市场的类型

对物流企业而言,物流市场可以按服务的地域分为国内市场与国外市场;按供需链上的顺序分为供应商市场、中间商市场和最终消费者市场;按运送的物品分为与生产资料有关的市场和与生活资料有关的市场;等等。

2)物流市场营销环境分析

在物流企业的营销活动中,环境因素的影响极为重要。环境的优劣、特点和变化必然会影响物流企业的营销方向、内容和发展,因此,经营者必须认识环境,掌握环境的各种因素的发展和变化规律。

(1)物流市场营销环境的含义

环境是指事物的内部和外界的情况及条件。市场营销环境是指一切影响、制约企业营销活动的最普遍的因素,包括政治、经济、法律、文化、自然、科技以及竞争者、营销中介等。物流市场营销环境一般可以分为微观环境和宏观环境。

微观环境是指直接影响物流企业在目标市场开展营销活动的因素,包括物流企业、供应商、营销中介、顾客、社会公众等。这些因素与物流企业紧密相连,直接影响物流企业为客户服务的质量和能力。

宏观环境是指给物流企业造成市场机会和环境威胁的主要力量,包括政治法律环境、经济环境、社会文化环境、科技环境和自然环境等。它涉及面广,是企业面临的外界大环境。它的因素多为企业不能控制的,常常给企业带来机遇和挑战。因此,物流企业的一切活动必须适应宏观环境的变化。

（2）影响物流市场营销的宏观环境

①政治法律环境。政治法律环境泛指一个国家的社会制度，如执政党的性质，政府的方针、政策以及国家制定的有关法令、法规等。市场经济也是法治经济，国家对经济的干预主要通过法律手段和经济政策来进行。政治环境是指企业市场营销的外部政治形势。在国内，安定团结的政治局面不仅有利于经济发展和人民收入的增加，而且影响群众的心理预期，导致市场需求的变化。党和政府的方针、政策对国民经济的发展方向和速度有最直接的影响，也直接关系社会购买力和市场消费需求的变化。在对国际政治环境进行分析时，应了解"政治权力"与"政治冲突"对企业营销活动的影响。政治权力影响市场营销往往表现为由政府机构通过采取某种措施约束外来企业，如进口限制、外汇控制、劳工限制、绿色壁垒等。政治冲突是指国际上的重大事件与突发性事件，这类事件在以和平与发展为主流的时代也从未绝迹，对企业市场营销工作影响或大或小，有时带来机会，有时带来威胁。物流企业从事市场营销必须遵守法律、经济法规、国际惯例、行业惯例。因此，物流企业的市场营销人员必须注意国家的每一项政策、立法、国际规则及其变化对市场营销活动的影响。

a.国家经济体制和经济政策。国家经济体制是由所有制形式、管理体制和经济方式组成的，是一个国家组织整个经济运行的模式，是该国基本经济制度的具体表现形式，也是一国宏观政策制定和调整的依据。

经济政策是根据政治经济形势及其变化的需要而制定的，直接或间接地影响着物流企业的营销活动。对物流企业来说，国家经济政策主要表现为产业政策、价格政策、能源政策、环保政策以及财政与货币政策等。例如，国家相继发布了《国务院关于印发物流业调整和振兴规划的通知》（国发〔2009〕8 号）、《关于促进物流业健康发展政策措施的意见》（国办发〔2011〕38 号）和《物流业发展中长期规划（2014—2020 年）》（国发〔2014〕42 号）等文件，体现了国家对物流行业的关注和支持。

例如，1979 年，我国开始实行改革开放，放宽对家用电器等商品的进口。日本的"日立""乐音""声宝"等厂家客观地分析了我国当时政治、经济环境的变化，在日本本国电视机市场衰落的情形下，在与英、美、德等国的竞争中棋高一着，运用正确的以产品、价格、分销渠道和促销组合为基础的经营战略，抢先一步占领了我国的黑白电视机市场，且大获成功。12 英寸（1 英寸≈2.54 厘米）黑白电视机一度在我国市场唱"主角"，同时也给日本的物流企业带来了商机。

b.法律和法规。世界各国都颁布了相应的经济法律、法规来制约、维护、调整物流企业的营销活动。如我国目前主要有《合同法》《专利法》《商标法》《广告法》《反不正当竞争法》《环境保护法》等，还有与物流企业直接相关的法律、法规，如《中华人民共和国水上安全监督行政处罚规定》《国内水路货物运输规则》《汽车货物运输规则》等。加入 WTO 后，我国物流企业还必须遵循相关的国际规则和行为惯例，如 ISO9000 标准（国际标准化组织发布的系列质量管理的国际标准）以及 ISM CODE（国际安全管理规则）等。对物流企业来说，既要奉公守法，也要学会用法律保护自己的合法权益。

c.政局和政治事件。政局和政治事件包括政治稳定性、社会治安、政府衔接、政府机构作风等。例如，1990 年海湾战争的爆发使许多面向中东市场的物流企业经营受阻，亚洲一些国家和地区的旅游运输在旅游旺季的收入损失达 30% 以上。但是海湾战争大量的武器弹药消耗也为军火运输商带来了巨大的发财机会;像其他与军事有关的企业,如供应军队食品的企业及运输企业也得到了赚钱的良机。战争结束后,百废待兴,又为美、英、法等国的企业和物流运输商提供了新的市场机会,海湾新市场的"商战"又爆发了。

②经济环境。经济环境是对物流企业营销活动有直接影响的主要环境因素,主要包括宏观经济环境和微观经济环境两方面。

A.宏观经济环境。宏观经济环境通常是指一国的国内生产总值及其发展变化的情况,包括社会总供给、总需求的情况及变化趋势,产业机构,物价水平,就业,以及国际经济等方面的环境内容。国民经济持续增长与繁荣肯定会给物流企业的生存和发展提供有利机会;反之,则困难重重。另外,世界经济和贸易的发展变化对物流企业,特别是从事国际经济活动的物流企业也会产生重大影响。一般来说,世界经济的高速增长会导致国际贸易的相应增长,从而使得物流频繁、物流市场繁荣;反之,就会使物流业显得萧条和不景气。例如,随着产业的全球化,生产地点与消费地点会分离,两者之间的距离就会越来越远。为了将产品快速送到顾客手中,就出现了一种可以进行上下游物流活动的企业形态,称之为"全球化第三方物流服务提供者"。此类企业可以从生产端开始,整合全球相关的物流配送活动,进而将产品准时地送到顾客指定的任何地点。由此可见,全球化的世界经济促使了全球化的第三方物流服务提供者的兴起。而它的兴起,将会对全球化经济的未来产生重大的影响。

B.微观经济环境。微观经济环境主要是指物流企业所在地区或所需服务地区的社会购买力、收支结构以及经济的迂回程度等所造成的物品流量与流向情况,这些因素直接决定着企业目前及未来的市场规模。例如,根据近40年的统计,一个国家人均国民生产总值达到3 000美元时,电视机可以普及,其中彩色电视机占30%左右;达到5 000美元时,机动车可以普及,其中轿车占50%,其余为摩托车或其他类型机动车。又如,我国改革开放40多年来,经济上发生了质的变化,经济发展水平也由低收入国家进入了中低收入国家的行列,人们的消费结构和生活质量有了明显的改善。近5年来,我国城镇居民家庭恩格尔系数由37.7%下降至35.8%,农村居民家庭恩格尔系数由46.2%下降至43.0%,显示出小康生活的市场特点,消费结构已从温饱型农产品消费为主过渡到小康型工业品消费为主,并显示出消费层次日趋多样化、个性化,向比较富裕型的服务类消费迈进,这些都为物流服务形式的发展提出了新的要求。

C.科技环境与自然环境。关于科技环境与自然环境的内容现分述如下:

a.科技环境。随着科学技术和信息技术的发展,各种现代化的交通工具和高科技产品层出不穷。它们既为物流企业的高服务水平和质量提供了技术支持,也为物流企业进行市场营销活动的创新提供了更先进的物质技术基础,如现代信息技术 Internet(因特网)、EDI(电子数据交换,涉及物流企业事务、商务、税务的电子化契约、支付和信用标准)、SCM(供应链管理)等的运用。在实际工作中,以电子技术、信息技术、网络技术为一体的电子商务平台,使仓库管理、装卸运输、采购、订货、配送、订单处理的自动化水平大大提高,从而使包装、保管、运输、加工实现了一体化,结算、需求预测、物流系统设计咨询、物流教育与培训方面的服务能力也跟着有了提高。在海运方面,船舶的大型化、装卸机械的高速自动化、运输方式的集装箱化也前所未有地提高了远洋运输能力,使物流企业能更全面、准确、高效、经济地向顾客提供综合物流服务。

b.自然环境。自然环境因素包括国家或地区的自然地理位置、气候、资源分布、海岸带及资源开发利用等。其中,地理位置是制约物流企业营销活动的重要因素,像天然的深水港口往往会成为航运类物流企业必选的物流基地。例如,上海作为东部沿海的最大港口,地理位置优越,经济腹地广阔,交通发达,海陆空联系便捷,再加上其正在建设成为国际经济、金融、贸易以及航运中心,引得众多的国内外物流企业纷纷进驻,从事物流活动。气候条件及其变化也会影响物流营销活动。很多物品季节性强,对气候的变化很敏感,这都会影响到物流企业的营销组合(运输工具、运输路线等)。因此,物流企业在从事市场营销活动时,必须注意自然环境的影响。

　　D.社会文化环境。每个人都是在一个特定的社会环境中成长的,各有其不同的基本观念和信仰。社会文化环境就是指由价值观念、生活方式、宗教信仰、职业与教育程度、相关群体、风俗习惯、社会道德风尚等因素构成的环境。这种环境不像其他营销环境那样显而易见和易于理解,但对消费者的市场需求和购买行为会产生强烈而持续的影响,进而影响到企业的市场营销活动。

　　社会文化环境所蕴含的这些因素在不同的地区、不同的社会是有所不同的,具体反映在以下4个方面:

　　a.风俗习惯。世界范围内不同国家或国家内的不同民族在居住、饮食、服饰、礼仪、婚丧等文化生活方面各有特点,形成风俗习惯的差异。

　　b.宗教信仰。宗教是影响人们消费行为的重要因素之一。不同的宗教在思想观念和生活方式、宗教活动、禁忌等方面各有其特殊的传统,这将直接影响人们的消费习惯和消费需求。

　　c.价值观念。价值观念是指人们对事物的评价标准和崇尚风气,其涉及面较广,对企业营销影响深刻。它可以反映在不同的方面,如阶层观念、财富观念、创新观念、时间观念等,这些观念方面的差异无疑营造了企业不同的营销环境。

　　d.教育程度和职业。世界各国在教育程度和职业上的差异也会导致消费者在生活方式、消费行为与消费需求上的差异。

　　除此之外,社会文化环境还包含了语言、社会结构、社会风尚等多方面的因素。值得指出的是,社会文化环境虽具有独特的民族性、区域性,是民族历史文化的延续和发展,但也不可否认,随着经济生活的国际化、世界文化交流的加深和不同民族、地区文化的相互渗透,企业所面临的社会文化环境也在不断发生变化,企业应善于及时把握时机,制订相应的营销决策。

　　(3)影响物流市场营销的微观环境

　　物流市场营销的微观环境包括物流企业内部环境、供应者、营销中介、顾客、竞争者及社会公众等。

　　①物流企业内部环境。物流企业置身于市场营销环境之中,其自身条件也是构成微观环境的一个因素。这些自身条件包括人才资源、信息技术、运输设备、资金能力、储备条件等。这些条件对物流企业的生产经营包括提供产品和服务有着直接影响。例如,宝洁公司有一项信息技术,是在产品包装物上贴上小芯片。当顾客拿起某产品如牙膏时,一条信息就会传递到存储货架;如果顾客放回牙膏,信息同样会记录下来。货架给计算机传送每次交易

的信息,同时跟踪顾客拿取产品的次数,之后将数据传送给宝洁公司。这样宝洁公司根据从货架上拿走的产品,就可以调整生产和分销计划,既能及时满足顾客需要,又能减少库存、加速资金周转。另外,物流企业还要考虑与企业其他部门的协调,如与最高领导层、财务部门、供应部门、仓储部门、研发部门、维修部门等的协调,使营销活动得到内部高层和相应部门的大力支持。

对企业内部环境进行分析的目的是提示物流企业的优势和弱点,判断其是否拥有捕捉营销机会的竞争能力。

②供应者。供应者是向企业及其竞争者提供生产经营所需资源的企业或个人,包括提供原材料、零配件、设备、能源、劳务及其他用品等。供应者对企业营销业务有实质性的影响,其所供应的原材料数量和质量将直接影响产品的数量和质量,所提供的资源价格会直接影响产品成本、价格和利润。在物资供应紧张时,供应者更起着决定性的作用。例如,企业要开发新产品,若无开发新产品所需要的原材料或设备的及时供应,就不可能成功,有些比较特殊的原材料和生产设备还需供应者为其单独研制和生产。企业对供应者的影响力要有足够的认识,尽可能与其保持良好的关系,开拓更多的供货渠道,甚至采取逆向发展战略,兼并或收购供应者企业。为保持与供应者的良好合作关系,企业必须和供货人保持密切联系,及时了解供货者的变化与动态,使货源供应在时间上和连续性上能得到切实保证;除了保证商品本身的内在质量外,还要有良好的售前和售后服务;对主要原材料和零部件的价格水平及变化趋势,要做到心中有数,应变自如。根据不同供应者所供货物在营销活动中的重要性,企业对为数较多的供货人可进行等级归类,以便合理协调,抓住重点,兼顾一般。可见,物流企业应加强与供应者的互惠互利,通过彼此的信任,降低物流企业的营销成本,实现营销目标。

③营销中介。物流企业营销中介是指协助物流企业从供应地送到接收地的活动过程中的中介机构,包括各类中间商和营销服务机构。对于物流企业,其中间商就是众多的货运代理机构。营销服务机构主要包括营销研究机构、广告代理商、CI 设计公司、媒体机构等。这些营销中介机构凭借自己的各种关系、经验、专业知识和活动规模,在为物流企业提供资源、拓宽营销渠道、提供高层调研、咨询、广告宣传、塑造企业形象等方面发挥着重要作用。

④顾客。顾客又称为客户,是物流企业服务的对象,是物流企业一切营销活动的出发点和最终归宿。随着国际物流的发展,物流企业的顾客范围扩大,不但包括国内顾客,而且还有国外顾客。顾客的需求是不断变化的,这就要求物流企业要以顾客为中心,根据顾客所在的地理位置、风俗习惯、价值观念等特征安排企业的营销活动,为顾客提供优质、高效、便捷及满意的物流营销服务。例如,宝洁公司针对顾客低成本、快捷的需求,实行了持续补给计划,即把顾客分销中心商店的订单通过电子数据交换回来,再加上公司现有的库存和已收到的订单,以电子直通传递需求的方式传至公司的各顾客总部所在地,使公司确立最佳的再订货数量;然后迅速把订单下达到各加工点生产,并指定专门的承运商把生产完的货品及时补充到各顾客分销中心。这样宝洁公司库存周转率由 19% 增至 60%,库存占有流动资金大大减少,产品供给率增幅超过 4%,退货率和拒收率降低了 60%,货损率降低了 20%~40%。

⑤竞争者。竞争者一般是指那些与本企业提供的产品或服务类似,并且有着相似的目标顾客和相似价格的企业。物流企业的竞争者包括现有的物流企业、提供同类产品及服务

的所有企业和潜在的进入者。物流企业的竞争者主要有 3 种:品牌竞争者,它们与物流企业提供的服务相同;行业竞争者,如从事航运的所有公司;形式竞争者,如航运物流企业,会把所有从事运输服务的企业归入形式竞争者。对竞争者进行分析的目的是扬长避短,争取物流企业的竞争优势。例如,美国的沃尔玛公司是全世界零售业销售收入位居第一的巨头企业,在物流配送中为了取得优势,首先对竞争对手进行了认真分析,发现竞争对手中凯玛特的配送平均 5 天一次、塔吉特平均每 3~4 天一次。于是沃尔玛决定平均两天就必须到货;如果急需,第二天就必须到货。这使得沃尔玛的零售店总能保持货架充盈,运输成本也总是低于竞争对手。

⑥社会公众。一个物流企业在开展营销活动时,不仅要考虑竞争对手与之争夺的目标市场,而且要考虑其营销方式是否能得到社会公众的欢迎。所谓社会公众,是指对物流企业完成其营销目标的能力有着实际或潜在影响力的群体,包括金融公众、媒介公众、政府公众及企业内部公众等。这些公众会对物流企业的命运产生巨大影响,因此,许多物流企业都建立了公共关系部门,负责收集与企业有关的公众意见和态度,发布消息,沟通信息,以建立物流企业的信誉,提高物流企业的知名度和美誉度,顺利实现物流企业的营销目标。

3)物流营销环境分析与物流企业的对策

物流企业市场营销环境是不断变化的,给物流企业带来的可能是市场营销机会,也可能是生存的威胁。物流企业市场营销者的主要任务就是要从市场营销环境中找出哪些是市场营销机会,哪些是环境威胁,从而采取有效的相应对策,实现营销目标。

(1)市场机会和环境威胁

市场机会就是市场尚未满足的需求。西方企业界有一句名言是"哪里有未满足的需要,哪里就有做生意的机会"。物流企业市场营销人员对市场进行调研分析后,就会发现很多的市场机会,但不一定是物流企业的市场营销机会。例如,随着生活节奏的加快,人们对各种菜肴的半成品需求增大,但它只是一个市场机会,不一定是企业的市场营销机会。面对环境威胁,物流企业应及时采取果断的市场营销行动,并按其严重性和出现的可能性进行分类,为那些严重性大、可能性大的环境威胁制订应变计划,从而避免遭受损失。

(2)物流企业面对机会和威胁的对策

物流企业面对的客观环境中,纯粹的威胁环境和市场营销机会是少有的。通常情况下,营销环境都是机会与威胁并存、利益与风险结合在一起的综合环境。根据威胁水平和机会水平的不同,物流企业的管理者应认真研究,针对不同环境采取不同的策略。

①理想环境的对策。理想环境是威胁水平低、机会水平大的环境。物流企业如果面对的是这种环境,则利益大于风险,是难得的好环境。这时物流企业必须抓住机遇、大胆经营、创造营销最佳成绩,切勿失去良机。

②成熟环境的对策。成熟环境是威胁水平低、机会水平小的环境。这种环境对于物流企业是较平稳的环境。物流企业应从两方面着手:按常规经营,规范管理,维持正常运转,取得平均利润;物流企业要积蓄力量,为进入理想环境或冒险环境做准备。

③冒险环境的对策。冒险环境是威胁水平高、机会水平大的环境。物流企业如果面对的是这种环境,则机会与威胁并存,高利益伴随着高风险。物流企业的决策者必须认真调查研究,在全面分析的同时,充分利用专家的优势,力争获得利益,把风险降到最低。

④困难环境的对策。困难环境是威胁水平高、机会水平小的环境。面对这种机会小于风险的环境,物流企业的处境非常困难。物流企业应该采取的对策是极力扭转这种局面;或者果断决策,从这种环境中退出,另谋发展。

（3）SWOT 分析法

物流企业战略性营销分析中,流行一种简便易行的 SWOT 分析法。SWOT 分析法（自我诊断方法）是一种能够较客观而准确地分析和研究一个企业现实情况的方法。利用这种方法,物流企业可以从中找出对自己有利的、值得发扬的因素;也可以找出对自己不利的、应该去避开的东西,发现存在的问题,寻求解决办法,并明确以后的发展方向。根据这个分析,可以将问题按轻重缓急分类,明确哪些是目前急需解决的问题,哪些是可以稍微延后一点儿的事情,哪些属于战略目标上的障碍,哪些属于战术上的问题。它很有针对性,有利于领导者和管理者在企业的发展上做出较正确的决策和规划。"S"指企业内部的能力（Strengths）,"W"指企业的薄弱点（Weaknesses）,"O"表示来自企业外部的机会（Opportunities）,"T"表示企业面临的外部威胁（Threats）。一般来说,分析企业的内外部状况通常是从这 4 个方面入手的。当前,在运用 SWOT 分析法研究企业的战略性营销规划的发展时,就要强调寻找 4 个方面中与企业战略性营销密切相关的主要因素,而不是把所有关于企业能力、薄弱点、外部机会与威胁逐项列出和汇集起来。

运用 SWOT 方法不仅可以分析本企业的实力与弱点,还可以用来分析主要竞争对手。通过企业与竞争对手在人力、物力、财力以及管理能力等方面的比较,做出企业的实力—弱点的对照表,结合机会—威胁的分析,最后确定企业的战略。

2.1.4　技能训练——中国邮政的 SWOT 分析

中国邮政在体制改革以后遇到了发展的机会和难题。为确定邮政行业的发展战略,有必要对中国邮政行业进行 SWOT 分析。

1）优势分析

中国邮政有以下五大优势:

（1）"三网合一"的优势

中国邮政已经初步建立了覆盖全国各市县的综合计算机网,在综合计算机网上完成了信息交换平台的开发和测试工作。例如,EMS 跟踪查询系统、报刊发行系统、邮资票品系统等面向内部生产和管理的应用系统已经上线运行,综合网的功能正在不断地完善。中国邮政拥有遍布全国的邮政运输网络和投递网络。尽管中国邮政在实物流、信息流、资金流单个领域都不是最强的,但集"三流"于一体的企业只有邮政。而且这种"三网合一"的内涵正在日益丰富和拓宽,发展的前景十分广阔。

（2）百年中国邮政的品牌优势

中国邮政已成为一个具有极高价值的无形资产和具有重大影响的商业品牌。经过多年的经营,中国邮政良好的品牌形象已深入千家万户,社会对中国邮政有一种信赖感。中华人民共和国成立以来,中国邮政业务与居民生活息息相关,它的业务在居民中有根深蒂固的位置。中国邮政在社会生活中长期形成的品牌,是其含金量很高的无形资产和信息财富。

（3）中国邮政具有良好的社会信誉和企业形象

中国邮政的历史源远流长，为国家政治和经济建设做出了巨大贡献。从烽火狼烟、快马驿站到绿色信使，千百年来，邮政信息使者的形象已深深地扎根在人们心中。人民对中国邮政的充分信任，是对邮政事业的服务品牌和良好信誉的肯定。长期以来，中国邮政作为政府部门的延伸，充当着"半官方"的角色，在公众中建立了良好信誉。中国邮政受国家的支持和扶助，享有国家信誉，用户使用邮政业务会感到安全可靠。中国邮政具有让政府满意、社会认可、群众信赖的良好企业形象。

（4）业务专营的政策优势

尽管目前我国市场经济体系不健全，侵害邮政专营权的违规、违法行为屡禁不止，但从世界各国的实情和我国的国情来看，承担着普遍服务义务的邮政将在很长的时期内拥有一定的专营权。即便市场全面放开，依旧可以通过技术壁垒占据竞争的主导地位，拥有较大的市场份额。

（5）网络资产的规模优势

邮政网络规模和技术装备水平不断提高，一个能够满足多元化、多层次市场需求，基本适应邮政业务发展的综合服务平台已经形成，为邮政事业的发展奠定了良好的基础。

2）劣势分析

中国邮政有五大劣势：

①邮政企业的内部运行机制还不尽合理，改革还没有到位，要想参与国内市场竞争和国际竞争，各方面都还有差距。邮政企业还没有具备一个合格的市场主体的基础和资质，难免在开放后的国际竞争中陷入制度性的矛盾约束中。

②邮政的专营业务日渐萎缩，竞争业务的有效竞争能力下降，市场占有份额较低。而失衡的市场结构也导致邮政业务整体素质不高，竞争乏力，缺少源自邮政内部的发展机制的推动力量。

③从邮政的网络技术上看，邮政的技术设备层次和水平与国外同业基本接近，但在企业规模和网络发展建设上还有待加强，尤其是邮政资产的地理分布不均衡。中西部的邮政通信能力仍然有待增大投入，同时由于信息技术、金融的快速发展，邮政对基础设施特别是邮政"三网合一"要加大投入和建设。

④邮政的总体服务水平不高，实物流、资金流功能欠缺。虽然邮政拥有一个庞大的物流网，具有实物传递的功能，但自动化和储存功能还较差，物流信息的传递、收集、汇总、核算等功能也不完善。

⑤邮政缺少高素质的人才。邮政一方面缺少纯技术的高尖 IT 人才，另一方面缺少邮政业务、金融业务、物流等方面的综合性经营管理人才。

3）威胁分析

中国邮政面临以下 5 个方面的威胁：

①中国邮政面临企业外部激烈竞争。在物流业务上，国外的各大公司如 TNT（天地快件有限公司）、DHL（敦豪航空货运公司）、FedEx（联邦快递）、UPS（美国联合包裹）等都已经进入中国市场。在国内，也有很多大的公司如顺丰、"四通一达"等也纷纷加入竞争行业。在信

息业务上,中国邮政面临诸多网络公司的竞争。例如,报刊发行业务,过去是单一邮政渠道发行,如今却受到多渠道发行、自办发行的冲击蚕食,使中国邮政发行的市场份额逐年下降。随着速递业务市场的开放,中国邮政的国际特快业务很快被抢走了80%的市场。尽管邮政部门还掌握着邮票的一级市场发行权,但它也受到多种投资方式的冲击。

②国际邮政市场正面临一次新的革命。万国邮联倡导的"一个邮政"正受到市场竞争的挑战。邮政的市场竞争已不再局限于一国的范围,正在形成国际竞争。一些国家的邮政已开始到其他国家设立分支机构,另一些国家的邮政还通过收购私营快递公司与其他国家的邮政发生关系(如荷兰邮政收购澳大利亚的TNT)。由于竞争的加剧,各国邮政开始更多地从商业利益的角度来考虑合作伙伴。这样一来,一个国家的邮政公司已经不是本国邮政唯一的合作伙伴了。

③邮政行业成熟的技术水平和市场条件降低了准入门槛,国际邮政及相关领域的跨国大企业必将登陆中国,带来更多的同业竞争。在激烈的竞争环境里,中国邮政生存空间日益狭窄,将面临巨大的生存压力。

④计算机网络技术的飞速发展形成的可替代效应大大削弱了邮政在某些领域的传统优势。邮政的普通汇兑业务取消了,开办了电子汇兑业务就是一个典型的事例。

⑤政府由计划经济向市场经济管理职能转变,逐步减少或取消对邮政的补贴与优惠,使邮政丧失了既往的支持,经营压力变得更大。

4)机会分析

中国邮政存在以下机遇:

①在市场经济条件下,国家已对中国邮政普遍服务的补偿问题给予高度重视。中国邮政企业要求国家通过立法,明确普遍服务的范畴,确定普遍服务的资费、资金来源等方式,建立中国邮政普遍服务补偿机制,改善邮政经营,增强自己抵偿普遍服务造成亏损的能力。

②中国邮政作为进入物流配送市场的先入者,有机会培养客户的忠诚度,而且这种关系一旦建立就较难被替代,对后进入者可以形成高的进入壁垒。

③在开放的国际市场竞争中,中国邮政有了学习的对象与比较的坐标。通过对国际大企业的学习,中国邮政将提升自身的能力,把握住进入国际市场参与竞争的机会。

④新经济新技术为中国邮政改造自身提供了有力的支持,是中国邮政进行改革创新、开辟新市场的有力工具。

⑤邮电分营等改革强化了邮政的企业职能,加强了邮政自主经营与独立核算的意识,在观念上中国邮政已开始接受市场经济的洗礼。

问题:

1.通过对中国邮政的SWOT分析,你认为该企业应该采取何种经营策略来进行应对?

2.中国邮政应该制订什么样的营销策略来配合经营策略?

任务 2　分析物流客户

2.2.1　情境设置

A 公司是一家刚进入武汉市快递市场的大型物流企业。该企业准备在九省通衢的武汉大力发展快递业务,但武汉市的快递消费者有什么样的特点,该公司并不是很清楚。你可以帮 A 公司做一份武汉快递客户的分析报告吗?

2.2.2　学习目标

①了解客户细分的意义和方法。
②能够对物流客户进行分类。

2.2.3　知识认知

物流企业的盈利和发展取决于客户的价值水平、客户满意度和客户忠诚度等因素。如何吸引、占有、锁定有价值的客户,如何赢得进而提高有价值客户的满意度、忠诚度已成为企业生存和发展的问题,也是客户关系管理能否成功的关键。为此,有必要进行客户细分。

1)物流客户细分

客户细分又称市场细分,是指营销者通过市场调研,依据消费者的需求和欲望、购买行为和购买习惯、客户生命周期和客户价值等方面的差异,把某一产品的市场整体划分为若干个消费群,以提供有针对性的产品服务和营销模式的市场分类过程。每一个消费者群都是一个细分市场,每一个细分市场都具有类似需求倾向,或者客户生命周期、客户价值相近的消费者构成的群体。

(1)客户细分的意义

准确的客户细分是企业有效实施客户关系管理的基础。企业客户细分的目的在于更精确地回答谁是我们的客户,客户到底有哪些实际需要,企业应该去吸引哪些客户,应该重点保持哪些客户,应该如何迎合重点客户的需求等重要问题。客户细分的目的和作用具体表现在:

①帮助企业找准市场机会。如果不对客户进行细分研究,市场始终是一个混沌体,因为任何消费者都是集多种特征于一身的,而整个市场是所有消费者的总和,呈现高度复杂性。客户细分可以把市场丰富的内部结构一层层地抽象出来,发现其中的规律,使企业可以深入、全面地把握各类市场需求的特征。

另外,市场需求是已经出现在市场尚未得到满足的购买力,在这些需求中有相当一部分是潜在需求,一般不易发现。企业运用客户细分的手段往往可以了解消费者存在的需求和满足程度,从而寻找、发现市场机会。客户细分可以帮助企业发现客户潜在需求、发展新产品及开拓市场。

②确定目标市场,有针对性地开展营销活动。当企业通过客户细分确定了自己所需要满足的目标市场,找到了自己的资源条件和客观需求的最佳结合点时,就可以集中人力、物力、财力,有针对性地采取不同的营销策略,取得投入少、产出多的良好经济效益。

客户细分的目的是对客户进行差异化分析,从而采取差异化的服务或营销活动,在"一对一营销"的基础上提高客户满意度,获得并保持客户,最终获得客户的终身价值,在维持长期的客户关系中获得更大的利润。同时,企业通过比较和分析不同细分市场中竞争者的营销策略,选择那些需求尚未满足或满足程度不够,而竞争对手无力占领或不屑占领的细分市场作为自己的目标市场,结合自身条件制订出最佳的市场营销策略。

③帮助企业集中有限的资源于最有价值的客户群。一般情况下,一个企业不可能满足所有的消费者的需求,尤其在竞争激烈的市场中,企业更应集中力量,有效地选择市场,取得竞争优势。企业的资源和能力都是有限的,如何对不同的客户进行有效资源的优化应是每一个企业都需要考虑的问题。所以在发展客户时非常有必要对客户进行统计、分析、细分,只有这样,企业才能根据客户的不同特点进行有针对性的营销,才能赢得、扩大和保持高价值的客户群,并吸引和培养潜力较大的客户群。

从客户价值方面来看,不同的客户能够为企业提供的价值也不同。因此,企业不应该简单地追求客户数量,而应该追求客户的质量,要知道哪些客户是企业最有价值的客户,哪些是企业的忠诚客户,哪些是企业的潜在客户,哪些客户的成长性最好,哪些客户最容易流失等,为此企业更需要对自己的客户进行细分。

④帮助企业对未来的盈利进行量化分析。对企业来说,为某个特定客户群服务需要投入多少资源,究竟能为其提供多少服务,企业又能从中取得多少收益等,这些信息其实很重要。客户细分使企业所拥有的高价值的客户资源显性优化,并能够就相应的客户关系对企业未来盈利影响进行量化分析,为企业决策提供依据。

(2)客户细分方法

客户细分的方法有以下3种:

①从客户盈利能力的角度进行分类。客户盈利能力可根据目前状况和未来状况进行分析。在分析目前状况时,横坐标是盈利能力,纵坐标是服务成本,根据这两个方面可以把客户分为4种类型[见图2.1(a)]:目前盈利高、服务成本低的客户是最具获利性的客户;目前盈利高、服务成本高,以及目前盈利低、服务成本低的客户是具获利性的客户;而目前盈利低、服务成本高的客户是最不具获利性的客户。根据所分的这几种类型,企业可以采取不同的客户策略。在分析用户目前状况的基础上,客户未来的状况也是企业区别对待客户需要考虑的重要因素。

根据目前盈利情况和未来盈利情况,可以把客户分为4种类型[见图2.1(b)]:目前盈利高、未来盈利也高的客户为最具获利性的客户,是企业的重点客户,也是企业重点维护的对象。目前盈利低、未来盈利高和目前盈利高、未来盈利低的客户都是具有获利性的客户,这些客户也为企业创造了价值,是企业需要保持的客户。而目前盈利低、未来盈利低的客户是最不具获利性的客户,对于这一类客户,企业不必投入太大的精力。

②根据客户对企业的价值进行分类。在客户关系管理中,企业常常按照客户的重要性

	目前盈利能力强	目前盈利能力弱
服务成本低	最具获利性的客户	具获利性的客户
服务成本高	具获利性的客户	最不具获利性的客户

(a) 目前的状况

	目前盈利能力强	目前盈利能力弱
未来盈利能力高	最具获利性的客户	具获利性的客户
未来盈利能力低	具获利性的客户	最不具获利性的客户

(b) 未来的状况

图 2.1　客户盈利能力

进行划分。如采用 ABC 分类法进行划分,可把客户分成贵宾型客户、重要型客户和普通型客户 3 种,见表 2.1。

表 2.1　用 ABC 分类法对客户进行划分

客户类型	客户名称	客户数量比例/%	客户为企业创造的利润比例/%
A	贵宾型	5	50
B	重要型	15	30
C	普通型	80	20

以上划分较好地体现了营销学中的"80/20"法则,即 20%的客户为企业创造 80%的价值。当然在 80%的普通型客户中,还可以进一步划分。有人认为,其中有 30%的客户是不能为企业创造利润的,但同样消耗着企业许多资源,因此,建议把"80/20"法则改为"80/20/30"法则,即在 80%的普通客户中找出其中 30%不能为企业创造价值的客户,采用相应的措施使其要么向重要型客户转变,要么终止与企业的交易。例如,有的物流企业对交易量很小的散客采取提高手续费的形式促使其到其他企业办理业务。

③根据客户购买行为分类。

根据客户购买的频率和每次购买的金额可以将客户分为 4 类(见图 2.2)。

图 2.2　客户行为矩阵模型

平均购买额大,同时购买次数少的客户为乐于消费型客户;购买次数少,同时购买额小的为不确定型客户;购买额大,同时购买次数多的为最好的客户;购买次数多,但购买额低的为经常性客户。

对最好的客户,企业要保持他们,他们是企业获取利润的基础;对最乐于消费型客户、经常性客户,他们是企业发展壮大的保证,企业应该想办法提高乐于消费型客户的购买频率,通过交叉销售和增量购买提高经常性客户的平均购买额;对于不确定型客户,企业需要慎重识别客户的差别,找出有价值的客户,使其向另外3类客户转化;而对于无价值客户,不必投入资源进行维护。

依据客户行为进行客户细分,能够反映不同类客户在购买频率、购买量、最近购买日期的不同,但是难以反映客户在认知维度上的认知状态,如客户的满意度、忠诚度等,公司还得结合客户的认知状态全面评估客户。

2) 影响物流企业客户购买的因素

物流行业消费者心理、行为、购买分析都会对物流企业客户购买过程产生影响。具体来说,作为物流服务购买者的客户通常会考虑以下6个因素:

①价格。因为如果企业运输、仓储量大,运得越多,存储得越多,所花的成本就越高,而企业是追求利润的组织,会尽可能地降低物流成本。

②时间。因为现在企业面临的竞争激烈,时间就是金钱,所以及时、快捷的运输是非常重要的。

③运输质量。产品能够完好无损地运到目的地,就是企业和客户都要的最终结果,这是非常重要的因素之一。

④售后及个性化服务。一方面,如果物流过程中发生意外情况,物流企业怎么进行处理;另一方面,物流企业又会提供哪些增值服务,如代收汇款、包装、加工、配送、供应链管理等。

⑤物流信息化建设。物流客户要能够及时知道所存储、运输的货物的具体情况:如货物运输到哪里了;如果发生其他情况,物流企业将如何及时解决。

⑥综合情况。这个物流企业在行业口碑怎么样,有哪些企业曾经做过它的客户,有怎样的服务态度,这个企业规模如何,自己规模如何,是否能适应自己企业的发展等。

以上只是一个物流客户在选择物流企业时考虑的基本问题,在实际情况中,还要受到其他许多因素的影响。

3) 物流客户的购买过程

物流客户的购买过程如下:

(1)客户的购买行为模式

物流客户的购买行为是在购买动机的支配下产生的,这一过程实际是一个"刺激—反应"过程,即物流客户由于受到各种刺激,就会产生购买动机,最终的反应是发生购买行为(见图2.3)。

从上述模式看出,对顾客的外部刺激有营销刺激(产品、价格、渠道、促销)和环境刺激(经济、技术、政治、文化等)。这些刺激进入购买者黑箱,即物流消费者的意识后,经过一系列的心理活动,由消费者的心理特征和决策过程导致了购买决策。物流市场营销人员的任

图 2.3　客户购买行为模式

务就是了解在出现外部刺激后到做出购买决策前的物流消费者的意识中所发生的情况,即消费者究竟是怎样决策的,是购买还是拒绝购买。可见,运用这一模式分析顾客购买行为的关键在于物流企业要认真调研顾客对本企业策划的营销策略和手段的反应,了解各种顾客对不同形式的产品服务、价格、促销方式的真实反应,恰当运用"物流市场营销刺激"诱发顾客的购买行为,使本企业在竞争中处于优势地位。

(2)物流客户的购买决策过程

物流客户的购买行为过程就是其购买决策过程,通常分为5个阶段:认知需求—收集信息—评价选择—购买决策—购后感受。

①认知需求。认知需求是顾客购买决策过程的起点,同时又是购买行为过程的核心。对物流需求来说,物流客户要了解自己物品的种类、运输距离、时效性、安全性、运输装卸与存储包装、运输成本等。

②收集信息。物流客户要收集的信息包括运输路线、运输方式、运输工具、班次频率、运费、员工素质、信息处理能力、安全性、时间占用、技术装备水平等。

③评价选择。评价选择是物流客户对收集的信息进行整理分析的过程,一般情况下会面临多种选择方案。例如,选择哪种运输方式,是铁路、水路、公路,还是空运;选择哪家物流企业;等等。物流客户必须依据所获得的信息和自身特点做出评价,然后做出最后的选择。

④购买决策。物流客户根据评价的结果选定自己认为最佳的物流公司,让物流公司承担自己的外包物流活动。

⑤购后感受。选择物流服务后,物流客户会有一定的反应,也就是满意度的反应。如果满意度高,表示购后感受较好,以后会重复购买(这类顾客的行为忠诚,对物流企业而言是理想的);如果满意度一般,以后会修正购买(这时物流企业要注意客户关系处理);如果满意度低,以后就会断购(失去顾客,这是物流企业最不愿意看到的)。

2.2.4　技能训练——遛狗与销售

某物流企业建立了比较好的客户档案。该企业的业务员去拜访 A 企业的时候,要见对方的董事长。销售人员先简单与保安聊了几句,然后慢慢通过保安、秘书来进一步了解董事长的爱好。这样,他为这个董事长建了一份档案,经过三番五次的补充完善后,他就开始利用档案和董事长做生意。

通过资料得知，那位董事长最大的爱好是周六一定要牵着小狗去散步。所以他就买了书,学习一些养狗的知识。等星期六到了,他去朋友那借了一只狗也去散步,一去就碰到了那位董事长,就跟他聊天。董事长马上问:"小伙子你好,你怎么认识我呢?""我到过您的办公室啊。"两人就开始聊天,直至终于成了"狗"友。

有一次董事长说:"这小伙子对养狗的知识真是懂得不少。我想起来了,你就是上一次来找我推销你们公司物流产品的那个人。把后半年的合同拿来,我给你签了算了,没事陪我遛狗吧。"就这样,两个人成了朋友。最后合同签了,任务就完成了。

问题:

1.这个业务员为什么能得到 A 公司的合同?

2.给客户建立档案有什么作用?

任务 3　分析物流竞争者

2.3.1　情境设置

A 快递公司在进入武汉市场后,发现快递市场竞争相当激烈。为了更好地与竞争对手过招,在武汉市场站住脚,现在请你帮 A 公司分析武汉快递市场角逐的竞争主体及其相应的竞争能力,在此基础上分析他们对 A 快递公司的一些启示。

2.3.2　学习目标

①了解影响物流企业竞争的主要因素。

②掌握分析物流企业竞争者的方法。

2.3.3　知识认知

在物流市场中,任何企业都无法回避竞争。优胜劣汰是自然的法则,也是物流市场的法则。正是在这激烈的竞争中,企业才得到了发展,人们的需求才得到了满足,社会经济也在竞争中得到了进步。随着全球经济一体化进程的加快和信息技术的发展,物流企业的竞争者越来越多。要在竞争中获得成功,物流企业仅了解营销市场是远远不够的,还必须了解竞争者。只有准确、恰当地对竞争者进行分析,在商战中才能知己知彼,取得竞争优势。

1)影响物流企业竞争的主要因素

目前,对物流企业竞争者的主要因素分析采用五力分析模型。五力分析模型是迈克尔·波特(Michael Porter)在 20 世纪 80 年代初提出的,其对企业战略的确定产生了很深远的影响。它明确了竞争五要素,即供应者的能力、购买者议价的能力、潜在加入者带来的威胁、替代品的威胁及存在于同行业间的竞争。此 5 种力量变换起伏、此消彼长、盈亏更迭,最终影响行业利润的变化。我们可以把各种不同元素集中起来,使用简单易行的五力模型工具进行分析,观察一些产业的基本竞争态势,把一些复杂行业的研究变得直观和简洁(见图2.4)。

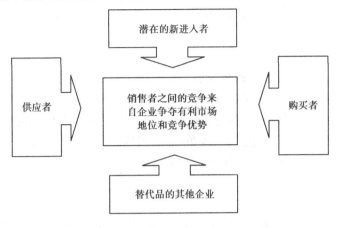

图 2.4　五力分析模型图

(1)新进入者

新进入者是指新加入物流行业的企业。这些新进入者受物流行业利润的吸引,市场占有欲较强,大有后来者居上之势。它们给物流行业注入了新的活力,促进了市场的竞争和发展,同时也带来挑战和压力,威胁同行各企业的市场地位。这种威胁的大小由两点决定:市场的进入障碍和原有物流企业的反应力度。如果进入障碍高或新进入者认为原有物流企业会坚决地报复,这种威胁就小;反之就大。

物流市场的进入障碍包括规模经济、整合成本、产品差异(现有的物流企业由于广告、特色产品、优质服务和公共关系等因素而获得了商标、顾客忠诚度以及极高的信誉度等,产品差异迫使进入者耗费很大的代价去克服顾客对现有物流企业的好感)、资本需要、转换成本的能力、接近分销渠道的程度(如果分销渠道在很大程度上被现有的物流企业所控制,新进入者需要确保其产品的分销,这一需要也构成进入障碍)、与规模无关的成本(如专有的产品技术、良好的安全记录、地点优势、政府补贴、学习和经验)等。新进入者对于现有物流企业的反击预期也将影响其进入。

(2)现有竞争者之间的竞争

现有竞争者是指现有的物流企业同行,竞争的手段主要有价格竞争、广告竞争、产品竞争、顾客服务竞争等。对竞争对手的分析主要包括以下3个方面的内容:

①行业内竞争的基本情况:包括竞争对手的数量、规模、资金、技术生产力、市场占有率等,研究的目的是找出物流行业中主要的竞争对手。

②主要竞争对手的实力:主要分析竞争对手的优势,是什么因素使其对企业构成了威胁。只有深入了解了竞争对手的竞争实力,物流企业才有可能在知己知彼中制订有效的对策。

③竞争对手的发展方向:包括产品开发方向、市场拓展或转移方向,这是竞争对手的竞争格局和战略动向,分析的目的是制订出相应的竞争策略。

(3)替代产品的压力

替代产品是指同样的业务采用成本较低的方案完成任务。例如,空运费用较高,在发货时间要求不紧迫的情况下,客户大多数会选择轮船、火车、汽车等地面运输方式托运货物。尤其是轮船,不但运输量大,而且价格低。替代产品给物流企业带来的压力主要体现在:它设置了物流企业利润的定价上限,这样的设置限制了物流行业的潜在收益,使物流企业总有一种被束缚的感觉。

(4)讨价还价的能力

物流客户讨价还价的能力是指物流客户向物流企业施加的压力,这种压力采取的手段主要有多压价、要求提高服务质量、索取更多的服务项目等。物流企业的每一位顾客的上述能力的强弱取决于众多市场情况的特点和这种购买对其整个业务的重要性。如果物流客户大批量集中购买或购买的是标准产品,或盈利低,或物流客户掌握了充分的信息,或物流客户对物流产品的质量及服务无重大影响等,那么物流客户讨价还价的能力就强;反之,物流客户讨价还价的能力就弱。

(5)供应者的能力

供应者的能力是指供应者向物流企业施加的压力,主要体现在:提价;维持原价,降低产品的质量和服务。当供应者的压力足够大时,可以导致物流企业因无法使其产品价格跟上成本增长而失去利润。供应者的压力主要表现在以下4个方面:

①物流企业并不是供应者的主要客户物流服务商时,供应者往往会自抬身价。

②当供应者的产品成为物流企业的主要投入资源时,由于这种产品对物流企业产品的质量至关重要,使得供应者加大了提价的砝码。

③当供应者表现出前向一体化的现实威胁时,物流企业与供应者争价会处于劣势。

④当供应者规模较大且其集中化程度比物流企业高时,供应者在向较为分散的物流企业销售产品时往往能在价格、质量及交货期上施加相当的影响。

根据上面对5种竞争力量的讨论,物流企业可以采取尽可能地将自身的经营与竞争力量隔绝开来、努力从自身利益需要出发影响行业竞争规则、先占领有利的市场地位再发起进攻性竞争行动等手段来对付这5种竞争力量,以增强自己的物流市场地位与竞争实力。

2)物流企业竞争者分析的过程与方法

(1)识别竞争者

竞争者虽然是一种客观存在,但物流企业通常不能轻易地发现所有的竞争者。由于竞争者首先存在于本行业中,物流企业首先需要从本行业出发来发现竞争者,即现有竞争者;然后再从市场、消费者需要的角度出发来发现竞争者,即潜在竞争者。分析防范不可过大,否则,草木皆兵会造成人、财、物的极大浪费,往往也使物流企业压力过大。

(2)确定竞争者的目标与战略

明确了物流企业的竞争者,还要进一步弄清每一个竞争者的市场目标和发展的动力。不同竞争者的目标侧重点不同,如经营能力、盈利能力、市场占有率、技术领先、服务领先等,竞争者对竞争行为的反应就会不同。竞争者的最终目标当然是追逐利润,但是每个公司对长期利润和短期利润的重视程度不同,对利润满意水平的看法就会不同。历史分析可以看竞争者的相对近期情况(历史),财务情况和市场占有率,市场上的历史情况,在新产品、营销创新方面有哪些出众表现和成绩等;背景分析可以看竞争者的高层领导人的职业背景、曾采取的各类战略、文化背景和价值观念等。

现代战略分析着重看竞争者采用何种战略,如实施市场领先战略、市场挑战战略等。

潜在能力分析主要涉及产品、销售渠道、营销方式、服务动作、总成本、财务实力、组织结构、管理能力、业务组合、核心能力、成长能力、快速反应能力、应变能力及持久能力等。

竞争者的战略主要有市场领先者战略、市场跟随者战略、市场补缺者战略等。确定其战略,明确其战略特点,对物流企业制订自己的竞争战略具有重要意义。

3) 判断竞争者的反应模式

由于竞争者的目标、战略、优势和劣势的不同,竞争者对市场上的价格、促销等市场竞争行为会做出不同的反应。归纳起来,竞争者有以下 4 种反应模式:

①迟钝型竞争者。当市场出现变化时,一些竞争者反应不强烈,行动迟缓。这可能是竞争者自身在资金、规模、技术等方面的能力限制,无法做出适当的反应;也可能是竞争者对自己的竞争力过于自信,不屑采取反应行为等。

②选择型竞争者。某些竞争者对不同市场竞争措施的反应是有区别的。例如,大多数物流企业对降价反应敏锐,而对发送服务、增加广告、强化促销等竞争措施不太在意,认为它们不会构成直接威胁。

③强烈反应型竞争者。这些竞争者对市场竞争因素的变化十分敏感,一旦受到挑战会迅速做出强烈的市场反应,大有把挑战者置之死地而后快之势,这样的竞争者通常是市场上的领先者。

④随机型竞争者。面对物流市场变化,有些物流企业的反应模式难以捉摸,它们在一些特定的场合可能采取也可能不采取任何实质性的行动,难以预料其反应。

在物流市场营销活动中,只有物流企业密切关注国际、国内竞争的新动向、新信息,积极客观地进行竞争者分析,扬长避短,掌握竞争的主动权,才能取得成功。

2.3.4　技能训练——武汉仓储企业行业竞争环境分析

1) 练习目的

①掌握物流企业的主要竞争者类型,能够识别物流企业的主要竞争者。

②在任务的实施过程中,能够通过和小组成员的沟通与合作实现任务目标,并提升计划、组织与实施的能力。

2) 情境导读、任务分解

(1) 情境导读

武汉是一个重工业城市,有一些或大或小的物流仓储企业。这些仓储企业规模大小不一,存在的问题也不同,其中与湖北交通职业技术学院物流管理专业建立长期合作关系的物流仓储企业主要有心怡科技物流、当当网、苏宁物流等。请针对武汉的某仓储物流企业(以上企业任选其一,并不局限于以上企业)在武汉的仓储行业竞争状况进行分析。

(2) 练习任务分解

①识别你所选择的物流公司的主要行业竞争者。

②识别武汉地区仓储企业的主要供应商、潜在竞争者、替代者、顾客。

③设计相应的指标来对这些竞争者的情况进行分析。

④根据以上的信息,对该物流企业所面临的仓储行业竞争情况进行综合评价。

3)练习步骤

①通过行业资料、走访企业,了解在武汉从事仓储业务的物流企业。

提示:在我国物流行业组织中,中国物流与采购联合会是国务院政府机构改革过程中,经国务院批准设立的中国唯一一个物流与采购行业综合性社团组织,在其网站上,你可以找到很多物流企业、物流法规、物流政策的资料。

②设计相应的指标来衡量这些竞争者的竞争力。

在本步骤中请思考:可以用来衡量竞争力的主要指标有哪些? 如何将这些指标量化? 在这些指标中,每个指标对于反映企业竞争力的作用和程度不同,因此,在综合评价主要竞争者的竞争力时,是否要考虑将这些指标赋予不同的权重。如果赋予权重的话,思考怎样确定权重(见表2.2)。

表2.2 竞争力评价表

主要竞争者	竞争力指标	竞争力指标值	综合评价

根据目前的研究和分析,对企业竞争力进行评价时主要采用的指标有资源、能力、环境等,可以先查找相关书籍和资料来确定在本任务中对竞争者的评价要采用哪些指标。

③设计调研方式,用来获得竞争力指标的值。

首先确认数据需求和数据来源(思考,如果无法获得某些指标的数据,是否还采用这些指标来衡量竞争者的竞争力)。

④走访仓储企业,了解仓储企业主要的业务来源,其客户主要有哪些,了解这些客户的市场份额,掌握其竞争地位。

⑤走访武汉地区的仓储企业,了解在这个行业中还有哪些潜在的市场进入者和替代者。

⑥综合评价你所选择的物流公司的行业竞争状况。

4)实训报告

通过本任务的调研,以小组形式形成调研总结。

项目3　调研物流市场

【项目导读】

现在,物流市场营销环境的变化越来越快,企业为了增加自身的应变能力和竞争能力,急需大量最新的信息以便及时做出决策。因此,物流企业营销部门在做具体营销活动之前,有一个很重要的工作就是对物流市场进行调研。物流市场调研的目的就是让物流企业最大限度地了解所处市场的具体情况,为营销活动提供信息支持。基于这种思想,本项目学习情境先是通过对物流调研的过程进行阐述,接下来重点讨论如何设计合理的物流市场调研表,最后分析不同调研方法的优缺点以及适用范围。

【教学目标】

1.知识目标

①了解物流市场调查的流程及意义。

②掌握物流市场调查表的设计方法。

③掌握物流市场调查的不同方法。

2.技能目标

①能设计物流市场调查表。

②能进行物流市场具体的调研和实施。

③能根据不同情况采用不同的市场调查方法。

【案例导入】

百事可乐的市场调查

在美国软性饮料市场上,可口可乐那突出的更漏形瓶子,使得可口可乐握起来更舒适、更粗壮,适于自动贩卖机贩卖;使得可口可乐就算被握在消费者手中还是能让人辨认出来。这个独特且唯一的标志,曾经成为美国民众不可分割的一部分,是可口可乐最重要的竞争优势。

百事可乐也花费数百万美元以研究新的瓶子设计。百事可乐推出旋涡形瓶子的标准包装来与可口可乐对抗,却不为消费者所认同,而被认为是个仿冒者。对于可口可乐的瓶子,我们必须"消除它的那股无形特殊力量",这个问题的症结是什么?史考特再三沉思这个问题。如果以寻求"更换竞赛场地的规则"来进行,可能的话,那么就改变整个竞赛场地,设法"向后探本溯源,看看顾客们真正的需要是什么"。

史考特知道百事可乐公司对他们的顾客认识不足,搞不清顾客的真正需要是什么?他发起一项大规模消费者调查,以研究各家庭在其家中如何饮用百事可乐和其他软性饮料。公司慎重选择了350个家庭做长期的产品饮用测试,以折扣优惠价每周订购任何所需数量的百事可乐及其他竞争品牌软性饮料。

史考特回忆说:让我们大吃一惊的是,发现不管他们订购多少数量的百事可乐,总有办法把它喝光。"这让我恍然大悟,"他说,"我们要做的就是包装设计,使人们更容易携带更多软性饮料回家的包装设计。"

"情况已很明白,"他继续说,"我们该将竞争的规则全面变更。我们该着手上市新的、较大且更多变化性的包装设计。"于是,百事可乐把容量加大,让包装更有变化。

戏剧化的结果发生了。可口可乐未将其著名的更漏造型瓶子转换为更大的容器,百事可乐竟迫使长久以来遥不可改的"可口可乐瓶子"——一个已经让三代以上的美国人熟悉的商标在美国市场上消失了;百事可乐的市场占有率呈戏剧化扩张。史考特发现在点心食品上的关键事实,也是目前所有市场人员已认知的事实——"你能说服人们买多少,他们就吃多少"。

问题:

1.市场调查能为企业提供什么帮助?

2.市场调查是怎样应用于消费者行为研究的?

任务1　明确物流市场调研的步骤

3.1.1　情境设置

A快递公司为了研究湖北省武汉市快递市场状况及消费者满意度,现委托你进行消费者快递使用情况调查,请按照物流市场调研的具体要求设计物流市场调查的步骤。

3.1.2　学习目标

①了解物流市场调查的要求。

②掌握物流市场调查的步骤。

3.1.3　知识认知

1)物流市场调查的含义

物流市场营销调查是以提高物流营销效益为目的,有计划地收集、整理和分析物流市场的信息资料,提出解决问题的建议的一种科学方法。物流市场调查也是一种以顾客为中心的研究活动。

2)物流市场调查的基本要求

物流市场调查的基本要求如下:

①端正指导思想。要树立为解决实际问题而进行调查研究的思想,牢记"一切结论产生于调查的末尾"。注意防止那种为了某种特殊需要,根据内定的调子,带着事先想出的观点和结论,然后去寻找"合适"的素材来印证的虚假调查。

②如实反映情况。对调查来的情况,一是一,二是二,有则有,无则无,好则好,坏则坏,坚持讲真话。

③选择有效方法。采用何种调查研究方法,一般应综合考虑调研的效果和人力、物力、财力的可能性以及时间限度等。对某些调查项目,往往需要同时采用多种不同的调查方法,如典型调查,就需要交叉运用座谈会、访问法、观察法等多种方式。

④安排适当场合。安排调查的时间和地点时,要为被调查者着想,充分考虑被调查者是否方便,是否能引起被调查者的兴趣。

⑤注意控制误差。影响市场的因素十分复杂,调研过程难免产生误差,但是应将调查误差控制在最低限度,尽量保持调查结果的真实性。

⑥掌握谈话技巧。调研人员在调查访问时的口吻、语气和表情对调查结果有很直接的影响,因此谈话特别需要讲究技巧。

⑦注意仪表和举止。一般来讲,调查人员穿着整洁、举止端庄、平易近人,就容易与被调查者打成一片;反之则会给被调查者以疏远的感觉,使之不愿与调查人员接近。

⑧遵守调查纪律。调查纪律包括遵纪守法,尊重被调查单位领导的意见,尊重人民群众的风俗习惯,在少数民族地区要严格执行民族政策,注意保密和保管好调查的资料等。

3) 物流市场调查机构

物流市场调查机构是受企事业单位委托,专门从事市场调查的单位。市场调查机构规模有大有小,其隶属关系及独立程度也不一样,名称更是五花八门,但归纳起来基本上有以下 4 类:

(1) 各级政府部门组织的调查机构

我国最大的市场调查机构为国家统计部门。国家统计局、各级物流主管部门和地方统计机构负责管理和颁布统一的市场调查资料,便于企业了解市场环境变化及发展,指导企业微观经营活动。

(2) 新闻单位、大学和研究机关的调查机构

这些机构也都开展独立的市场调查活动,定期或不定期地公布一些市场信息。

例如,以信息起家的英国路透社在全球设立了众多的分社和记者站,目前已成为世界上最大的经济新闻提供者,经济信息的收入成为该社的主要来源。

(3) 专业性市场调查机构

这类调查机构在国内外的数量是很多的,它们的产生是社会分工日益专业化的表现,也是当今信息社会的必然产物。目前,主要有 3 种类型的公司(见表3.1)。

表3.1　三类调查机构

专业公司	主要职能
综合性市场调查公司	这类公司专门搜集各种市场信息。当有关单位和企业需要时,只需交纳一定费用,就可随时获得所需资料。同时,它们也承接各种调查委托,有涉及面广、综合性强的特点

续表

专业公司	主要职能
咨询公司	这类公司一般是由资深的专家、学者和有丰富实践经验的人员组成,为企业和单位进行诊断,充当顾问。他们在为委托方进行咨询时,也要进行市场调查,对企业的咨询目标进行可行性分析。当然,他们也可接受企业或单位的委托,代理或参与调查设计和具体调查工作
广告公司的调查部门	广告公司为了制作出打动人心的广告,取得良好的广告效果,就要对市场环境和消费者进行调查。他们大都设立有调查部门,经常大量地承接广告制作和市场调查

(4)物流企业内部的调查机构

目前,国外许多大的企业和组织会根据生产经营的需要设立专门的调查机构,市场调查已成为这类企业固定性、经常性的工作。例如,可口可乐公司设立了专门的市场调研部门,并由一个副经理负责管理,这个部门的工作人员有调查设计员、统计员、行为科学研究者等。

4)物流市场调查程序

物流市场调查的全过程可划分为调查准备、调查实施和结果处理3个阶段,每个阶段又可分为若干具体步骤(见图3.1)。

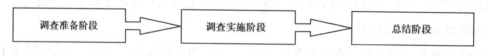

图3.1　物流市场调查过程

(1)调查准备阶段

本阶段主要解决调查目的、范围和调查力量的组织等问题,并制订出切实可行的调查计划。具体工作步骤是:

①确定调查目标,拟订调查项目。

②确定收集资料的范围和方式。

③设计调查表和抽样方式。

④制订调查计划。

(2)调查实施阶段

这个阶段是整个市场调查过程中最关键的阶段,对调查工作能否满足准确、及时、完整及节约等基本要求有直接的影响。这个阶段有两个步骤:

①对调查人员进行培训,让调查人员理解调查计划,掌握调查技术及同调查目标有关的经济知识。

②实地调查,即调查人员按计划规定的时间、地点及方法具体地收集有关资料,不仅要收集第二手资料(现成资料),而且要收集第一手资料(原始资料)。实地调查的质量取决于调查人员的素质、责任心和组织管理的科学性。

(3)总结阶段

这个阶段的工作可以分为以下3个步骤:

①资料的整理与分析。即对所收集的资料进行"去粗取精、去伪存真、由此及彼、由表及里"的处理。

②撰写调查报告。市场调查报告一般由引言、正文、结论及附件 4 个部分组成,其基本内容包括开展调查的目的、被调查单位的基本情况、所调查问题的事实材料、调查分析过程的说明及调查的结论和建议等。

③追踪与反馈。提出了调查的结论和建议,不能认为调查过程就此完结,而应继续了解其结论是否被重视和采纳、采纳的程度和采纳后的实际效果以及调查结论与市场发展是否一致等,以便积累经验,不断改进和提高调查工作的质量。

3.1.4 技能训练——物流市场调研过程

按自愿原则组织课程项目小组,通过独立操作完成一个市场调研项目来加深理解市场研究课程中讲授的理论和方法,了解市场调研的实际过程,培养学生的实践能力。

1)选题要求

自由选题,选题来源应是企业与其他类型的组织面临的实际问题。可以是营利性组织,也可以是非营利性组织。鼓励学生与具体企业联系,针对企业的具体问题提出调研方案,并争取获得企业支持和赞助。

2)日程安排

①小组成立。组成 5~8 人的项目小组,建议男女生保持适当比例,兴趣、爱好等比较均衡。选定 1~2 人为组长或负责人,其他成员各有分工。

②自由选题。要求在小组成立后 1 周内提交选题意向及 500 字左右的选题论证表,包括问题背景和来源,决策问题与调研问题等。

③研究设计。选题确定后 2~3 周内应撰写市场研究计划书,一般应达到 2 000 字左右,要求提交电子版和 PPT 演示版各一份,并进行课堂展示。

④现场执行,利用 3 周左右的课余时间进行现场数据收集和数据的录入、处理和分析。

⑤报告撰写。提交一份纸质版本和 PPT 演示版的研究报告,并组织小组汇报和评价。

任务 2 设计物流市场调查问卷

3.2.1 情境设置

A 快递公司为了研究快递市场状况及消费者满意度,现进行消费者快递使用情况调查。请你按照问卷设计的要求设计一份市场调查问卷表,要求设置多种类型的问题。调查表设计完成后,请谈谈你打算如何开展此次调查(包括人员、时间、地点、费用)。

3.2.2 学习目标

①掌握物流市场调查问卷设计的方法。

②能够根据市场调查内容设计物流市场调查表。

3.2.3 知识认知

1)物流市场调查方案设计

(1)问卷设计的概念

在现代市场调查中,应由事先准备好的询问提纲或调查表作为调查的依据,这些文件统称问卷。它系统地记载了所需调查的具体内容,是了解市场信息资料、实现调查目的和任务的一种重要形式。采用问卷进行调查是国际通行的一种调查方式,也是我国近年来推行最快、应用最广的一种调查手段。

所谓问卷设计,是根据调查目的将所需调查的问题具体化,使调查者能顺利地获取必要的信息资料,并便于统计分析。由于问卷方式通常是靠被调查者通过问卷间接地向调查者提供资料,作为调查者与被调查者之间中介物的调查问卷,其设计是否科学合理将直接影响问卷的回收率,影响调查结果的真实性、实用性。因此,在市场调查中,应对问卷设计给予足够的重视。

(2)问卷设计的格式

一份完整的调查问卷通常包括标题、问卷说明、被调查者基本情况、调查内容、编码号、调查者情况等内容。

①问卷的标题。问卷的标题是概括说明调查研究主题,使被调查者对所要回答的问题有一个大致的了解。确定标题应简明扼要,易于引起回答者的兴趣。例如,"大学生快递消费状况调查""我与物流——物流服务消费意识调查"等。而不要简单采用"问卷调查"这样的标题,它容易引起回答者因不必要的怀疑而拒答。

②问卷说明。问卷说明旨在向被调查者说明调查的目的、意义。有些问卷还有填表须知、交表时间、地点及其他事项说明等。问卷说明一般放在问卷开头,通过它可以使被调查者了解调查目的,消除顾虑,并按一定的要求填写问卷。问卷说明既可采取比较简洁、开门见山的方式,也可在问卷说明中进行一定的宣传,以引起调查对象对问卷的重视。下面举两个实例加以说明:

〔例1〕

"同学们:

为了了解当前大学生对快递的认知情况,并做出科学的分析,我们特制订此项调查问卷,希望广大同学予以积极配合,谢谢。"

〔例2〕

"女士(先生):

改革开放以来,我国物流业蓬勃发展,已成为社会生活和经济活动中不可缺少的一部分,对社会经济的发展起着积极的推动作用。我们进行的这次物流消费满意度意识调查的目的是加强社会各阶层人士与国家物流行业管理机关、用户和经营者等各方的沟通和交流，从而加强和改善物流业监督管理工作，促进物流业的健康发展。本次问卷调查并非知识性测验，只要求您根据自己的实际态度选答，不必进行讨论。根据统计法的有关规定，将对您个人情况实行严格保密。"

③被调查者基本情况。这是指被调查者的一些主要特征。例如，在消费者调查中，消费者的性别、年龄、民族、家庭人口、婚姻状况、文化程度、职业、单位、收入、所在地区等；又如，对企业调查中的企业名称、地址、所有制性质、主管部门、职工人数、商品销售额（或产品销售量）等情况。通过列出这些项目，便于对调查资料进行统计分组、分析。在实际调查中，列入哪些项目，列入多少项目，应根据调查目的、调查要求而定，并非多多益善。

④调查主题内容。调查的主题内容是调查者所要了解的基本内容，也是调查问卷中最重要的部分。它主要是以提问的形式提供给被调查者，这部分内容设计的好坏直接影响整个调查的价值。

主题内容主要包括以下 3 个方面：

a.对人们的行为进行调查，包括对被调查者本人行为进行了解或通过被调查者了解他人的行为。

b.对人们的行为后果进行调查。

c.对人们的态度、意见、感觉、偏好等进行调查。

⑤编码。编码是将问卷中的调查项目变成数字的工作过程，大多数市场调查问卷均需加以编码，以便分类整理，易于进行计算机处理和统计分析。因此，在问卷设计时，应确定每一个调查项目的编号，为相应的编码做准备。通常是在每一个调查项目的最左边按顺序编号。

例如，a.您的姓名；b.您的职业……而在调查项目的最右边，根据每一调查项目允许选择的数目，在其下方画上相应的若干短线，以便编码时填上相应的数字代号。

⑥作业证明的记载。在调查表的最后附上调查员的姓名、访问日期、时间等，以明确调查人员完成任务的性质。如有必要，还可写上被调查者的姓名、单位或家庭住址、电话等，以便于审核和进一步追踪调查。但对于一些涉及被调查者隐私的问卷，上述内容则不宜列入。

2）问卷设计的原则与程序

设计问卷应当遵循一定的原则和程序。

（1）问卷设计的原则

问卷设计应遵循以下 5 个原则：

①目的性原则。问卷调查是通过向被调查者询问问题来进行调查的，因此，询问的问题必须是与调查主题有密切关联的问题。这就要求在问卷设计时突出重点，避免可有可无的问题，并把主题分解为更详细的细目，即把它分别做成具体的询问形式以供被调查者回答。

②可接受性原则。调查表的设计要比较容易让被调查者接受。由于被调查者对是否参加调查有着绝对的自由，调查对他们来说是一种额外负担，他们既可以采取合作的态度接受调查，也可以采取对抗行为拒答，因此，请求合作就成为问卷设计中一个十分重要的问题。为此，应在问卷说明词中将调查目的明确告诉被调查者，让对方知道该项调查的意义和自身的回答对整个调查结果的重要性。问卷说明要亲切、温和，提问部分要自然、有礼貌和有趣味，并代被调查者保密，以消除其某种心理压力。必要时可采用一些物质鼓励，使被调查者

自愿参与,认真填好问卷。此外,还应使用适合被调查者身份、水平的用语,尽量避免列入一些令被调查者难堪或反感的问题。

③顺序性原则。顺序性原则是指在设计问卷时要讲究排列顺序,使问卷条理清楚,顺理成章,以提高回答问题的效果。问卷中的问题一般可按下列顺序排列:容易回答的问题(如行为性问题)放在前面;较难回答的问题(如态度性问题)放在中间;敏感性问题(如动机性、涉及隐私等问题)放在后面;关于个人情况的事实性问题放在末尾。

④简明性原则。简明性原则主要体现在4个方面:

a.调查内容要简明。没有价值或无关紧要的问题不要列入,同时要避免出现重复,力求以最少的项目设计必要的、完整的信息资料。

b.调查时间要简短,问题和整个问卷都不宜过长。设计问卷时,不能单纯从调查者角度出发,而要为回答者着想。调查内容过多,调查时间过长,都会招致被调查者的反感。通常调查的场合一般都在路上、店内或居民家中,应答者行色匆匆,或不愿让调查者在家中久留等情况很多,而有些问卷多达几十页,让被调查者望而生畏,一时勉强作答也只有草率应付。根据经验,一般问卷回答时间应控制在30分钟左右。

c.问卷设计的形式要简明易懂、易读。

⑤匹配性原则。匹配性原则是指要使被调查者的回答便于进行检查、数据处理和分析。所提问题都应事先考虑到能对问题结果做适当分类和解释,使所得资料便于做交叉分析。

(2)问卷设计的程序

问卷设计是由一系列相关工作过程所构成的,为使问卷具有科学性和可行性,需要按照一定的程序进行。

①准备阶段。准备阶段是根据调查问卷需要确定调查主题的范围和调查项目,将所需问卷资料一一列出,分析哪些是主要资料,哪些是次要资料,哪些是调查的必备资料,哪些是可要可不要的资料,并分析哪些资料需要通过问卷来取得,需要向谁调查等,对必要资料加以收集。同时要分析调查对象的各种特征,即分析了解各被调查对象的社会阶层、行为规范、社会环境等社会特征,文化程度、知识水平、理解能力等文化特征,需求动机、行为等心理特征,以此作为拟订问卷的基础。在此阶段,应充分征求相关人员的意见,以了解问卷中可能出现的问题,力求使问卷切合实际,能够充分满足各方面分析研究的需要。可以说,问卷设计的准备阶段是整个问卷设计的基础,是问卷调查能否成功的前提条件。

②初步设计。在准备工作基础上,设计者就可以根据收集到的资料,按照设计原则设计问卷初稿,主要是确定问卷结构,拟订并编排问题。在初步设计中,首先要标明每项资料需要采用何种方式提问,并尽量详尽地列出各种问题,然后对问题进行检查、筛选、编排,设计每个项目。对提出的每个问题都要充分考虑是否有必要,能否得到答案。同时,要考虑问卷是否需要编码,或需要向被调查者说明调查目的、要求、基本注意事项等。这些都是设计调查问卷时十分重要的工作,必须精心研究,反复推敲。

③试答和修改。一般来说,所有设计出来的问卷都存在着一些问题,因此,需要将初步设计出来的问卷在小范围内进行试验性调查,以便弄清问卷在初稿中存在的问题。主要了解被调查者是否乐意回答和能够回答所有的问题,哪些语句不清、多余或遗漏,问题的顺序是否符合逻辑,回答的时间是否过长等。如果发现问题,应做必要的修改,使问卷更加完善。

试调查与正式调查的目的是不一样的,它并非要获得完整的问卷,而是要求回答者对问卷各方面提出意见,以便于修改。

④付印。付印就是将最后定稿的问卷按照调查工作的需要打印复制,制成正式问卷。

3)调查表问题的设计

问卷的语句由若干个问题所构成,问题是问卷的核心。在进行问卷设计时,必须对问题的类别和提问方法进行仔细考虑,否则会使整个问卷产生很大的偏差,导致市场调查的失败。因此,在设计问卷时,应对问题有较清楚的了解,并善于根据调查目的和具体情况选择适当的询问方式。

(1)问题的主要类型及询问方式

调查表中的问题有以下几类型:

①直接性问题、间接性问题和假设性问题。

直接性问题是指在问卷中能够通过直接提问方式得到答案的问题。直接性问题通常给回答者一个明确的范围,所问的是个人基本情况或意见。例如,"您的年龄""您的职业""您最喜欢的快递企业是哪个"等,这些都可获得明确的答案。这种提问对统计分析比较方便,但遇到一些窘迫性问题时,采用这种提问方式可能无法得到所需要的答案。

间接性问题是指那些不宜于直接回答,而采用间接的提问方式得到所需答案的问题。通常是指那些被调查者因对所需回答的问题产生顾虑,不敢或不愿真实地表达意见的问题。调查者不应为得到直接的结果而强迫被调查者,使他们感到不愉快或难堪。这时,如果采用间接回答方式,使被调查者认为很多意见已被其他调查者提出来了,他所要做的只不过是对这些意见加以评价罢了,这样,就能排除调查者和被调查者之间的某些障碍,使被调查者有可能对已得到的结论提出自己不带掩饰的意见。

例如,"您认为消费者所寄的快递物品财产权是否应该得到保障?"大多数人都会回答"是"或"不是";而实际情况则表明许多人对本权力有着不同的看法。如果改问:

A:有人认为消费者所寄的快递物品财产权应该得到保障的问题需要得到重视。

B:也有人认为消费者所寄的快递物品财产权问题并不一定需要特别提出。

您认为哪些看法更为正确?

对 A 种看法的意见:

A.完全同意　　B.有保留的同意　　C.不同意

对 B 种看法的意见:

A.完全同意　　B.有保留的同意　　C.不同意

采用这种提问方式会比直接提问方式收集到更多的信息。

假设性问题是通过假设某一情境或现象存在而向被调查者提出的问题。例如,"有人认为目前的电视广告过多,您的看法如何?""如果在购买汽车和住宅中您只能选择一种,您可能会选择哪种?"这些语句都属于假设性提问。

②开放性问题和封闭性问题。

所谓开放性问题,是指所提出问题并不列出所有可能的答案,而是由被调查者自由作答的问题。开放性问题一般提问比较简单,回答比较真实,但结果难以做定量分析,在对其做定量分析时,通常是将回答进行分类。

所谓封闭性问题,是指已事先设计了各种可能的答案的问题,被调查者只要或只能从中选定一个或几个现成答案的提问方式。封闭性问题由于答案标准化,不仅回答方便,而且易于进行各种统计处理和分析;缺点是回答者只能在规定的范围内被迫回答,无法反映其他各种有目的的、真实的想法。

(2)问卷的答案设计

在市场调查中,无论是何种类型的问题,都需要事先对问题答案进行设计。在设计答案时,可以根据具体情况采用不同的设计形式。

①二项选择法。二项选择法也称真伪法或二分法,是指提出的问题仅有两种答案可以选择,即"是"或"否","有"或"无"等。这两种答案是对立的、排斥的,被调查者的回答非此即彼,不能有更多的选择。

例如,"您家里有快递包装盒吗?"

答案只能是"有"或"无"。

又如,"您是否打算寄快递时保价?"

回答只有"是"或"否"。

这种方法的优点是易于理解和可迅速得到明确的答案,便于统计处理,分析也比较容易。但回答者没有进一步阐明理由的机会,难以反映被调查者意见与程度的差别,了解的情况也不够深入。这种方法适用于互相排斥的两项择一式问题,及询问较为简单的事实性问题。

②多项选择法。多项选择法是指对所提出的问题事先预备好两个以上的答案,回答者可任选其中的一项或几项。

例如,"您对哪家物流企业印象最深刻?"(在您认为合适的□内打"√"。)

德邦□   天地华宇□   顺丰□

百世□   大道物流□   圆通□

由于所设答案不一定能表达出填表人所有的看法,因此,在问题的最后通常可设"其他"项目,以便被调查者表达自己的看法。

这个方法的优点是比二项选择法的强制选择有所缓和,答案有一定的范围,也比较便于统计处理。

③顺位法。顺位法是列出若干项目,由回答者按重要性决定先后顺序。顺位法主要有两种:一种是对全部答案排序;另一种是只对其中的某些答案排序。究竟采用何种方法,应由调查者来决定。具体排列顺序则由回答者根据自己所喜欢的事物和认识事物的程度等进行排序。

例如,"您选择用顺丰寄快递的主要原因是什么?"(请将所给答案按重要顺序1,2,3……填写在□中。)

速度很快□   服务优良□   品牌保障□

收费便宜□   上门收件□   其他□

顺位法便于被调查者对其意见、动机、感觉等做衡量和比较性的表达,也便于对调查结果加以统计。但调查项目不宜过多,过多则容易分散,很难顺位,同时所询问的排列顺序也可能对被调查者产生某种暗示影响。

这种方法适用于对答案要求有先后顺序的问题。

④回忆法。回忆法是指通过回忆了解被调查者对不同商品质量、牌子等方面印象的强弱。例如,"请您举出最近在寄快递时用过哪些品牌",调查时可根据被调查者所回忆品牌的先后和快慢以及各种品牌被回忆出的频率进行分析研究。

⑤比较法。比较法是采用对比提问方式要求被调查者做出肯定回答的方法。

例如,"请比较下列不同品牌的可乐饮料,哪种更好喝?"(在各项您认为好喝的品牌□中打"√"。)

黄山□	天府□
天府□	百龄□
百龄□	奥林□
奥林□	可口□
可口□	百事□
百事□	黄山□

比较法适用于对质量和效用等问题做出评价。应用比较法要考虑被调查者对所要回答问题中的商品品牌等项目是否相当熟悉,否则将会导致空项发生。

⑥自由回答法。自由回答法是指提问时可自由提出问题,回答者可以自由发表意见,并无已经拟订好的答案。例如,"您觉得软包装饮料有哪些优缺点?""您认为应该如何改进电视广告?"等。

这种方法的优点是涉及面广,灵活性大,回答者可充分发表意见,可为调查者收集到某种意料之外的资料,缩短问者和答者之间的距离,迅速营造一个调查气氛;缺点是由于回答者提供答案的想法和角度不同,因此在给答案分类时往往会出现困难,资料较难整理,还可能因回答者表达能力的差异形成调查偏差。同时,由于时间关系或缺乏心理准备,被调查者往往放弃回答或答非所问,因此,此种问题不宜过多。这种方法适用于那些没有预期答案或不能限定答案范围的问题。

⑦过滤法。过滤法又称"漏斗法",是指最初提出的是离调查主题较远的广泛性问题,再根据被调查者回答的情况逐渐缩小提问范围,最后有目的地引向要调查的某个专题性问题。这种方法询问及回答比较自然、灵活,使被调查者能够在活跃的气氛中回答问题,从而增强双方的合作,获得回答者较为真实的想法。但要求调查人员善于把握对方心理,善于引导并有较高的询问技巧。此方法的不足是不易控制调查时间。这种方法适合于被调查者在回答问题时有所顾虑,或者一时不便于直接表达对某个问题的具体意见时采用。例如,对那些涉及被调查者自尊或隐私等问题,如收入、文化程度、妇女年龄等,可采取这种提问方式。

(3)问卷设计应注意的问题

对问卷设计总的要求是:问卷中的问句表达要简明、生动,注意概念的准确性,避免提似是而非的问题。具体应注意以下 8 点:

①避免提一般性的问题。一般性问题对实际调查工作并无指导意义。

例如,"您对某百货商场的印象如何?"这样的问题过于笼统,很难达到预期效果,可具体提问:"您认为某百货商场商品品种是否齐全、营业时间是否恰当、服务态度怎样?"等。

②避免用不确切的词。

例如,"普通""经常""一些"等,以及一些形容词如"美丽"等。因为对这些词语每个人的理解往往不同,在问卷设计中应避免或减少使用。例如,"您是否经常购买洗发液?"回答者不知经常是指一周、一个月还是一年,可以改问:"您上月共购买了几瓶洗发液?"

③避免使用含糊不清的句子。

例如,"您最近是出门旅游,还是休息?"出门旅游也是休息的一种形式,它和休息并不存在选择关系。正确的问法是:"您最近是出门旅游,还是在家休息?"

④避免引导性提问。如果提出的问题不是"执中"的,而是暗示出调查者的观点和见解,力求使回答者跟着这种倾向回答,这种提问就是"引导性提问"。

例如,"消费者普遍认为××牌子的冰箱好,您对它的印象如何?"引导性提问会导致两个不良后果:一是被调查者不加思索就同意所引导问题中暗示的结论;二是由于引导性提问大多是引用权威或大多数人的态度,被调查者考虑到这个结论既然已经是普遍的结论,就会产生心理上的顺向反应。此外,对于一些敏感性问题,在引导性提问下,人们不敢表达其他想法等。因此,这种提问是调查的大忌,常常会引出和事实相反的结论。

⑤避免提断定性的问题。

例如,"您一天抽多少支烟?"这种问题即为断定性问题,被调查者如果根本不抽烟,就会无法回答。正确的处理办法是此问题可加一条"过滤"性问题,即"您抽烟吗?"如果回答者回答"是",可继续提问,否则就可终止提问。

⑥避免提令被调查者难堪的问题。如果有些问题非问不可,也不能只顾自己的需要穷追不舍,应考虑回答者的自尊心。

例如,"您是否离过婚? 离过几次? 谁的责任?"等。又如,直接询问女士年龄也是不太礼貌的,可列出年龄段:20 岁以下,20~30 岁,30~40 岁,40 岁以上,由被调查者挑选。

⑦问句要具体。一个问句最好只问一个要点,一个问句中如果包含过多询问内容,会使回答者无从答起,给统计处理也带来困难。

例如,"您为何不看电影而看电视?"这个问题包含了"您为何不看电影?""您为何要看电视?"和"什么原因使您改看电视?"等。防止出现此类问题的办法是分离语句中的提问部分,使得一个语句只问一个要点。

⑧要避免问题与答案不一致。所提问题与所设答案应做到一致。

例如,"您经常看哪个栏目的电视?"

A.经济生活　B.电视红娘　C.电视商场　D.经常看　E.偶尔看　F.根本不看。

消费者快递使用情况调查

为了了解居民对快递的消费情况,同时促使快递公司更好地为您服务,特进行此次调查。非常感谢您的配合。

1.您是一位(　　　)。

　A.先生　　　　　B.女士

2.您的年龄是(　　　)。

　A.20 岁以下　　B.20~30 岁　　C.30~40 岁　　D.40 岁以上

3.您的学历是( )。

    A.高中及以下   B.大专   C.本科   D.研究生及以上

4.您的职务是( )。

    A.学生   B.普通员工   C.私营业主   D.公司管理层

5.您用过快递邮寄东西吗?( )

    A.经常   B.一般   C.偶尔   D.从不

6.您平时主要的邮寄方式是什么?( )

    A.中国邮政   B.快递公司   C.其他

7.您对快递公司是否信任?( )

    A.信任   B.一般   C.不信任

8.您使用快递时最关注什么?( )

    A.速度快   B.价格合理   C.信誉好   D.服务好

9.您对快递服务现状满意吗?( )

    A.满意   B.一般   C.不满意

10.您对快递公司不满意的原因是什么?( )

    A.投递延期   B.被快递公司寄丢物品

    C.投递员服务态度恶劣   D.其他

11.您对国内快递行业了解吗?( )

    A.很了解   B.一般   C.不了解

12.您最希望快递公司改善哪些服务?

    答:

3.2.4 技能训练

①一份完整的调查问卷表应该具备哪些基本结构?

②怎样才能设计一份符合企业要求的合格的市场调查问卷表?

③调查问卷表的问句设计有哪些形式?

任务 3 选择物流市场调研方法

3.3.1 情境设置

A 快递公司为了研究快递市场状况及消费者满意度,现进行消费者快递使用情况调查。在前期的市场调查中,根据物流企业的调查目标,你觉得应该用什么样的物流市场调查方法比较好?

3.3.2 学习目标

①了解物流市场调研的各种方法。

②掌握各种物流市场调研方法的优缺点。

3.3.3 知识认知

物流市场营销调研的方法有很多,为便于学习、归纳和应用,这里主要介绍以下5种:

1)文案调查法

文案调查法又称间接调查方法,是指通过查阅、收集历史和现实的各种资料,并经过甄别、统计分析得到的调查者想要得到的各类资料的一种调查方法。文案调查法是通过查询已经形成的,或经过一定整理加工的二手资料来获取信息的过程,故被称为二手资料调研。与实地调查相比,文案调查有以下3个特点:

①文案调查是收集已经加工过的文案,而不是对原始资料的收集。

②文案调查以收集文献性信息为主,它具体表现为收集文献资料。在我国,目前仍主要以收集印刷型文献资料为主。当代印刷型文献资料又有许多新的特点,即数量急剧增加,分布十分广泛,内容重复交叉,质量良莠不齐等。

③文案调查所收集的资料包括动态和静态两个方面,尤其偏重于从动态角度收集各种反映调查对象变化的历史与现实资料。

2)访问询问法

访问询问法又称询问调查法,就是调查人员采用访谈询问的方式向被调查者了解市场情况的一种方法。它是市场调查中最常用的、最基本的调查方法。主要的访问调查方法包括以下4种:

（1）面谈调查法

面谈调查法是调查者根据调查提纲直接访问被调查者,当面询问有关问题,既可以是个别面谈,主要通过口头询问,也可以是群体面谈,可通过座谈会等形式。例如,个别面谈——用于商品需求、购物习惯等;群体面谈——请一些专家就市场价格状况和未来市场走向进行分析和判断。

①面谈调查法的优点。此法回答率高,可通过调查人员的解释和启发来帮助被调查者完成调查任务;可以根据被调查者性格特征、心理变化、对访问的态度及各种非语言信息扩大或缩小调查范围,具有较强的灵活性;可对调查的环境和调查背景进行了解。

②面谈调查法的缺点。此法人力物力耗费较大;要求调查人员的素质要高;对调查人员的管理较困难;可能会受到一些单位和家庭的拒绝,无法完成。

（2）电话调查法

电话调查法是由调查人员通过电话向被调查者询问了解有关问题的一种调查方法。

①电话调查法的优点。此法取得市场信息的速度较快;可节省调查费用和时间;调查的覆盖面较广;可以访问到一些不易见到面的被调查者,如某些名人等。

②电话调查法的缺点。被调查者只限于有电话的地区和个人;电话提问会受时间的限制;被调查者可能因不了解调查的详尽、确切意图而无法回答或无法正确回答;对于某些专业性较强的问题无法获得所需的调查资料;无法针对被调查者的性格特点控制其情绪。

（3）邮寄调查法

邮寄调查法是将调查问卷邮寄给被调查者,由被调查者根据调查问卷的填写要求填写好后寄回的一种调查方法。

①邮寄调查法的优点。此法可扩大调查区域,调查成本较低,被调查者有充分的答卷时间,可让被调查者以匿名的方式回答一些个人隐私问题,无须对调查人员进行培训和管理。

②邮寄调查法的缺点。征询回收率较低;时间较长;无法判断被调查者的性格特征和其回答问题的可靠程度;要求被调查者应具有一定的文字理解能力和表达能力,对文化程度较低的人不适用。

（4）留置问卷调查法

留置问卷调查法是当面将调查表交给被调查者,说明调查意图和要求,由被调查者自行填写,再由调查者按约定日期收回的一种调查方法。

①留置调查的优点。此法调查问卷回收率高;被调查者可以当面了解填写问卷的要求,澄清疑问,避免由于误解提问内容而产生的误差;填写问卷时间充裕,便于思考回忆;被调查者意见不受调查人员的影响。

②留置调查的缺点。此法调查地域范围有限,调查费用较高,不利于对调查人员进行管理监督。

3）观察调查法

观察调查法是调查员凭借自己的感官和各种记录工具深入调查现场,在被调查者未察觉的情况下,直接观察和记录被调查者的行为,以收集市场信息的一种方法。观察调查法简称观察法。

（1）观察调查法的特点

观察法不直接向被调查者提问,而是从旁观察被调查者的行动、反应和感受。其主要特点有:

①观察法所观察的内容是经过周密考虑的,不同于人们日常生活中的出门看看天气、到公园观赏风景等个人的兴趣行为,而是观察者根据某种需要,有目的、有计划地收集市场资料、研究市场问题的过程。

②观察法要求对观察对象进行系统、全面的观察。在实地观察前,应根据调查目的对观察项目和观察方式设计出具体的方案,尽可能避免或减少观察误差,防止以偏概全,提高调查资料的可靠性。因此,观察法对观察人员有严格的要求。

③观察法要求观察人员在充分利用自己的感觉器官的同时,还要尽量运用科学的观察工具。人的感觉器官特别是眼睛,在实地观察中能获取大量的信息。而照相机、摄像机、望远镜、显微镜、探测器等观察工具不仅能提高人的观察能力,还能将观察结果记载下来,可增加资料的翔实性。

④观察法的观察结果是当时正在发生的、处于自然状态下的市场现象。市场现象的自然状态是各种因素综合影响的结果,没有人为制造的假象。在这样的条件下取得的观察结果,可以客观真实地反映实际情况。

（2）观察调查法的基本类型

观察法有直接观察和测量观察两种基本类型。

直接观察就是观察人员直接到商店、家庭、街道等处进行实地观察。一般是只看不问，不使被调查者感觉到在接受调查。这样的调查比较自然，容易得到真实情况。这种方法可观察顾客选购商品时的表现，有助于研究购买者行为。

测量观察就是运用电子仪器或机械工具进行记录和测量。例如，某广告公司想了解电视广告的效果，选择了一些家庭作调查样本，把一种特殊设计的"测录器"装在这些家庭的电视机上，自动记录所收看的节目。经过一定时间，就了解到哪些节目收看的人最多，在以后的工作中根据调查结果合理安排电视广告的播出时间，以收到很好的效果。

4）实验调查法

实验调查法是指市场调研者有目的、有意识地改变一个或几个影响因素来观察市场现象在这些因素影响下的变动情况，以认识市场现象的本质特征和发展规律。实验调查既是一种实践过程，又是一种认识过程，并将实践与认识统一为调查研究过程。企业的经营活动中经常运用这种方法，如开展一些小规模的包装实验、价格实验、广告实验、新产品销售实验等，用以测验这些措施在市场上的反应，以实现对市场总体的推断。

5）网络调查法

（1）网络市场调研的含义

网络市场调研又称网上市场调研或联机市场调研，是指通过网络有系统、有计划、有组织地收集、调查、记录、整理、分析与产品、劳务有关的市场信息，客观地测定及评价现在市场及潜在市场，用以解决市场营销的有关问题，其调研结果可作为各项营销决策的依据。

（2）网络调研与传统市场调研之比较

网络调研作为一种新兴的调研方法，与传统调研相比有很强的优越性（见表3.2）。

表3.2　网络调研与传统市场调研

项目	网上调查	传统调查
调研费用	较低，主要是设计费和数据处理费。每份问卷所要支付的费用几乎是零	昂贵，要支付包括问卷设计、印刷、发放、回收、聘请和培训访问员、录入调查结果、由专业市场研究公司对问卷进行统计分析等多方面的费用
调查范围	全国乃至全世界，样本数量庞大	受成本限制，调查地区和样本均有限制
运作速度	很快，只需搭建平台，数据库可自动生成，几天就可能得出有意义的结论	慢，至少需要2~6个月才能得出结论
调查的时效性	全天候进行	不同的被访问者对其可进行访问的时间不同
被访问者的便利性	非常便利，被访问者可自行决定时间地点回答问卷	不方便，要跨越空间障碍，到达访问地点
调查结果的可信性	相对真实可信	一般有督导对问卷进行审核，措施严格，可信性高
实用性	适合长期的大样本调查，适合要迅速得出结论的情况	适合面对面的深度访谈，食品类等需要对访问者进行感观测试

（3）网络调查具体方法

①E-mail 问卷调研法。

A.主动问卷调研法。步骤如下：

a.建立被访者 E-mail 的地址信息库。

b.选定调研目标。

c.设计调查问卷。

d.调查结果分析。

例如,美国消费者调查公司(American Opinion)是美国的一家网上市场调研公司。它通过互联网在世界范围内征集会员,只要回答一些关于个人职业、家庭成员组成及收入等方面的个人背景资料问题即可成为会员。该公司每月都会寄出一些市场调查表给符合调研要求的会员,询问诸如"您最喜欢的食物是哪些口味,您最需要哪些家用电器"等问题,在调查表的下面注着完成调研后被调查者可以获得的酬金。根据问卷的长短以及难度的不同,酬金的范围在4~25 美元,并且每月还会从会员中随机抽奖,至少奖励50 美元。该公司会员注册十分积极,目前已有网上会员 50 多万人。

B.被动问卷调研法。被动问卷调研法是将问卷放置在网站站点上被动等待访问者填写问卷的一种调研方法。与主动问卷调研法的主动出击寻找被调查者相比,被动问卷调研法更像是守株待兔。此方法无须建立被访者 E-mail 地址信息库,在进行数据分析之前也无法选定调研目标,但其所涉的被调查者范围要比主动问卷调研法广阔得多,几乎每个网民都可以成为被调查者。被动问卷调研法通常应用于类似人口普查的调研,特别是对网站自身建设的调研。

例如,CNNIC(中国互联网络信息中心)每半年进行一次的"中国互联网络发展状况调查"采用的就是被动问卷调研法。在调查期间,为达到可以满足统计需要的问卷数量,CNNIC 一般与国内一些著名的 ISP(网络服务提供商)/ICP(网络内容提供商)设置调查问卷的链接,如新浪、搜狐、网易等,进行适当的宣传,以吸引大量的互联网浏览者进行问卷点击,感兴趣的人会自愿填写问卷并提交问卷。

②网上焦点座谈法。网上焦点座谈法是在同一时间随机选择 2~6 位被访问者,弹出邀请信,告知其可以进入一个特定的网络聊天室,相互讨论对某个事件、产品或服务等的看法和评价。

③使用 BBS(电子公告板)进行网络市场调研。网络用户可通过 TELNET(远程终端协议)或 WEB(全球广域网,也称万维网)方式在电子公告栏发布消息。BBS 上的信息量少,但针对性较强,适合行业性强的企业。

3.3.4　技能训练——纸业公司的市场调查

台湾某纸业公司要进行市场拓展,为获得消费者使用卫生纸的相关资料,曾举办市场调查：

①多段随机抽样法:在台北市选择 300 样品户,在台南市选择 200 样品户进行调查。

②设计问卷,以人员访问法进行家庭访问调查。

③将调查结果经由计算机整理分析,得到 12 点结论：

a.95%的家庭使用平板卫生纸,只有5%的家庭使用圆筒卫生纸。

b.台北市的消费者较喜欢450克装的卫生纸,台南市则是300克装。

c.杂货店是购买卫生纸最主要的通路。

d.家庭主妇是卫生纸的主要购买者。

e.通常每次购买一包,大约每两星期购买一次。

f.每人每天卫生纸的消耗量,台北市为6.97克,台南市为4.90克。

g.台北市的消费者较重视卫生纸的品质,台南市的消费者则以习惯来决定购买的品牌。

h.台北市与台南市的消费者对卫生纸的品牌忠诚度分别为21.6%与20.5%。

i.品牌之转换是从低品质到高品质,此种情形在台北市更为显著。

j.柔软、消毒完全、洁白是购买卫生纸时最主要的考虑因素。

k.台北市的消费者喜爱塑料包装,台南市则喜爱纸包装。

l.消费者均认为卫生纸的颜色应该是白色,其他色彩偏好为黄色、粉红色、蓝色。

根据市场调查的宝贵结论,该公司拟订了整体行销策略,展开了强有力的电视广告配合有效实体分配作业,成为台湾卫生纸的领导品牌,轰动一时。

问题:

1.试分析该企业市场调查的成功之处。

2.该企业市场调查为我们提供了哪些启示?

项目4 细分物流市场

【项目导读】

物流企业面对的市场复杂多变、购买者众多、分布广泛并且需求各异,任何一个物流企业都无法充分有效地满足市场的所有需求。因此,物流企业只能根据内部条件和外部环境,在物流市场细分的基础上选择对本企业最有吸引力、可为之提供有效服务的市场部分作为目标,实施目标市场营销。本项目基于这种思想,首先阐述了物流市场细分的意义以及标准,接下来讨论了物流市场细分的方法和物流目标市场的选择模式,最后分析了物流市场定位的策略和方法。

【教学目标】

1.知识目标

①掌握物流市场细分的概念、作用、条件。

②掌握物流目标市场选择的模式、策略。

③掌握物流市场定位的概念、策略。

2.技能目标

①能清楚掌握物流市场细分的概念。

②能根据一定的标准进行物流服务市场细分。

③能选择合适的物流服务目标市场。

④能对物流服务目标市场进行准确的定位。

【案例导入】

香港邮政"特快专递"的市场细分和定位

香港邮政署率先推出了"特快专递"业务。但是,由于邮政署是行政拨款的政府部门,一直未对该项业务进行商业化的市场推广,结果速递业务的发展反而追不上后起的民营公司。

之后,香港邮政署决定对速递业务进行市场推广,以提高市场占有率,增加营业额。

首先,他们对顾客进行了调查,了解到顾客选择速递服务时,首先考虑的是速度和可靠性,其次才是价格;同时,顾客希望能够追踪邮件,随时了解邮件运送的情况。他们也调查分析了竞争对手的情况,得出的结论是:

1.邮政署的优势

①特快专递服务推出较早,技术支持较强(如电子追踪服务)。

②以邮局为服务点,服务网络覆盖面广,竞争对手无法相比。

③邮政署寻求改变的决心大,员工士气高昂,急欲参与。

2.邮政署的劣势

香港邮政"特快专递"过去的形象不太好,认知度不高,人们认为其可靠性与速度不及私营速递公司。

3.市场机会

私营速递公司多以大公司为主要客户。绝大多数的中小机构享受不到价格优惠,个人客户更被作为最后处理的对象,他们的需求不易得到满足,为中小机构提供速递服务是一个被忽视的市场。

通过细分市场,香港邮政署选择了中小商业机构和个人客户作为自己的目标市场,以"补缺者"的身份填补市场空隙,避免和竞争对手正面冲突。

他们把自己的服务定位为"分秒显优势"的"超值服务"。为了塑造这一市场形象,吸引目标消费者,他们采取了以下措施:

①对"特快专递"服务采取低价策略。

②提供电子追踪服务,让顾客随时掌握邮件运送的情况。

③提供大小不同的特快专递箱,满足顾客的需要。

④消除一切可能造成延误的因素,保证邮件准时发送。

⑤特设专门的小组应对顾客的业务查询,替顾客开立账户,并兼作宣传。

⑥整顿工作作风。一线人员礼貌热情,服务耐心细致,富有效率。

⑦提供高质量、高效率的"超值服务",让顾客有更多时间处理邮件,直至"最后一分钟"将邮件寄出,令客户的分分秒秒尽显优势。

接着,香港邮政署推出了主题为"分秒显优势"的市场推广活动。

在视觉形象上,他们设计了全新的公司标志和"特快专递"服务标志,选择以速度见长的"蜂鸟"代表公司形象,选择以速度和耐力著称的"雨燕"作为"特快专递"服务形象。

电视广告也极富感染力,突出了"分秒显优势"的承诺:一个勤勉、质朴的年轻邮递员充满自信地走在人群中,他不断前行的身影、真诚的笑容,与身后喧闹的都市形成了强烈的对比,给人以踏实、可信赖的感觉,塑造了香港邮政"特快专递"业务崭新的形象。

此外,这一活动还采用了多种传播手段,如报纸广告、直邮广告、广告传单、海报等。

邮政署还特别成立了"特快专递"倡导委员会,并设立了许多工作促进小组,向邮政署所有员工介绍有关知识和加强服务的重要性。领导的重视和亲临指导给员工以极大鼓舞,每个员工都愿为推广活动效力。

当然,这一推广活动取得了显著成绩。

业务量:"特快专递"处理的邮件总量有所上升。

客户数:实施推广活动的头5个月,新开立账户的客户人数上升了60%。

认知率:在未开立账户的顾客中,认知率从11%上升到30%;在已开立账户的顾客中,认知率从36%升到50%。"特快专递"在香港已经成功地建立起自己的品牌形象。

满意度:对顾客满意程度的独立研究显示,客户对"特快专递"服务各个程序的满意程度均有明显上升。

由于速递业务服务水平的提高,香港邮政署获得了全球邮政联盟的嘉奖。这一市场推

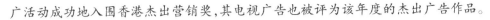

广活动成功地入围香港杰出营销奖,其电视广告也被评为该年度的杰出广告作品。

问题:

1.香港邮政署对邮政市场进行细分的标准是什么?

2.他们选择了哪些市场作为自己的目标市场?进行了怎样的市场定位?

任务 1　细分物流服务市场

4.1.1　情境设置

近年来,湖北省快递业发展迅猛,快递市场竞争也是相当激烈。既有 EMS 这类国有企业,也有顺丰快递、申通快递这类民营企业,还有联邦快递这些外资企业。现有一家刚进入武汉快递市场的 MM 快递公司,在进入市场前如何对快递市场进行细分,请谈谈你的看法。可以从市场细分原因、标准、方法等因素考虑(注:后面任务中的 MM 快递公司同此情境)。

4.1.2　学习目标

了解物流市场细分的定义,重点掌握物流服务市场细分的方法和标准。

4.1.3　知识认知

1)物流市场细分的概念

物流市场细分的相关概念如下:

(1)市场细分的定义

所谓市场细分,就是根据消费者需求和购买行为的共同性和差异性,将整个市场划分成若干个具有不同需求特征的顾客需求类别。在同一个需求类别中,顾客的需求具有共同性;在不同需求类别中,顾客的需求具有差异性。我们把这个划分过程称为市场细分,把分割出来的一块一块的小市场称为细分市场。

(2)物流市场细分的定义

物流市场细分是指根据物流需求者的不同需求和特点,将物流市场分割成若干个不同的小市场的分类过程。

值得注意的是:第一,物流市场细分是对客户的需求进行细分,不是对产品(服务)进行细分。第二,物流市场细分是将具有相似需求特征的客户划分在同一个市场,并不意味着在这个细分市场内其他的需求差异不存在。第三,这些需求的差异性是客观存在的。

2)物流市场细分的作用和条件

(1)物流市场细分的作用

①有利于物流企业发掘市场机会。通过市场细分,物流企业可以认识到每个细分市

场上需求的差异、物流需求被满足的程度以及市场竞争状况。抓住那些竞争者未进入或竞争对手很少的市场机会,结合企业资源状况,从中形成并确立适宜自身发展和壮大的目标市场,并以此为出发点设计相应的营销组合策略,就可以取得竞争优势,占有较大的市场份额,为下一步的发展打下良好的基础。同时,在分析物流市场竞争状态的基础上,根据物流企业自身的资源条件及竞争能力,形成适于自身发展的较为有利的目标市场。

②有利于物流企业获得竞争优势。在现代物流企业进入买方市场的条件下,物流企业的生产取决于市场的需求。如果市场需求量大,就会吸引更多的物流生产者进入,物流行业的竞争就会逐渐加剧。因此,企业只有借助于市场细分,整合自身的各种资源,专注于某一个或几个细分市场,获得竞争优势,才能在市场竞争中求得生存和发展。

③有利于物流企业更准确地把握客户需求。细分后的市场相对较小而且具体,有助于物流企业把握不同细分市场的需求特点及变化情况,提高物流企业的市场适应程度。在此基础上,运用产品(服务)、价格、分销及促销策略形成一套市场营销组合,同时,根据细分市场的不同变化对这种组合进行调整,以适应市场的变化。

(2)物流细分市场的条件

物流企业要使细分市场真正具有实用价值,保证细分市场能为企业制订有效的营销战略和策略服务。企业细分市场要具备以下条件:

①可衡量性。可衡量性是指企业用以细分市场的标准是可以衡量的。它主要包括3个方面:第一,客户对服务有不同的偏好,对企业的营销策略具有明显的不同反应;第二,企业必须能够获取客户的准确情报;第三,企业对各细分市场能进行定量分析,且便于对市场进行可行性研究,使企业能选择较好的目标市场。

②盈利性。盈利性是指企业进入目标市场后能够获得预期的利润。如果物流市场的规模很小,不能为企业获取足够的盈利,就不值得进行细分。

③可行性。可行性是指细分出来的市场,企业是能够通过合理成本的营销组合达到的。

④稳定性。稳定性是指在一定时期内,细分市场的标准及细分市场保持相对不变。

3)物流市场细分的标准

物流企业应该如何进行物流市场细分呢? 根据物流市场的特点,可以用以下5类标准进行细分:

(1)地理区域

按此标准,一般可以将物流市场分为:

①区域物流。区域物流是指在一定的时空内具有某种相似需求物流的一定区域。通常是指省内或省际的物流。

②跨区域物流。跨区域物流是指在不同的区域内进行物流活动,包括省际、行政区和国际物流。

(2)客户行业

同一行业的客户,其产品的构成差异不大,对物流的需求也具有一定的相似性。不同行业的客户,其产品的构成存在很大差异,对物流需求各不相同。按客户行业一般可以将市场细分为农业、工业、商业和服务业等细分市场。例如,上海的某民营物流公司在市区配送方面很有优势,他们的客户都是大型的食品企业。

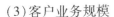

（3）客户业务规模

按照客户对物流需求的规模细分市场，可以将客户分为：

①大客户。大客户是对物流业务需求较大的客户，他们是企业的主要服务对象。

②中等客户。中等客户是对物流业务需求一般的客户，是物流企业的次要服务对象。中等规模的客户一般操作起来比较容易，服务的利润空间比较高。

③小客户。小客户是对物流业务需求较小的客户，是物流企业较小的服务对象。

（4）物品属性

物流企业在进行物流活动过程中，由于物品属性的差异，使得企业物流作业的差别也很大。按客户物品的属性可将市场分为：

①生产资料市场。生产资料市场指用于生产的物资资料市场，其数量大，地点集中，物流活动要求多且高。例如，上海莲雄物流在天津专门负责某化工集团的物流业务管理。

②生活资料市场。生活资料市场指用于生活需要的物资资料市场，其地点分散，及时性要求高。

③其他资料市场。其他资料市场指除以上两个细分市场以外的所有物资资料市场。

（5）服务方式

服务方式就是根据客户所需物流服务功能的实施和管理的要求不同而细分市场。按服务方式可将物流市场分为：

①综合方式服务。综合方式服务就是指客户需要提供两种或两种以上的物流服务。例如，有实力的大企业在为其客户提供仓储、运输服务的同时，还为客户提供咨询服务。

②单一方式服务。单一方式服务是指客户只需要提供某一种方式的服务。

近年来，第三方物流市场迅速发展，我国第三方物流市场将保持每年20%以上的增长率。外部条件的发展和成熟为物流市场的细分发展提供了广大的空间。但是，目前中国在物流市场细分领域仍处于初级发展阶段，大多数物流企业处于同一服务水平，同一经营层面。由于大多数物流企业从传统的仓储、运输和货代等发展起来，它们缺乏现代物流营销理念的指导，缺乏对客户物流和客户需求的分析，很多物流企业仍停留在传统营销理念之中。它们的市场定位模糊、物流服务产品雷同，使得物流企业市场空间越来越小，利润越来越少。因此，对于物流企业来说，合理地细分物流市场、精确定位、提供差别化服务是企业生存和发展的关键。

4）物流市场细分方法

物流市场细分的方法有很多，但总体上来说，可以归纳为以下3种方法：

（1）单一因素细分法

所谓单一因素细分法，是指在影响物流客户需求的多种因素中选择出一种主要因素作为市场细分的依据。例如，可以利用客户对货物运输的时间需求不同这个因素对物流运输市场进行细分。

（2）综合因素细分法

所谓综合因素细分法，是指在影响物流客户需求的多种因素中选择对顾客或者消费者的购买产生较大影响的，可能被顾客和消费者放在同一层次上考虑的，并列的两个或者两个以上因素作为细分市场的依据。例如，可以按照顾客对物流量、物流速度和物流频率3个因素的要求对物流市场进行细分。

（3）系列因素细分法

所谓系列因素细分法，是指在影响物流客户购买的多种因素中，以影响顾客和消费者需求的多个变量为标准对市场进行由粗到细的层层细分的方法。

5）物流市场细分步骤

为了确保市场细分的有效性，企业的市场营销人员应该了解和掌握细分市场的程序。美国市场学家杰罗姆·麦卡锡曾提出过一般的市场细分的步骤，如图4.1所示。

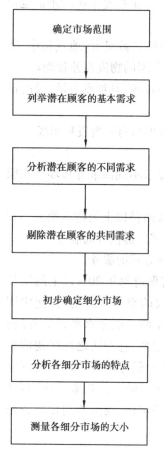

图4.1 市场细分的步骤

①确定市场范围。任何一个企业都有其自身的任务和目标，并以此作为企业制订生产经营和市场开拓战略的依据。

②列举潜在顾客的基本需求。产品的市场范围确定后，企业的市场营销人员可以将市场范围内的潜在顾客分为若干个专题小组，了解他们的动机、态度、行为等，从而比较全面地列出影响产品市场需求和顾客购买行为的各项因素，作为以后进行深入分析研究的基本资料和依据。

③分析潜在顾客的不同需求。顾客的不同需求是细分市场的基础。

④剔除潜在顾客的共同需求。潜在顾客的共同需求是企业无论选择哪种细分市场作为目标市场时，都必须使之得到满足。

⑤初步确定细分市场。对细分市场的初步确定是指为细分市场暂时命名，即在分析了潜在顾客的不同需求，进行了市场细分并剔除各细分市场上潜在顾客的共同需求后，各细分市场上剩下的需求各不相同。这时，为了便于对各细分市场的特点做进一步的分析，就需要根据各细分市场上顾客的特点暂时为各细分市场确定一个名字。

⑥分析各细分市场的特点。上述工作完成后，企业还需进一步对各细分市场顾客的需求及其行为特点做深入的分析与考察，确定已掌握了各细分市场的哪些特点，还需要对哪些特点进一步进行分析研究，从而决定是否需要再分或重新合并。

⑦测量各细分市场的大小。细分出来的市场必须大到足以使企业实现其利润目标，这时细分市场对企业来说才是有用的。

4.1.4 技能训练——运输市场细分

彼得准备在湖北武汉东、西湖区物流园开一个名叫"优运"的小型运输公司。为了搞清楚他的目标客户，他对这个地区的运输市场进行了市场细分。请你按照以下不同细分标准，帮助其完成优运公司运输市场的细分。

①根据价格的不同，可以将运输市场分为＿＿＿＿＿＿、＿＿＿＿＿＿、＿＿＿＿＿＿

等细分市场。各个细分市场的价格区间分别为＿＿＿＿＿＿、＿＿＿＿＿＿、＿＿＿＿＿＿。

②根据运量的不同,可以将运输市场分为＿＿＿＿＿＿、＿＿＿＿＿＿、＿＿＿＿＿＿等市场。

③根据使用场合的不同,可以将运输市场分为＿＿＿＿＿＿、＿＿＿＿＿＿、＿＿＿＿＿＿等市场。

④根据运输车辆的不同,可以把运输市场分成＿＿＿＿＿＿、＿＿＿＿＿＿、＿＿＿＿＿＿等市场。

⑤其他细分方法。根据＿＿＿＿＿＿的不同,可以把运输市场分成＿＿＿＿＿＿、＿＿＿＿＿＿、＿＿＿＿＿＿等市场。

任务 2　选择物流服务目标市场

4.2.1　情境设置

MM 快递公司在对武汉快递市场细分后,需要做的下一个工作就是对其目标市场进行选择。现请你谈谈对物流目标市场选择的看法,最后形成分析报告(分析报告的主要内容应包括:①该快递品牌进入了哪些目标市场? ②这些目标市场的特点是什么? ③企业进入这些目标市场的成效怎样? ④你对企业目标市场选择的评价)。

4.2.2　学习目标

①了解物流服务目标市场的作用。
②学会选择物流服务目标市场的方法。

4.2.3　知识认知

从物流营销流程看,在对物流市场进行细分后,就进入选择物流目标市场的阶段。所谓物流目标市场,是指企业准备进入或已经进入的细分市场。市场细分的最终目的是选择和确定目标市场。企业的一切市场营销活动都是围绕目标市场进行的。企业需要评价各种细分市场,根据企业的资源与能力来选择目标市场,并确定目标市场策略。

1)如何评估物流细分市场

物流目标市场是指在市场细分的基础上,企业要进入并开展营销活动的一个或一些细分市场。企业要确定细分市场,离不开对细分市场的评估。企业应从两个方面分析和评估细分市场。

(1)物流细分市场的吸引力

企业必须考虑潜在的细分市场的规模、成长潜力、盈利率、规模经济、风险等。大企业往往重视销售量大的细分市场,小企业却要避免进入大的细分市场,转而重视销售量小的细分市场。细分市场可能具有适度规模和成长潜力,然而如果这个细分市场的盈利率很低,则细分市场未必具有长期吸引力。

(2)企业的目标和资源

某些细分市场虽然有较大的吸引力,但不符合企业长远的目标,因此,企业不得不放弃。即使某一细分市场符合企业的战略目标,企业还要考虑是否具备在细分市场获胜所必需的资源和能力。如果企业在细分市场缺乏必要的资源,并且无获得必要资源的能力,企业就要放弃这个细分市场。企业的资源和能力与竞争对手相比应该有一定的优势。如果企业无法向细分市场的消费者提供某些更有价值的产品或服务,就不应贸然进入该细分市场。

2)选择目标市场的方式

在企业市场营销活动中,企业必须选择和确定目标市场。选择和确定目标市场是企业制订市场营销战略的首要内容和基本出发点。企业应该根据其能力和资源条件选择具有较强吸引力的细分市场。企业选择目标市场的方式主要有以下5种:

(1)市场集中化策略

市场集中化策略是指企业只经营一种类型的产品,满足某一类顾客特定的需要。较小的企业通常采用这种策略。

(2)选择专业化策略

选择专业化策略是指企业同时进入若干个具有吸引力并且符合企业的目标和资源的细分市场作为目标市场,其中每个细分市场与其他细分市场之间的联系较小。企业要有针对性地向各个不同的顾客群提供不同类型的产品,以满足其特定的需要。这一般是生产经营能力较强的企业在几个细分市场均有较大吸引力时所采取的决策,其优点是可以有效地分散经营风险。

(3)产品专业化策略

产品专业化策略是指企业生产一种类型的系列产品,并将其销售给各个顾客群,满足其对一种类型产品的各不相同的需要。

(4)市场专业化策略

市场专业化策略是指企业决定生产多种不同类型的产品,只将其销售给某一个顾客群,满足其多种需要。

(5)全面进入策略

全面进入策略是指企业生产各种类型的产品,全面地满足市场上所有顾客群的不同需求。

显然,目标市场的选择对企业生产、经营、效益等活动都有重要影响。如果采用市场集中化策略,企业可能对市场需求的适应能力弱,经营风险大;如果采用全面进入战略,生产经营的复杂性可能会增加,难以提高企业的利润率。企业应当运用下述策略:当企业实力较弱时,一般先进入最有吸引力且最有条件进入的细分市场;而在机会和条件成熟时,则宜酌情有计划地进入其他细分市场,逐步发展壮大。

3)确定目标市场的营销方式

物流企业在市场细分、选择目标市场之后,还要决定在这个目标市场里应该如何进行营销。目标市场的营销方式主要有无差异性营销、差异性营销和集中性营销3种。

（1）无差异性营销

无差异性营销是指企业不考虑细分市场的差异性，把整体市场作为目标市场，只推出一种产品、只运用一种市场营销组合为市场提供统一服务的营销方式。

这种营销活动只注意市场需求共性，而忽略其差异性。实施无差异市场营销战略的企业可以推出一种类型的标准化产品，使用统一的包装与商标、相同的促销手段，试图以此吸引尽可能多的购买者。

它的主要优点表现为成本的经济性。单一的产品，大批量的生产、储运和销售，必然降低单位产品的成本；无差异的广告宣传等促销活动可以减少促销费用；不进行市场细分也会相应地减少市场调研、产品开发、制订多种市场营销组合方案等方面的费用。其缺点主要是不能满足消费者的多样性需求。

（2）差异性营销

差异性营销是指选择两个或两个以上细分市场作为目标市场，分别为之设计不同的市场营销组合，以满足各个细分市场的需要。由于采用差异性营销战略必然受到企业资源和条件的限制，因此，小企业往往无力采用。

差异性营销的优点是可以提高企业产品的适销率和竞争力，减少经营风险，提高市场占有率。因为多种产品能分别满足不同消费者群体的需要，从而扩大产品销售，某一两种产品经营不善的风险可以由其他产品经营所弥补，如果企业在数个细分市场都能取得较好的经营效果，就能树立企业良好的市场形象，提高市场占有率，所以目前有越来越多的企业采用差异性市场营销战略。

差异性营销的缺点是运用这种策略的企业进入的细分市场较多，而且针对各个细分市场的需要实行了产品和市场营销组合的多样化策略，随着产品品种增加、销售渠道多样以及市场调研和促销宣传活动的扩大与复杂，企业各方面经营成本支出必然会大幅度增加。

（3）集中性营销

集中性营销是指以一个细分市场为目标市场，集中力量实行专业化生产和经营的目标市场策略。采用这种策略通常是为了在一个较小的细分市场上取得较高的市场占有率，而不是追求在整体市场上占有较少的份额。这种策略被称为"弥隙"策略，即弥补市场空隙的意思，适合资源薄弱的小企业。

集中性营销的优点是目标市场集中，有助于企业更深入地注意、了解目标市场的消费者需求，使产品适销对路，有助于提高企业和产品在市场上的知名度；还有利于企业集中资源，节约生产成本和各种费用，增加盈利，取得良好的经济效益。

集中性营销的缺点是企业潜伏着较大的经营风险。由于目标市场集中，一旦市场出现意外变化，如顾客爱好转移（特别是时尚消费）、消费者需求的突然变化、价格猛跌，或者出现强大的竞争对手等，企业就有可能因承受不了短时间的竞争压力而立即陷入困境。因此，许多企业除非有特别的把握，否则宁可将目标市场分散些，学"狡兔"营造"三窟"，以防止突然倾覆的风险。

4.2.4　技能训练——物流目标市场的选择

根据任务 1 物流市场细分中 4.1.4 技能训练的结论,以及你对湖北武汉物流市场的调研,你认为彼得的运输公司会选择哪个细分市场作为自己的目标市场? 请说出理由。

任务 3　定位物流服务市场

4.3.1　情境设置

MM 快递公司已经选择了物流目标市场,需要做的下一个工作就是对其快递市场定位进行分析。现请你谈谈对物流目标市场定位的看法,最后形成分析报告(可从定位的步骤、策略、方法等方面考虑)。

4.3.2　学习目标

了解物流服务市场定位的定义,重点掌握如何在选择的目标市场上进行物流市场的定位。

4.3.3　知识认知

物流企业选择和确定了目标市场后,就进入了目标市场营销的第三个步骤——市场定位。市场定位是目标市场营销战略重要的组成部分。它关系企业及其产品在激烈的市场竞争中占领消费者心理、树立企业及产品形象、实现企业市场营销战略目标等一系列至关重要的问题。

1) 物流市场定位的概念

首先,应该了解什么是物流市场定位。

(1) 市场定位的概念

市场定位是企业及产品确定在目标市场上所处的位置。市场定位是由美国营销学家艾里斯和杰克·特劳特在 1972 年提出的,其含义是指企业根据竞争者现有产品在市场上所处的位置,针对顾客对该类产品某些特征或属性的重视程度,为本企业产品塑造与众不同的、给人印象鲜明的形象,并将这种形象生动地传递给顾客,从而使该产品在市场上确定适当的位置。

(2) 物流市场定位

物流市场定位是指物流企业根据市场竞争状况和自身资源条件建立和发展差异化优势,以使自己的服务在消费者心中形成区别,并优越于竞争者服务的独特形象。物流市场定位为物流服务差异化提供了机会,使每家企业及其服务在客户心目中都占有一席之地,形成特定的形象,从而影响其购买决定。

2）物流市场定位的步骤

物流市场定位的步骤和其他服务市场定位相似，一般如下：

（1）分析市场和竞争对手

企业进行市场定位，首先要进行市场分析：分析市场构成、潜在客户的需求，明确哪些是自己的竞争对手，研究他们的策略，评价自己的强弱之处，制订以与众不同为基础的战略。主要弄清以下问题：都有什么企业在市场上参与竞争？它们都针对哪些细分市场？

（2）了解潜在客户对竞争对手的评价

主要了解客户对物流服务的感受，他们认为哪些是重要的决定性因素？什么动机使他们选择一种或者另一种服务？他们认为自己所找的企业与其他对手比较有什么优势？

（3）确定竞争对手的定位

了解哪些服务因素是在与竞争对手的对比中要优先被感受到的，是如何被感受到的。

（4）分析客户的构成

了解客户的预期要求，特别要确定物流服务在客户的经营中所起的作用和占有何种地位。

（5）选择定位设计

如果客户的感受与企业所希望的不同，就要决定是否需要干预和怎样干预。企业在这个阶段要做各种量化分析：各种方案的成本与收入的估算；利润的估计。同时，弄清达到这种定位需要什么样的人力和财力资源？竞争对手会做出何种反应？企业最后选择的定位设计要让自己的服务与其他的竞争对手不同，按照潜在客户的要求提供特色服务，并向潜在客户宣传自己的服务。

3）物流服务市场定位方法

物流企业的市场定位是物流企业为了将自己的物流服务有针对性地进行推广或销售的一种客户定位，是企业将服务推出市场的最佳切入点。企业可以从以下5个方面进行市场定位：

（1）按经营层面定位，实际上是物流公司的"产品"定位

在品牌树立阶段，物流企业应该明确定位自己的核心经营层面。有了核心经营层面，才有可能形成核心优势，树立品牌形象。物流公司可选择以下4个经营层面：

①运作层。企业只提供比较初级的物流管理服务，物流企业本身不涉及客户内部的物流管理和控制，只是根据客户的要求整合社会物流资源，完成特定的物流服务。

②管理层。管理层的服务包括销售预测、库存的管理和控制等专业的物流环节，对物流公司的管理水平要求很高，因此能够提供专业化的物流管理的物流企业往往可以得到较大的利润空间。但由于要深入企业的销售、市场、生产、财务等环节，因此市场对此类服务的接受有一定的障碍。例如，华润物流在同一个客户的合作中，除了进行动作层面的整合外，还为客户提供内仓的库存管理。华润物流根据客户的生产计划确定内仓的原材料库存，提供原材料库存分析。

③规划层。规划层的服务内容包括物流设施、物流体系和物流网络的规划，这是物流领域中最富技术含量的一块领域，由于其专业性太强，主要由咨询公司完成这一任务。

④混合型。混合型的经营模式是企业不断拓展自己的经营层面，在核心能力得到加强

的基础上往其他经营层面延伸。

（2）按主导区域定位

主导区域的定位是指企业设定自己的核心业务的覆盖范围,在主导区域内,企业依靠自身的物流网络能够完成相关的物流服务。主导区域可以是一个城市、一个地区、一个省、一个大区或全国。确定主导区域要考虑以下4个因素:

①自身的投入能力。主导区域覆盖面的区域越大,投入的资金越多。

②管理水平。主导区域覆盖面越广,管理难度越大。如果管理能力不强,过快地扩展自己的覆盖网络可能造成管理的失控和客户服务质量的降低。

③客户的需求分析。对现有的客户群进行分析,将业务比较多的区域设为主导区域。

④营运成本分析。一般来讲,主要区域覆盖面越广,表明提供服务的能力越强,同时有利于企业品牌的宣传,但需要的成本也越高。如果企业投入能力不足,对主导区域不能覆盖的地方业务可以通过联盟等协作办法解决。

（3）按主导行业定位

物流企业为了建立自己的竞争优势,一般将主营业务定位在一个或几个行业。因为不同的行业,其物流的运作模式是不同的。专注于特定行业,可以形成行业优势,增强自身的竞争能力。物流企业在我国现阶段可以重点考虑的行业有电脑、家电、通信、电子、汽车、化工、食品、服装、医药、家具等。

（4）按客户关系定位

物流企业与客户的关系可分为普通合作伙伴关系和战略合作伙伴关系。普通合作伙伴关系是合作双方根据双方签订的合作文件进行业务往来,在合作过程中双方的职责有比较明确的界限;战略合作伙伴关系双方职责不再有明确的界限,合作双方为了共同的利益,在很大程度上参与对方的经营决策。

（5）按服务水平定位

服务水平分为基本服务、标准服务和增值服务3种。因服务水平与客户满意度和运营成本紧密相连,故服务水平越高,客户满意度越高,但会带来营运成本的提高。确定服务水平的一般原则如下:

①对于重点客户,一般要提供增值服务。

②对于可替代性强的业务,也可提供增值服务。

一般的运输、仓储等业务可替代性强,如果只是提供基本服务,往往很难将自己与竞争对手区分开来。在此情况下,可以开发增值服务项目。

③服务水平的确定是动态的过程,必须适时调整。

4）物流企业市场定位策略

物流企业作为一个整体,在客户的心目中是有一定的位置的。怎样使自己在客户心目中占据一个明显而突出的位置呢? 企业定位可根据自身的资源优势和在市场上的竞争地位做出以下选择:

（1）市场领先者定位策略

市场领先者是在行业中处于领先地位的企业,其相关服务在市场上的占有率最高。采用领先者定位策略的企业必须具备以下优势:客户对品牌的忠诚度高、营销渠道的建立及高效运行、营销经验的迅速积累等。

（2）市场挑战者定位策略

在相同的行业中，当居次位的企业势力很强时，往往以挑战者的姿态去攻击市场领导者和其他的竞争者，以获得更大的市场占有率，这就是市场挑战者定位策略。

挑战者的挑战目标可以是3种：攻击市场主导者；攻击与自己实力相当者；攻击地方性小型企业。

（3）市场跟随者定位策略

市场跟随者定位策略是指企业跟随市场领先企业开拓市场，模仿领先者的服务项目开发、营销模式的定位策略。但"跟随"并不是被动地、单纯地跟随，而是设法将独特的利益带给它的目标市场，必须保持低成本和高服务水平。采用这种定位策略有3种战略可供选择：紧密跟随、距离跟随和选择跟随。

①紧密跟随是指企业在各个细分市场和营销组合方面尽可能模仿主导者，不与主导者发生直接冲突。

②距离跟随是指跟随者在主要方面如目标市场、产品创新、价格水平和分销渠道等方面追随主导者，但仍与主导者保持若干差异。

③选择跟随是指企业在某些方面紧跟主导者，在另一方面又发挥自己的独创性。

（4）市场补缺者定位策略

市场补缺者定位策略是指企业专心关注市场上被大企业忽略的某些细小部分，在这些小市场上通过专业化经营来获取最大限度的收益，在大企业的夹缝中生存和发展的定位策略。

采用这种策略的企业主要进行专业化市场营销，就是在市场、客户、渠道等方面实行专业化。在选择补缺基点时，通常选择两个或两个以上的补缺基点，以减少市场风险。

（5）重新定位策略

如果消费者心目中对该企业的市场定位不明确，或者市场营销环境发生重大变化后，或者顾客需求发生了显著变化等，企业须调整自己原来的市场定位或进行重新定位。另外，就是当众多的或较强的竞争对手定位于自身产品及形象周围时，为发动进攻，也通常采取重新定位战略。例如，上海同济大学以前是一所以建筑类专业见长的著名大学，在大家的心目中它就是一所工科院校。现在，随着市场的变化和专业的发展，该校的财经及文科类专业数量已超过全部专业的1/3，这样一来，该校就面临重新定位的问题。上海同济大学必须及时调整它的市场定位，不断宣传和强化它是一所综合性大学。通过这种重新定位，可消除顾客心目中相似定位的模糊，重新加深自己在消费者心目中的印象。但是，采用重新定位战略也具有一定的冒险性，因为它可能会使你失去一部分以往的品牌忠诚者，所以应谨慎使用。

4.3.4　技能训练

1）物流市场定位

根据任务2物流市场目标市场选择的结论，以及你对湖北武汉物流市场的调研，你认为彼得的运输公司在选择目标市场时应该如何进行物流市场定位？请说出理由。

2）案例分析——维珍大西洋航空公司的市场定位

（1）航空公司的服务定位和成长

1984 年 6 月 22 日，从英国伦敦到美国纽约的首次飞行，标志着维珍大西洋航空公司的成立。

维珍大西洋航空公司（简称"维珍公司"）自建立起，其目标就十分明确：为各层次的乘客以最低的成本提供最高质量的旅行服务。公司的最初构想是提供从伦敦到纽约的商务飞行服务，但理查德·布兰森认为这与维珍公司一贯的形象不符，并为此深感不安。他认为，维珍大西洋航空公司的潜在顾客与维珍商店相同，即一群年轻、流动性强、相对较富足的人。他们普遍受过良好的教育，有较高的社会地位或在公司中有一定的职位，年薪在 3 万美元以上。因此，他把公司定位为"为追求价值的旅行者提供服务的小航空公司"。但是，为了避免被认为是"快乐的廉价航班"，公司在休闲旅行市场站稳脚跟后，马上转向利润更丰厚的商务人士市场。这些人对服务很挑剔，但很容易形成品牌忠诚。他们逐渐成为维珍公司的顾客中的主要部分。到 1991 年，维珍公司 10% 的乘客和 35%～40% 的收入都来自商务人士这一细分市场。如今，维珍公司已发展成为优秀的商务航空公司，但同时保持了趣味和娱乐的传统特色，对那些对维珍唱片和维珍商店感兴趣的年轻人仍有吸引力。

1993 年 4 月，维珍公司从空中客车公司订购了 4 架 A340 飞机（该型号飞机能容纳 292 名乘客），成为英国首家拥有此类飞机的航空公司。

（2）竞争态势

无论是规模还是公众知名度，维珍公司都远比不上庞大的英国航空公司。英航的规模是维珍公司的 15 倍。英航每周有 278 次航班从伦敦跨越大西洋，座位有 83 000 个；而美洲航空公司有 35 000 个座位，168 次飞行；联合航空公司有 30 000 个座位，122 次飞行。相比之下，维珍公司只有 84 次飞行，30 000 个座位。尤其是英航，号称"世界上最受欢迎的"航空公司。所以维珍公司与英航的竞争相当激烈，因为他们都飞那些最有利可图的航线。

维珍公司只选定美国与欧洲为主要市场，在全国最有潜力的、人口密度较大的大城市开设长途航班，如洛杉矶、迈阿密、奥兰多、纽约、波士顿、东京、旧金山、新加坡、悉尼、华盛顿、芝加哥等。但是，维珍公司也灵活地采用多种手段进行扩张。

（3）服务和价格策略

维珍公司并不仅仅以价格进行竞争，它还提供了许多创新性服务与强大的竞争对手抗衡。维珍公司在提供优质服务方面不遗余力，不断推出新的服务，往往超出顾客的期望。1990 年，维珍公司决定将每架飞机减少 50 个座位，用来为顾客提供比其他竞争对手更为宽敞的腿部活动空间，虽然这一决定将使公司蒙受 120 万英镑的短期利益损失。从 1992 年开始，公司把舱位分为 3 个类型：上等舱（Upper Class）、中等舱（Mid Class）和经济舱（Economy Class）。这与一般航空公司的头等舱（First Class）、商务舱（Business Class）和经济舱（Economy Class）的分类不同。在与竞争对手相对应的每一类舱位上，维珍公司都希望以更低的成本为顾客提供更优质的服务。表 4.1 是维珍公司各种舱位服务的一览表。

表 4.1 维珍公司各种舱位服务一览表

服务流程	上等舱	中等舱	经济舱
订票	优先选择座位	优先选择座位	预先选择座位
到机场	·起始免费专车接送 ·免费停车(该服务在盖特维克机场价值28美元,荷塞勒机场价值26美元) ·盖特维克机场旅客获赠该机场快航公司的一等舱机票	无	无
在机场	·优先登机、取行李和下机 ·免费携带行李 ·提供上等舱候机室及商业中心等设施,可参加维珍俱乐部和荷塞勒机场俱乐部	·单独登机 ·快速行李检查	无
飞行中	·一流睡椅,55英寸的腿部活动空间 ·服务人员与顾客比例为1:7 ·舱内设置酒吧 ·32频道电视娱乐节目,个人音响,每一座椅都配有电视屏幕	·单独机舱 ·舒适座位,腿部活动空间38英寸 ·全程提供饮料 ·优先用餐	·舒适座椅 ·全程提供饮料 ·16频道电视娱乐节目,每一座椅都配有电视屏幕,部分收低额费用
在美国、东京转机	·专用豪华轿车送旅客到各指定城市 ·免费租用汽车(往返旅客4天,单程旅客两天) ·提供由波士顿到罗斯福码头的短程火车 ·提供到东京市区或羽田机场的豪华大巴 ·提供免费运货进出成田机场和其他城市服务 ·免费乘坐成田机场捷运公司的火车头等厢至东京市中心	无	无
其他额外优惠	·获维珍免费之行成员资格 ·其后每次乘头等舱将获双倍飞行距离的免费经济舱剩余机票	·获维珍免费之行成员资格 ·起飞前提供饮料	无

问题:

1.从维珍公司的发展来看,企业应如何进行市场细分、市场定位?

2.这一案例给物流公司进行市场细分、市场定位和目标市场营销带来什么启示?

项目 5 制订物流营销策略

【项目导读】

美国营销专家鲍敦提出了市场营销组合概念,即市场营销人员综合运用并优化、组合多种可控因素,以实现其营销目标的活动总称。这些可控因素后来被麦卡锡归并为4P,即产品(Product)、价格(Price)、地点(Place)和促销(Promotion)。从那以后,4P对市场营销理论和实践产生了深刻的影响,被奉为营销理论中的经典。我国物流企业除了要树立市场营销观念和利用市场营销4P策略,在产品、价格、渠道、促销4个方面提升自己的竞争力外,若能善于管理和利用有形展示,则可帮助顾客感受物流产品的特点以及提高享用服务时所获得的满意度,有助于建立物流产品和企业的形象,支持有关营销策略的推行。此外,适当地运用网络营销的手段,可以大大增强物流企业的品牌效应和销售效果。

【教学目标】

1.知识目标

①了解物流新产品的开发程序。

②了解物流企业产品的定价技巧。

③了解物流企业的分销渠道的类型。

④了解物流企业的促销手段。

⑤了解物流企业有形展示的意义。

⑥了解物流网络营销的优势和风险。

2.技能目标

①掌握常用的物流产品组合策略和品牌策略。

②掌握物流企业产品定价的依据及影响。

③掌握物流企业分销渠道的基本模式。

④掌握物流企业促销组合。

⑤掌握物流企业有形展示的方式。

⑥掌握制订物流网络营销策略的方法。

【案例导入】

宝供物流企业集团的服务产品策略

宝供物流企业集团是国内第一家注册成立的物流企业集团。它凭借超前的物流服务理念、遍布全国的运作网络、一流的质量保证体系、全程的信息服务优势、先进的物流管理模式、丰富的物流实践经验以及强大的学习型、知识型物流人才队伍,为 40 多家跨国公司和十几家国内大型企业提供优质、高效的专业化物流服务。宝供物流企业集团作为最早在中国提供一体化增值服务的第三方物流供应商,严格遵循"控制运作成本、降低客户风险、全面提升物流服务质量,使客户集中精力发展主业,增强核心竞争和可持续发展能力,成为客户最佳的战略联盟伙伴"的超前物流服务理念,向客户提供具有个性化优势的特色物流服务。

首先,宝供物流大力推行"量身定做、一体化运作、个性化服务"的模式。宝供物流企业集团打破传统业务分块经营模式,在各大中心城市建立分公司或办事处,建立强大的、遍布全国的物流运作网络,将仓储、运输、包装、配送等物流服务广泛集成,为客户"量身定做",提供"门到门"的一体化综合服务以及其他增值性服务。

其次,宝供物流广泛采用具有国际水准的 SOP 运作管理系统和质量保证 GMP 体系。为了规划业务部门的运作标准,宝供物流建立了系统化、规范化、标准化的各类标准操作程序,即 SOP。任何岗位上的任何事,SOP 都有详细的规定。通过 SOP 的正确执行,确保了业务运作不会因个人因素造成服务品质的不同,确保了 GMP 质量体系的实施和实现。几年来,公司的铁路运输货物缺损率都控制在万分之一左右,公路运输和仓储缺损率为零,铁路运输时间达标率在 95% 以上,获得了客户的一致赞许。

问题:

宝供物流企业集团的服务产品策略给你带来了什么启示?

任务 1　制订物流产品策略

5.1.1　情境设置

MM 快递公司在经过了市场调查后,准备推出一款针对大学生的快递新服务产品。请你根据服务产品的整体概念设计新服务产品,并制订相应营销策略。

5.1.2　技能目标

①掌握物流产品的概念及特征。
②掌握物流产品生命周期各阶段的特点、营销策略。
③掌握物流新产品的开发程序。
④掌握物流品牌概念和包装概念。

5.1.3　知识认知

1)物流企业服务产品概念

关于物流企业的服务产品,应该先了解以下内容:

(1)物流产品整体概念

现代物流市场营销的核心是满足客户的需要和欲望。从现代物流营销观念来考察产品的内涵,也就是从客户的角度来看,物流企业的"产品整体概念"主要指物流企业提供的各种物流服务,物流企业服务的本质是满足客户的需求。

(2)物流产品的层次

物流企业产品整体概念把服务分为4个层次,即核心产品、形式产品、附加产品和心理产品。

①核心产品。核心产品也称实质产品,是指产品能够提供给购买者的基本效用或益处,是购买者所追求的中心内容。

②形式产品。形式产品是指产品在市场上出现时的具体物质外形。它是产品的形体、外壳,核心产品只有通过形式产品才能体现出来。产品的形式特征主要指质量、功能、款式、品牌、包装。

③附加产品。附加产品是客户在购买产品时所得到的附加利益的总和。它包括产品的说明书、保证、安装、维修、运送、信贷、技术培训、流通加工等增值物流服务。

④心理产品。心理产品指产品的品牌和形象提供给顾客心理上的满足。

上述4个层次的产品相互依存,构成完整的产品概念。

(3)物流企业的产品特征

物流企业提供的产品是一种服务。物流企业服务在发展中已逐步形成鲜明的特征,其突出表现在以下3个方面:

①服务关系契约化。物流企业的服务是通过契约形式来规范物流经营或者与消费者之间的关系的。物流经营者根据契约规定的要求提供多功能乃至全方位一体化的物流服务,并以契约来管理提供的所有物流服务活动及其过程。

②服务方式个性化。首先,不同的物流消费者存在不同的物流服务需求,物流企业根据不同的消费者要求,提供针对性强的个性化物流服务和增值物流服务。其次,物流服务的经营者也因为市场竞争、物流资源、物流能力的影响不断强化物流服务的个性化和特色化,以增强自己在物流市场的竞争能力。

③服务功能专业化。物流企业所提供的是专业的物流服务。从物流设计、物流操作过程、物流技术工具、物流设施到物流管理都必须体现专门化和专业水平,这既是物流消费者的需要,也是物流企业自身发展的基本要求。

2)物流企业产品组合策略

物流企业产品有一定的组合策略。

(1)物流产品组合的概念

首先要了解物流产品组合、产品线和产品项目。

①物流产品组合。物流产品组合是指物流企业生产经营的全部产品的结构,它既反映企业的经营范围,又反映企业市场开发的深度。物流产品组合包含了产品线和产品项目这两个概念。

②物流产品线。物流产品线又称产品大类或产品系列,是指物流产品组合中使用功能相似、分销渠道、客户群体类同的一组产品。例如,仓储服务、运输服务、快递服务等分别可

以形成相应的产品线。

③物流产品项目。物流产品项目指在某一产品大类中的不同外观、不同属性、不同规格和不同价格的具体产品。物流产品项目就是物流产品的品种,或者说凡是列入物流企业销售目录产品的名称。

例如,物流企业提供的仓储服务、运输服务分别为两个产品线。仓储服务中的不同规格,如提供的自动化立体仓服务即为产品项目。

（2）物流产品组合策略

一般地讲,物流企业扩大产品组合的宽度,增加产品组合的深度,加强产品线的关联度,可能就会扩大销售,提高市场占有率或降低成本,增加利润。因此,物流企业对产品组合的宽度、深度、关联性有多种选择,从而形成不同的产品组合策略。

①全线全面型策略。全线全面型策略也称产品组合的扩展策略,它既能扩大产品组合的宽度,又能加深产品组合的深度。采用这种策略的条件就是企业有能力顾及"整个市场的需要"。广义的全线全面型就是尽可能增加产品组合的广度和深度,不受密度的约束,即广度和深度都大,但密度小的产品组合。采用这种策略的物流企业经营范围较广,生产的产品差异性较大,以此来满足多种细分市场的需求。

其优点是:扩大经营范围,有利于充分利用企业的现有资源,扩大销售额,分散经营风险,增加产品线的深度,可以占领更多细分的市场,提高市场占有率和竞争力,减少市场季节性波动和需求波动。

其缺点是:需要投入更多的资金来增加产品线,要求拥有多种生产技术、销售渠道、促销手段,管理更加复杂化。如果经营管理不善,将影响企业的声誉和增加风险。采用这种产品组合的主要是大型的第三方物流企业。

②市场专业型策略。市场专业型策略是指物流企业向某个专业市场（或某类客户）提供所需的各种产品,也就是其广度和深度都较大,但密度较小的产品组合。它是以特定专业市场的需求导向来确定产品线和产品项目,各产品线之间并不强调生产技术的关联性。例如,中海物流从服务需要出发（客户主要是 IBM）设置配送中心、交通运输管理、市场信息咨询等服务项目来满足 IBM 的需求。

这种策略的优点是:有利于在特定的专业市场建立相对优势,有利于与特定消费者进行信息交流,有利于利用相同的销售渠道。

这种策略的缺点是:集中在狭窄的专业市场,风险较大;生产多种产品,批量少,开发成本和生产成本高;要求拥有较多的资金、生产技术和生产设备,这是一般中小型物流企业所不具有的。

③产品专业型策略。产品专业型策略是指物流企业只提供同一大类不同品种的服务产品来满足各类客户的需要。这种策略的优点是:充分利用原有生产技术和生产设备,减少了设计成本、管理成本和广告宣传费用,有利于满足不同消费者对服务产品的不同需求,有利于树立品牌形象。这种策略的缺点是:提供同一类服务产品容易受到产品市场生命周期的影响,容易受到替代产品的威胁。

④有限的产品专业型策略。这是企业只生产或销售一条产品线中有限的几个或一个产品项目的策略,专业化程度高,但局限性也很大。例如,我国的国储,过去主要作为国家的紧

缺物资的安全储备仓库。值得庆幸的是,目前的国储正在改制。改造后的国储将以全新的面貌加入市场竞争中——华储物流公司将发挥其原有的专业化优势,以弥补其局限性。

（3）物流产品组合的调整策略

物流企业总是要根据其外部环境和内部条件经常调整自己的产品组合,使之经营保持最佳状态,具体为:

①扩大原有的产品组合。扩大原有的产品组合包括以下三大策略:

a.高档产品策略和低档产品策略。高档产品策略是指在原有的产品线中增加高档的产品项目,以提高企业声望。例如,海尔物流建立的高层自动化仓库,华储物流正在全力打造的银行监管仓库、海关监管仓库,都是在原有的仓储服务中加入高附加值仓储服务,以提高本企业的形象。低档产品策略是指在原有的产品线增加低档的产品项目,以扩大批量。

b.产品系列化策略,即把原有的产品项目扩大成一个系列。系列化的方法有很多,如品质系列化、用途系列化、功效系列化等。

c.增加产品线的策略。增加产品线,既可以增加关联性大的产品线,也可以增加关联性小的产品线。

②缩减原有的产品组合。缩减原有的产品组合,虽然增加了企业的经营风险,但可以使企业集中力量发挥专业化生产的优势,提高劳动生产率,改进服务质量,减少资金短缺,稳定产销关系。物流中的供应链管理思想就很好地体现了这一点。

3）物流企业产品生命周期策略

首先要了解产品生命周期的概念。

（1）产品生命周期概念

产品生命周期是指产品从投入市场开始,直到产品被市场所淘汰、最终退出市场为止所经历的全部时间。

产品生命周期一般可分为 4 个阶段:投入期、成长期、成熟期和衰退期。典型的产品生命周期曲线如图 5.1 所示。

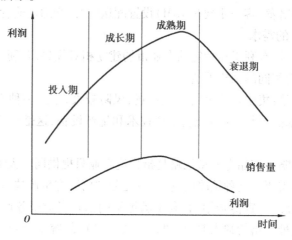

图 5.1　产品生命周期

（2）物流企业产品市场周期理论的概念及特点

①物流企业产品市场周期理论的概念。物流服务作为一种特殊的产品,同实物产品一

样,也有其产品的市场生命周期。

物流产品市场生命周期是指一项物流服务投入市场直到它完全退出市场所经历的时间。与实物产品的市场生命周期相比,物流产品的市场生命周期中,成熟期能延续的时间往往相当长。例如,运输这一物流服务已经有着悠久的发展历史,从大航海时代兴盛至今不衰,并且有着持续不断发展下去的趋势。

②物流产品市场生命周期的特点。在物流产品生命周期的导入期、成长期、成熟期和衰退期4个阶段,各个阶段在销量、竞争、成本、利润上都有不同的特点。

A.导入期的特点。物流产品生命周期中的导入期有3个特点。

a.新产品投入市场后,消费者不太了解,质量不稳定,销售渠道和服务不适应消费者的需求,故销量不大且增长缓慢。

b.客户数量小,成本较高,再加上广告推销的费用大,可能会出现亏损。价格太高抑制需求,价格太低又增大回收资金的困难。

c.竞争对手较少,有利于企业的产品定位和发展市场空间。

B.成长期的特点。物流产品的成长期有以下3个特点:

a.客户已经熟悉产品,有的已经产生偏爱。由于促销的推动吸引了更多的客户,需求量快速上升。

b.客户需求量增加,大大提高了产品质量并降低了成本,价格可以进一步下降,对价格弹性较大的产品进行降价可进一步刺激销量的上升。

c.产品开始畅销并吸引了竞争者加入。

从总体市场来看,产品已经出现利润并且在不断增长。

C.成熟期的特点。物流产品的成熟期有以下特点:

a.市场达到饱和,销量达到最高峰并处于相对稳定状态。市场上出现多种品牌的产品,广告和削价竞争变得十分突出。

b.市场需求量进一步扩大,达到顶峰,成本降得更低,但价格也随之降低,在成熟阶段的后期,总利润也在下降。

c.竞争更加激烈,具有规模和品牌实力的企业市场占有率逐渐提高,一些企业被挤出市场。一些企业着手产品的改革创新,采用差异策略或集中策略瞄准目标市场。

目前,物流运输服务就处于成熟阶段,快递物流业务竞争更是空前。顺丰快递、宅急送、EMS、申通快递等竞争激烈,各企业为求扩大市场份额,物流成本要求降得更低。

D.衰退期的特点。物流产品的衰退期有以下特点:

a.客户的需求已发生转移,市场的销量开始下降,广告与推销等手段失去作用。

b.市场上产品供大于求,价格进一步下跌,客户需求量迅速下降,整个市场的总利润开始下降甚至出现负利润。

c.竞争日渐淡化。一部分企业退出市场,一部分企业采取了收割策略以维持运行。

(3)物流产品生命周期各阶段的营销策略

当物流产品处于不同阶段时,物流企业要制订不同的营销策略。

①投入期营销策略。根据这一时期的特点,物流企业营销策略的重点是缩短物流产品的市场投入时间,突出"快"字。

A．物流产品策略。进行物流产品定型,完善物流产品性能,稳定物流产品质量,为物流产品进入成长期的大批量生产做准备。

B．价格和促销策略。在投入期,物流产品的价格和促销费用对能否尽快打开物流产品销路有很大关系。价格与促销费用根据不同产品、面对不同市场可采取以下 4 种策略:

a．高价高促销策略。该策略以高价配合大规模促销活动先声夺人,占领市场,希望在竞争者尚未反应过来之前就收回投资。采取这种策略,往往是该物流产品需求弹性小,市场规模大,并且潜在竞争者较多。

b．高价低促销策略。为早日收回投资,仍以高价问世,但为减少促销成本,只进行有限的促销活动。采取这种策略,往往是该物流产品需求弹性小,市场规模不大,竞争性小。

c．低价高促销策略。它常可使物流产品以最快的速度渗入物流市场,并为物流企业带来最大的市场占有率。实施这种策略,往往是该物流产品的市场容量相当大,消费者对物流产品不了解,且对价格反应十分敏感,潜在竞争比较激烈,必须抢在激烈竞争前使物流产品大量上市。

d．低价低促销策略。低价格的目的在于促使物流市场尽快接受该物流产品,低促销费用的作用在于降低销售费用,增强竞争力。采用这一策略,往往市场容量较大,顾客对该项新产品的价格十分敏感,有相当多的潜在竞争者准备加入竞争行业。

C．渠道策略。对于大多数新产品,企业一般采用比较短的分销渠道。

②成长期营销策略。针对这一时期的特点,物流企业的营销重点就是怎样比竞争者提供更好的产品,怎样更好地满足消费者需要,突出"好"字。

A．产品策略。努力提高物流产品质量,增加新的产品特色和式样,改进包装,实行物流产品差异化策略。增强企业创名牌意识,树立产品独特形象。

B．价格策略。使产品价格保持在适当水平。这时若采用高价策略会失去许多顾客;若采用低价策略,因产品已被广大消费者接受,企业将失去该得的利润。

C．分销策略。完善分销渠道,扩大商业网点。

D．促销策略。改变广告宣传的重点,把广告宣传的重心从介绍产品转到使广大购买者深信本企业的产品上。

③成熟期营销策略。在这一时期,物流企业应当采取进攻与防御并进的策略,营销重点是尽量延长成熟期时间,稳定市场占有率。

A．物流产品改进策略。物流产品改进策略,即将物流产品的性能、品质等予以明显改革,以便保持老用户,吸引新顾客,从而延长成熟期,甚至再次进入投入期(即再次循环)。此外,提供新的服务也是产品改进策略的重要内容。

B．市场改进策略。市场改进策略指寻求新用户。市场开发可通过以下 3 种方式来实现:

a．开发产品的新用途,寻找新的细分市场。例如,天地华宇物流在全国 630 多个城市设立了分支机构,为其进行揽货业务;同时调整产品,使物流服务产品的质量进一步提高。

b．刺激现有老顾客,提高产品使用率。

c．调整营销组合,重新为物流产品定位,寻求新的买主。例如,物流企业可以降低价格、强化广告及其他促销手段。

C.营销组合改进策略。这种策略是通过改变市场营销组合因素来延长产品的成熟期。例如,利用降价、开辟多种销售渠道、有奖销售等手段来刺激消费者购买。在这一策略中,最常用的是通过降低价格来吸引顾客,提高竞争能力。但采用此种策略的主要缺点是:容易被竞争者模仿而加剧竞争,又可能使销售费用增加而导致利润损失。

④衰退期营销策略。在衰退期,由于技术的进步,消费者需求偏好发生变化;或者由于激烈的竞争导致生产过剩,使得销售额、利润下降。通常有以下3种策略可供选择:

a.集中策略。集中策略就是把物流企业的资源集中使用在最有利的细分市场、最有效的销售渠道和最易销售的品种上,调整运输线路的结构和密度,减少衰退的航次、车次、航班。

b.收缩策略。收缩策略是指维持最低数量的运力,大幅度降低促销水平,尽量减小销售和推销费用,满足市场上尚存的少部分物流服务的需要,以增加目前的利润。

c.放弃策略。对于衰退比较迅速的物流产品,应当机立断,放弃经营。可以采取完全放弃的形式,如停开已经衰退而且亏损严重的运输线路营运;也可以采取逐步放弃的方式,使其所占用的资源逐步转向其他产品。

4)物流企业新产品开发

物流企业新产品的开发有一定的程序。

(1)物流新产品开发概述

从物流市场营销角度看,物流新产品是指在某个目标市场上首次出现的或者是物流企业首次向市场提供的、能满足某种消费需求的产品。只要物流产品整体概念中任何一部分具有创新、变革和改变,就算物流新产品。

不过,物流企业面对的一个问题是,它们必须开发物流新产品,但是形势却极不利于成功。解决这个问题的方法是,认真策划物流新产品的开发计划,并且为找到和开发新产品建立系统的新产品开发程序。

(2)新产品开发程序

新产品开发程序的8个主要阶段如图5.2所示。

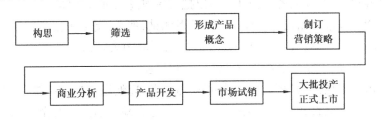

图 5.2　新产品开发程序的 8 个主要阶段

①创意构思。新产品开发始于创意形成,即系统化地搜寻新产品主意。为了找到几个好主意,物流企业一般都要进行许多创意。物流新产品创意的主要来源包括内部来源、顾客、竞争对手、销售商、供应商及其他。

许多物流新产品创意来自物流企业内部。物流企业可通过正规的调研活动找到新创意,还可获取科学家、工程师和制造人员的智慧。同时,物流企业的高级管理人员也会突发灵感,想出一些新产品创意。物流企业销售人员是新创意的又一个好来源,因为他们每天都与顾客接触。

好的新产品创意还来自对顾客的观察和聆听。物流企业可通过调查或集中座谈了解顾客的需要和欲望,通过分析顾客提问和投诉也能更好地发现解决消费者问题的新产品。

竞争对手是新产品创意的另一好来源。物流企业可以通过观察竞争对手的广告以及其他信息,从而获取新产品的线索。它们通过购买竞争对手的新产品,观察产品是怎样制作的,分析产品的销售,最后决定物流企业是否应该研制出一种自己的新产品。

销售商和供应商也会有许多好的新产品创意。销售商接近市场,能够传递有关需要处理的消费者问题以及新产品可能性的信息。供应商能够告诉企业可用来开发新产品的新概念、技术和物资。

②创意筛选。创意形成阶段创造了大量的新产品开发创意,接下来几个阶段的目的是减少创意的数量。第一个创意减少阶段是创意筛选。筛选的目的是尽可能快地找到好创意,放弃坏创意。由于在后面几个阶段产品开发的成本将会飞涨,因此,企业必须采用能转变成盈利性产品的创意。

③概念测试。概念测试是指用几组目标消费者来测试新产品概念。新产品概念可用符号或实物的形象提供给消费者。对某些概念测试来讲,一句话或一幅图便可能足够了,但是,对概念更具体、形象的阐述会增加概念测试的可信度。

④市场营销战略的制订。营销战略报告书由3部分组成:

a.描述目标市场,计划中的产品定位,以及在开始几年内的销售额、市场份额和利润目标。

b.概述产品第一年的计划价格、销售及营销预算。

c.描述预计的长期销售额、利润目标及营销组合战略。

⑤商业分析。管理部门一旦对产品概念及营销战略做出了决策,那么,接下来便可以估计这项建议的商业吸引力了。商业分析是指考察新产品的预计销售、成本和利润,以便查明它们是否满足企业的目标。如果满足,那么,产品就能进入产品开发阶段了。

⑥产品开发。到此时为止,就许多新产品概念而言,产品还只是一个口头描述,一幅图画,或者是一个粗糙的模型。如果产品概念通过了商业测验,那么就可以进入产品开发阶段。在此,市场研究与开发或者工程部门可以把市场概念发展成实体产品。

⑦市场试销。如果产品通过了性能及消费者测试,那么,接下来便是市场试销了。在这一阶段,产品及营销方案被放大到更加逼真的市场环境中去。市场试销可以使营销商在进行大笔投资、全面推广产品之前通过营销产品获得经验。

⑧正式上市。市场试销为管理部门提供所需信息,以便做出最终决策:是否要推出新产品? 设立新产品的企业首先必须选定推出时机。要考虑新产品上市对企业原有服务销量的冲击、产品的季节性需求变化、产品的改进结果。一般选择在企业同类老产品进入衰退阶段、新产品处在季节性需求旺季时作为上市的时机。接下来,企业必须决定在哪里推出新产品,是在单一的地点还是在一个地区? 是面向全国市场,还是国际市场?

5) 物流企业品牌策略

品牌是产品管理中重要的侧面。品牌既提供了顾客识别产品的手段与方法,也是企业赢得竞争的重要营销工具。由此,品牌已成为资本和经济中的"原子核"。

（1）品牌概念

物流营销关于品牌的定义是：品牌是一个象征或设计，或它们的组合。它可用来辨识一个卖者或卖者集团的货物或劳务，以便同竞争者的产品相区别。

品牌的概念包括两个基本含义：

①品牌由各种可作为标志物的东西组成，如名称、符号、图案等。

②品牌的基本作用是标记在产品上用于辨别经销者是谁。

具体来说，品牌包括以下 3 个方面：

①品牌名称（Brand Name）。品牌名称指品牌中能够被发音，能被语言读出来的部分，如"海尔"品牌中的"Haier 海尔"。

②品牌标记（Brand Mark）。品牌标记指品牌中能够辨别，但不能由发音或由语言明确读出的部分，如"海尔"品牌中的两个拥抱的儿童形象。

③商标（Trade Mark）。商标是个法律术语，凡是取得了商标身份的那部分品牌都具有专用权。

商标和品牌的区别：如果品牌主将其品牌全部进行商标登记注册并获得许可，品牌（全部）就是商标；如果品牌主只将其品牌中的某一部分用于商标登记注册，则商标只是品牌的一个部分。在"海尔"品牌中，"Haier 海尔"旁边有一个"（R）"标记，表示这部分是取得了商标权的。因此，对于"海尔"品牌来讲，它的商标与品牌名称是同一个标志物；同样可以看出，品牌标记（两个拥抱的儿童形象）就不是商标。

（2）品牌的基本作用

品牌的基本作用是为产品的营销者提供身份辨识。但是，在营销活动中，品牌并非辨识符号的简单组合，而是一个复杂的识别系统，它包括以下 6 个层次：

①属性。一个品牌对于顾客来讲，首先给他或她带来的是使用这个品牌的产品属性。如"奔驰"代表高档、制作优良、耐用性好、昂贵和有声誉；"海尔"代表适用、质量和服务等。属性是顾客判断品牌接受性的第一个因素。

②利益。如同顾客不是购买产品而是购买利益一样，顾客购买某个品牌的产品时，也不是真正购买它的属性而是购买利益。因此，品牌的每种属性都需要体现顾客利益。

③价值。品牌在提供属性和利益时，也包含营销价值和顾客价值。就营销价值来说，就是市场上的"名牌效应"，即一个品牌如果被目标顾客喜爱，用它来标记任何产品，营销时都非常省劲，营销者不必再为此过多花费促销费用。

④文化。品牌可附加象征一种文化或文化中某种令人喜欢或热衷的东西。文化中最能使品牌得到高度市场认可和赞同的是文化所体现的核心价值观。例如，"可口可乐"代表美国人崇尚个人自由的文化；"奔驰"代表德国人的严谨、纪律和追求效能的文化；"联想"代表科技发展的无限性；"海尔"代表中国文化中追求的祥和、亲善；"长虹"则体现出更多的中华民族自尊、自强要求。

⑤个性。品牌可以具有一种共性，也可以具有个性。品牌的个性表现为它就是"这样的"，它的使用者也能具有对"这样的"的认同或归属感。例如，"可口可乐"那种随意挥洒的字体造型，让人感到一种追求自我的个性；"海尔"那两个拥抱的儿童的标记，使人想到和睦亲情。

⑥使用者。品牌通过上述各层次的综合,形成特定的品牌形象,必然表现为它应有特定的使用者。例如,"苏姗娜"不能用于老年人使用的化妆品品牌;同样,像"娃哈哈"这种品牌用到成人用品上会使人感到别扭。

(3)品牌策略

品牌策略是企业营销管理的重要方面。企业是否给其产品规定适当的名字,是企业营销部门首先考虑的问题。企业通过精心设计品牌,并向政府申请注册取得批准,可以增加产品的价值。品牌策略一般有以下4种:

①品牌化策略。这是指企业的营销部门给其销售的产品确定相应的品牌。是否需要命名品牌,这是企业营销部门首先要考虑的问题。古代历史上的产品大都没有品牌,而在商品经济发达的今天,绝大部分产品都确定了品牌,这是因为品牌化虽然可能会使企业增加部分成本,但却能给企业带来诸多好处。不过,由于品牌的使用,特别是名牌的创立需要花费不少费用,有的企业也采用非品牌化策略。这主要是为了节约品牌包装等的费用,使产品以较低价格出售。价格低使产品具有相当的竞争力,成本低则使企业能保证适度的利润。

②品牌所有权策略。生产企业如果决定给一个产品加上品牌,通常会面临3种品牌所有权选择:一是生产商自己的品牌;二是销售商的品牌;三是租用第三者的品牌。一般来说,生产商都拥有自己的品牌。他们在生产经营过程中确立自己的品牌,有的更被培养成为名牌。但是,20世纪90年代开始,国外一些大型的零售商和批发商也在致力于开发他们自己的品牌。因为这些销售商希望借此取得在产品销售上的自主权,摆脱生产商的控制,压缩进货成本,自主定价,以获取较高的利润。此外,也有一些生产商利用现有著名品牌对消费者的吸引力,采取租用著名品牌的形式来销售自己的产品,特别是在企业推出新产品或打入新市场时,这种策略更具成效。

③家族品牌策略。决定使用自己品牌的企业还面临着进一步的品牌策略选择,主要有以下策略选择:

a.统一品牌策略。统一品牌策略是指企业决定其所有的产品使用同一个品牌。这样可使企业节省品牌设计、广告宣传等费用,有利于企业利用原有的品牌声誉帮助新产品顺利进入市场。但统一品牌策略具有一定的风险,如果其中有某一种产品营销失败,可能会影响整个企业的声誉,并涉及其他产品的营销。

b.个别品牌策略。个别品牌策略是指企业决定其不同的产品采用不同的品牌。这样可以分散产品营销的市场风险,避免某种产品失败所带来的影响;也有利于企业发展不同档次的产品,满足不同层次消费者的需要。但使用个别品牌策略会使企业增加品牌设计和品牌销售方面的投入。

c.品牌延伸策略。品牌延伸策略是指企业利用已成功的品牌来推出改良的产品或新产品。那些著名的品牌可以使新产品容易被识别,得到消费者的认同,企业则可以节省有关的新产品促销费用。例如,金利来从领带开始,然后扩展到衬衣、皮具等领域;娃哈哈集团从儿童营养液扩展到果奶、纯净水、营养八宝粥、AD钙奶、红豆沙、绿豆沙等。但这种策略也有一定的风险,容易因新产品的失败而损害原有品牌在消费者心目中的印象。因此,这一策略多适用于推出同一性质的产品。

d.多品牌策略。多品牌策略是指企业决定对同一类产品使用两个或两个以上的品牌名称。这是由美国 P & G(宝洁)公司首创的。这样可以抢占更多的货架面积,扩大产品的销售,争取那些忠诚度不高的品牌转换者,同时也能占领更多的细分市场。例如,与 P & G(宝洁)公司合资的广州宝洁公司就是这种策略的典型,它拥有海飞丝、飘柔、潘婷、沙宣等品牌。多种品牌还可以加强企业内部的竞争机制,提高经济效益。

④品牌更新策略。企业确立一个品牌,特别是著名品牌,需要花费不少费用。因此,一个品牌一旦确定,就不宜轻易更改。但有时,企业也不得不对其品牌进行修改。品牌更新通常有两种选择:

a.全部更新。全部更新即企业重新设计全新的品牌,抛弃原品牌。这种方法能充分显示企业的新特色,但花费及风险均较大。

b.部分更新。部分更新即在原品牌基础上进行部分的改进。这样既可以保留原品牌的影响力,又能纠正原品牌设计的不足。特别是在 CIS(企业形象设计)导入企业管理后,很多企业在保留品牌名称的基础上对品牌标记、商标设计等进行了改进,既保证了品牌名称的一致性,又使新的标记更引人入胜,取得了良好的营销效果。

(4)物流企业品牌策略

①品牌兼并策略。品牌兼并策略指物流企业通过兼并或被兼并的手段增强物流服务的一体化能力,壮大自己的实力的策略。在激烈的市场竞争中,第三方物流公司业务要想进行延伸,通过实施兼并策略、增强其管理水平和技术含量,由资源整合走向品牌兼并是一个可能的选择。采用这种策略的优点在于可增加企业实力,增强竞争能力。

②品牌一体化策略。品牌一体化策略指物流企业通过股份控制或联合、联盟等实现品牌一体化的策略。采用这种策略的优点在于可分摊费用,降低成本。

③品牌形象策略。品牌形象策略是指将企业的标志、企业名称、企业的色彩等视觉要素设计得独具特色,让人一目了然,给人以强烈印象的策略。物流企业要具备较强综合能力,而物流企业的综合能力不仅体现在产能服务(服务规范、服务硬件体系:堆场、设备、仓库等)和地域优势上,更体现在市场的行销力和服务品质上,而两者均体现在企业的形象识别上,即品牌形象号召力上。

采用这种策略的优点在于能将企业精神和企业文化形成一种具体的形象,向公众传播,使公众产生一种认同感和价值观,以达到促销的目的。

④副品牌策略。副品牌策略是指大型物流企业以一个品牌涵盖企业的系列产品,同时各个产品打一个副品牌,以副品牌来突出产品个性形象。采用副品牌后,广告宣传的重心仍是主品牌,副品牌一般不单独对外宣传,要依附主品牌进行联合广告活动。这种策略传播面广,且张扬了产品的个性形象。

⑤多品牌策略。多品牌策略是指同一物流企业在同一产品上设立两个或多个相互竞争的品牌,这虽然会使原有品牌的销量略减,但几个品牌加起来的总销量会比原来只有一个品牌时多。

多品牌策略的好处:一是许多客户都是品牌转换者,有求新好奇的心理,喜欢试用新品牌;二是多品牌可把竞争机制引进企业内部,使品牌之间相互竞争,提高效率;三是多品牌可使企业多拥有几个不同的细分市场,即使各品牌之间差异不大,也能各自吸引一群客户。

5.1.4 技能训练——中外运敦豪的物流服务

中外运敦豪客户服务中心于1997年创立，一直以来都在以提升客户满意度为目标，致力于成为世界一流的客户服务中心，创造并推动服务竞争优势，以期为客户创造更多价值。

中外运敦豪客户服务中心现主要负责中外运敦豪中国客户呼入业务。公司在北京（北方区）、上海（东方区）、广州（南方区）分别设立区域级呼叫中心，采用全国免费客户服务热线800-810-8000接入，并使用400-810-8000为手机用户提供服务。除了电话，他们还开通了多种客户沟通和联络渠道。他们在运营方面执行严格的行业质量标准体系，在预定取件、服务咨询、跟踪查询、服务补救、重要客户支持、电子商务受理过程中精益求精，为客户提供全天候、一站式、个性化的信息、数据和客户服务，与客户建立长期的伙伴关系。

随着呼叫中心标准化和规模化的推进，他们逐步建立了集中的客户服务中心网络，可以迅速响应客户的需求，为客户提供中外运敦豪世界级标准的优质服务。多年来，中外运敦豪的业务范围不断拓展，业务量持续飙升，客户群体不断增加。

中外运敦豪客户服务中心一直在逐步建立信息反馈机制和质量管理体系，从而确保服务不断提升，以实现和衡量客户满意效果。他们提供的服务有以下特色：一是多渠道，通过多媒体客户互动方式，让客户随时随地与客户服务中心畅通联系；二是一站式，通过客户首次致电解决率和质量监控，确保真正达到一站式服务；三是全天候，全年365天的不间断热线服务，确保每次联络都可以迅速理解客户的需求，提供准确、详尽的信息和解决方案；四是个性化，通过主动查询、专人服务、快件保险等增值服务，让全球客户享受个性化解决方案；五是高绩效，拥有经验丰富的管理团队，应用标准规划客户服务中心发展方向和远景，并通过流程控制、业务监控等方式合理安排工作时间和人员配备，完成和保持DHL亚太区2006—2009年度的各项绩效指标的领先地位；六是满意度，为了确保在每一次联络中让客户满意，通过外部专业咨询公司的年度客户满意度调查结果，中外运敦豪的客户服务满意度在物流业位居首位。公司还每两年组织一次员工满意度调查，并通过行动吸引优秀人才继续和公司共同发展。

问题：

1.中外运敦豪客户服务中心是如何为客户提供多种物流服务的？

2.本案例对其他物流企业开展物流产品服务的启示是什么？

任务2 制订物流定价策略

5.2.1 情境设置

MM快递公司在开发了一系列快递服务产品后，面临对这些服务产品定价的问题。现在请谈谈你的看法（可以从制订价格的基本因素、技巧、方法等方面考虑）。

5.2.2　技能目标

①了解物流企业产品定价的依据及影响。

②掌握成本导向定价法、需求导向定价法、竞争导向定价法。

③理解物流企业产品的定价技巧。

5.2.3　知识认知

1)物流企业产品定价的依据

为了更好地制订产品的价格,需要从理论上弄清楚影响产品定价的因素,又要将理论同市场实际相结合,具体运用到实践中去,并通过实践总结出适合实际需要的产品定价策略。这里将主要对影响物流产品定价的重要因素进行分析研究。

(1)定价目标

在产品定价和企业目标之间,产品定价应服从和服务于企业目标。通常,企业定价目标主要有以下 4 种:

①维持企业生存发展。对于物流企业来说,当行业竞争日趋激烈或其提供的产品在市场上大量过剩时,物流企业的发展目标就应是保障本企业在激烈的竞争中不至于被淘汰,维持企业的生存发展。基于此,物流企业在对其产品进行定价时,不宜制订过高的价格,否则,易使该企业产品在市场上失去竞争力而危及其生存发展。

②实现企业利润最大化。当行业市场处于初始发展阶段,市场竞争相对较小或其提供的产品供不应求以及企业产品或劳务在市场上处于绝对有利地位时,企业可实行相对其成本来讲较高的价格策略,以获取超额利润,实行或接近实现利润最大化,例如,我国现阶段能提供高效优质物流产品或劳务服务(指相对于其他大多数物流企业来讲)的物流企业就可据此制订其产品价格。

③扩大市场占有率。在市场经济条件下,谁拥有市场,谁就能生存、发展并获得可观的回报,因此,占领更大的市场是企业都渴望的。当企业以扩大市场占有率为发展目标时,其产品或劳务的价格就应围绕如何通过产品价格的变化来实现其市场占有率的增加来确定,如企业可制订尽可能低的产品价格或紧紧盯住主要的竞争对手的产品价格适时变更本企业产品价格等。

④提高产品质量。企业也可考虑以产品质量领先作为其目标,并在生产和市场营销过程中始终贯彻产品质量最优化的指导思想。在物流企业中,因其提供的产品多数为各种劳务(看不见的产品),不同物流企业提供的劳务质量的高低会直接影响消费者的消费决定。当然,此时就要求物流企业用高价格来弥补因提高产品的高质量和开发的高成本。

(2)市场供求

从质上讲,产品的价格是由产品的供求决定的,弄清楚产品的供求及价格弹性等影响产品价格的基本因素对我们灵活运用各种定价方法和技巧具有非常重要的作用。因此,我们将着重就相关问题进行阐述。

①产品需求理论。需求是指消费者在某特定时期内和一定市场上,按某一价格愿意并

且能够购买的某种商品或劳务的数量。此处应该注意的是,这里所指的需求是消费者购买欲望和购买能力两者的统一,如果消费者有购买欲望而无购买能力,则其虽有欲望但也构不成我们所指的有效需求。

而产品的价格和消费者对产品的需求之间存在着密切的联系。通常对于大多数产品来说,在其条件相同的情况下,产品价格同消费者对该产品的需求数量之间是成反比关系的,即我们通常所讲的产品的价格越便宜,买的人越多;产品的价格越高,买的人越少。图 5.3 表明了产品需求量与价格的关系。从图上可以看出,如果产品价格从 P_1 提高到 P_2,它卖出的数量会减少;反之,如果企业产品从价格 P_1 降低到 P_3,它卖出的数量会增加。

②产品供给理论。供给是指企业在一定市场上和某一特定时期内,与每一价格相对应,愿意并且能够供应的产品的数量。

同需求类似,产品的供给与产品的价格之间也存在密切联系。通常产品的价格同产品的供给之间存在正比关系。即产品价格越高,企业愿意生产或提供更多数量的产品;反之,企业产品的供给量会减少。图 5.4 表明了产品的供给量与价格的关系。从图可知,如果企业产品价格从 P_1 上升至 P_2,则供给数量增加;反之,如果产品价格从 P_1 下降至 P_3,则供给数量减少。

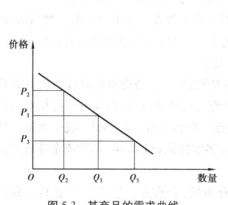

图 5.3　某商品的需求曲线

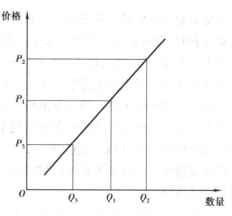

图 5.4　某商品的供给曲线

③需求的价格弹性。需求的价格弹性就是用来衡量商品需求数量对它的价格变化反应的灵敏程度的概念。

需求弹性的计算公式为:

需求的价格弹性 $|E_d|$ = 需求量变化的百分比／价格变化的百分比

通过分析可知,不同产品的需求弹性是不同的。有的需求弹性 $|E_d|$ 大于 1,即需求数量变化的百分比大于价格变化的百分比,这种情形称为产品富有弹性;有的需求弹性 $|E_d|$ 小于1,即需求数量变化的百分比小于价格变化的百分比,这种情况称为产品缺乏弹性;有的需求弹性等于1,即需求数量变化的百分比等于价格变化的百分比,称为单位弹性。一般需求弹性较小,如某家擅长从事物流方案设计、策划的物流咨询公司的物流方案设计(劳务)产品的价格就相对缺少弹性,其原因在于其同类企业的同类产品的质量远低于该企业的产品质量,对于有需要的消费者来说,即使该咨询公司的要价很高,消费者在多数情况下也不得不购买其产品;而非必需品或非常容易形成供过于求状况的需求弹性较大,如某省两个地区之间的

中短途汽车货运的价格在完全市场竞争条件下,其价格弹性就相对较大。

弄清楚不同产品需求具有不同弹性后,将使对不同产品进行定价时的决策更合理、更科学。

(3)物流企业成本

大家都清楚,企业不可能随心所欲地制订产品或劳务的价格。产品价格受众多因素的影响,制订价格则须注意分析相关因素。但不管怎么样,产品的最低价格不能长期低于生产产品的成本,否则企业将无法经营。因此,物流企业制订价格时必须估算成本。须注意的是,此处所指产品成本应是生产同类产品的社会必要劳动成本。

对于物流企业而言,物流成本有广义和狭义之分。狭义的物流成本仅指由于物品移动而产生的运输、包装、装卸等费用。对于流通企业而言,其物流成本更侧重于狭义的物流成本。

但是,物流成本的归集和分析同其他类型企业有较大不同。原因在于:首先,物流活动的范围非常广,致使其成本分析非常困难;其次,物流成本较难单独列入企业的计算范围,并且具体的计算方法还没有形成统一的规范。对此,我们可参考国外物流成本归集计算方式来确定物流成本。

①按物流范围划分,物流费用分为供应物流费用、生产物流费用、企业内部物流费用、销售物流费用、退货物流费用和废弃物流费用6种类型。

②按支付形式划分,物流费用分为材料费、人工费、公益费、维护费、一般经费、特别经费和委托物流费用等。

③按物流的功能划分,物流费用分为运输费、保管费、包装费、装卸费、信息费和物流管理费等。

总之,物流成本就是在物流过程中为提供有关服务要占用和耗费的活劳动和物化劳动的总和;换句话说,就是提供某种程度的物流服务过程中所花费的人力、物力和财力的总和。针对不同的成本分析目的,我们应具体问题具体分析,归集出相关过程中的人、财、物的消耗作为其物流成本。

(4)物流竞争者的产品和价格

在市场经济中,绝大多数企业都存在或多或少的竞争对手。为了更准确地为本企业产品定价,企业应采取适当方式以了解竞争对手产品的质量和价格。企业在获得对手相关信息后,才可与竞争产品比质论价。一般来说,如果二者质量大体一致,则二者价格也应大体一样,否则定价过高会使本企业产品可能卖不出去。如果本企业的产品质量较高,则产品价格也可以定得较高;如果本企业产品质量较低,那么,产品价格就应定得低一点。还应看到竞争对手也可能随机应变,针对企业的产品价格而调整其价格,也可能不调整价格而调整市场营销组合的其他变量,与企业争夺顾客。当然,当竞争对手价格发生变动时,企业也要及时掌握有关信息,做出明智的反应。

(5)国家有关方针政策的影响

由于价格是关系国家、企业和个人三者之间的物质利益的大事,与人民生活和国家的安全息息相关,因此,国家常常会通过制定物价工作方针和各项政策对价格进行管理控制或干预。这样,国家有关方针政策对市场价格的形成就有重要的影响。

①行政手段。行政手段指政府通过出台相应的行政规定或行政制度等来促进相应行业

的有序发展等。例如,在物流企业中,其提供的产品往往是无形的劳务,其产品是非物质性的,往往导致价格竞争随着市场的日趋成熟而日趋激烈。此时,为防止物流企业的不正当竞争,行业协会或政府相关部门可采用规定收费标准的手段限制物流劳务的过高或过低价格的出现,从而维持物流业健康平稳的发展。

②法律手段。法律手段,即通过立法机关制定相关的法律、法规来维护相关行业的健康发展。例如,我国制定的《企业法》《公司法》《反不正当竞争法》《消费者权利保护法》《知识产权法》等,目的是维护市场经济的健康有序发展。例如,当物流企业中出现垄断时,可采取相应法规限制垄断企业的存在和发展。

③经济手段。经济手段指国家采用税收、财政、利率、汇率等手段来间接影响经济及物价。例如,当经济发展过热时,政府可采用增加税、提高银行利率等经济手段来调节其发展;当物流企业发展过热时,政府可对物流产品的价格增加税收,高价高税,由此会导致企业的税后利润下降,从而影响企业的定价。

2) 物流企业产品定价的基本方法

通常,企业制订价格是一项很复杂的工作。如前一节所讲,必须综合考虑多方面的因素,如产品的市场供给、需求、成本费用、消费者预期和竞争情况等因素的影响,采取一系列步骤和措施来确定价格。

对于物流企业来讲,其产品是向用户提供的劳务服务,是无形的,因此,影响产品价格的因素相对于有形的产品如汽车等来讲就会显得更复杂、更难以把握。为了制订好产品价格,从市场营销管理的价格策略上提高物流企业的竞争力,首先应从总体上熟悉物流企业的产品情况,在此基础上全面分析产品的因素,灵活运用各种定价方法和技巧,才能更好地制订好物流企业产品的价格。

(1) 成本导向定价法

这种定价方法主要是从企业的角度来确定产品的价格。从经济学角度来讲,企业是以营利为目的的经济组织。为了保持和提高企业的竞争能力,企业必须通过销售其产品来收回其付出的成本,并在此基础上获得相应的利润回报。因此,制订其相关产品的价格就必须考虑产品的成本和利润。这种方法的特点是简便、易用。但是,这也是最不以消费为导向的方法,由此制订出来的产品价格还需根据消费者的反应来确定其定价的科学性、合理性。具体来讲,成本导向定价法主要包括两种具体方法。

①成本加成定价法。这种方法就是按产品单位成本加上一定比率的利润制订其产品的价格。加成的含义就是一定比率的利润。其计算公式为:

$$P = C(1 + R)$$

式中,P 为产品售价;C 为单位产品成本;R 为成本加成率或预期利润率。

例:某企业单位产品总成本(由单位劳动力成本、原材料成本、电力消耗、工具成本、日常开支成本汇总)为 12.32 元,企业的预期利润率为 20%,求该产品的销售价格是多少?

$$
\begin{aligned}
单位产品售价 &= C(1 + R) \\
&= 12.32 \times (1 + 20\%) \\
&= 14.78 \, 元
\end{aligned}
$$

这种定价方法的特点是:第一,成本的不确定性一般比需求少,用价格钉住单位成本,可以大大简化企业定价程序,不必根据需求情况的瞬息万变而做调整。第二,如果同行业的企业都采用这种定价方法,各家的成本和利润比例接近,定出的价格相差不多,可能会缓和同行业间的价格竞争。第三,根据成本加成来定价,对于买卖双方更加公平合理,卖方只是"将本求利",不会在消费者需求强烈时利用此有利条件谋取额外利润。但这种方法的不足是缺乏营销管理中很重视的销售的灵活性的特点,许多情况下其定价反应会较市场变化滞后。因此,这种方法在企业的产品生产成本大于相同产品的社会生产成本时就有可能导致产品滞销。

②目标利润定价法。这是根据企业所要实现的目标利润来定价的一种方法。同成本加成法相比,该方法主要是以企业想达到的利润目标为出发点来制订产品价格的,而成本加成法是以产品成本为出发点来制订产品价格的。目标利润法的基本公式为:

单位产品价格 = (固定成本 + 变动成本 + 目标利润)/ 预计销量

例:某公司9月份计划周转量为5 000吨·千米,单位变动成本为150元/(吨·千米),固定成本为20万元,目标利润为30万元,则单位运价是多少?

$$单位运价 = (固定成本 + 变动成本 + 目标利润)/ 预计周转量$$
$$= (200\ 000 + 150 × 5\ 000 + 300\ 000)/5\ 000$$
$$= 250 元/(吨·千米)$$

这种方法的特点是有利于加强企业管理的计划性,可较好实现投资回收计划。但要注意估算好产品售价与期望销量之间的关系,尽量避免确定了价格而使销量达不到预期目标的情况出现。

(2)需求导向定价法

从经济学来讲,在市场经济条件下,当供应能力普遍过剩时,在产品的供给与需求两个影响产品的因素中,需求对产品产量与价格的影响更重要一些。在市场经济条件下,如果提供的产品不符合用户需求这个基本条件,则企业将很难通过销售产品来获得可观的利润回报。因此,第二类大的制订产品价格的方法是从顾客的需求和欲望出发来确定产品价格,但这并不意味着所提供的产品价格是最低的。

①理解价值定价法。理解价值定价法,即企业根据消费者对商品或劳务价值的认识而不是根据其成本来制订价格的定价方法。企业利用各种营销因素,从提供的服务、质量、价格等方面为企业树立一个形象,然后再根据客户对这个形象的理解定价。

理解价值定价法的关键在于企业要正确估计用户所能承受的价值。否则,如果企业过高或过低地估计认知价值,则会定出偏高或过低的价格,最终都会给企业造成损失。因此,为避免出现这类问题,企业在定价前要认真做好营销调研工作,将自己的产品与竞争产品进行仔细比较,正确把握客户的感受价值,并据此制订价格。

②区分需求定价法。区分需求定价法就是企业在不同季节、不同时间、不同地区针对不同供货商的适时变化情况对价格进行修改和调整的定价方法。例如,物流企业市场成交价可以分线路、分车型、分业务量进行公路运输定价。

③习惯定价法。习惯定价法是企业依照长期被客户接受的价格来定价的一种方法。有些产品或服务客户已习惯按某一习惯价格购买,即使成本降低,也不能轻易减价,减价容易引起消费者对服务质量的怀疑;反之,服务成本增加也不能轻易涨价,否则,将影响其销路。

例如,当每千米的运输价格确定后,即使燃料的价格发生变动,其运输价格也不轻易发生变动。

（3）竞争导向定价法

在目前的市场经济条件下,企业的生产能力往往过剩,导致许多产品在市场上出现积压。企业为了将自己的产品销售出去获取利润,往往会采取各种措施来提高自身企业产品的竞争能力,如降低成本、提高产品质量、提高服务水平等,以便在与竞争对手的竞争中保持或提高其原有的市场份额。通过制订合理的产品价格来提高企业竞争力也是企业常用的措施。因此,企业以竞争对手的价格作为依据来制订价格也是企业常用的定价方法,即所谓的竞争导向定价法。

①随行就市定价法。这是以同行的平均现行价格水平或"市场主导者"（指在相关产品市场上占有率最高的企业）的价格为标准来确定本企业价格的方法。这种定价方法以竞争对手的价格为依据。在3种情况下往往可考虑采取这种定价方法:产品难以估算成本;企业打算与同行和平共处;如果另行定价会很难了解消费者和竞争者对本企业的价格的反应。

具体来说,当企业产品或服务质量、服务等综合因素与同行业中大多数企业的相同因素比较没有较大差异,即同质产品市场条件下,无论此时有较多的企业生产该类产品,还是由于专利权、特许经营、政府政策限制导致只有少数几家企业允许生产该类产品,企业按照同行业的平均价格水平为依据来确定该产品价格往往是惯常采用的定价方法,这就是所谓的随行就市定价法。此时,就可使该企业产品价格与大多数同行企业的产品价格保持一致,不致过高或过低,在和谐的气氛中获得平均报酬。

当某企业产品的质量或服务、销售条件等因素与同类企业的相同因素比较有较大差异时,即异质产品市场条件下,企业有较大的自由度决定其产品价格。产品的差异化会使购买者对产品价格差异的存在不甚敏感,企业相对于竞争对手总要确定自己的适当位置,或充当高价企业角色,或充当中价企业角色,或充当低价企业角色。总之,企业要在定价方面有别于竞争者,此时,异质产品市场的企业产品价格确定可计算为:

$$本企业产品价格 = 用以比较的价格标准 \times (1 + 差异率)$$

另外,如果某种产品市场是完全垄断市场,即在该市场中由于专利权、政府规定等原因导致只有一家企业可以生产该类产品的市场,由于没有竞争对手,此时该企业产品定价不能用竞争导向定价法。在这种情况下,垄断企业往往从自身的利润角度去确定价格。

②投标定价法。这种方法一般是由买方公开招标,卖方竞争投标,密封定价,买方按物美价廉原则择优选取,到期当众开标,中标者与买方签约成交。这种方法往往是买方市场（即产品供大于求的市场）中由买方掌握主动权来运用。运用投标定价法和拍卖定价法时,企业对产品的定价权实际上已在某种程度上转移到了买方。

从企业来讲,为了能够以合理、科学的价格中标,必须认真选择和确定投标价格:一是要分析招标条件和企业的主客观情况能否适应招标项目的要求;二是计算直接成本,拟订报价方案;三是分析竞争对手的特点和可能报价,估计中标概率;四是计算每个方案的期望利润,并据此选择投标价格。一般来说,期望利润与报价成正比,而与中标概率成反比。

其计算公式为:

$$期望利润 = (报价 - 估计成本) \times 中标概率$$

例：某企业参与某项投标，其投标分析见表5.1。

表 5.1　投标报价期望利润分析表

投标报价 /万元	估计成本 /万元	可获利润 /万元	中标概率 /%	期望利润 /万元
(1)	(2)	(3)=(1)-(2)	(4)	(5)=(3)×(4)
800	800	0	95	0
900	800	100	80	80
1 000	800	200	50	100
1 100	800	300	10	30
1 200	800	400	1	4

从表中可见，较有利的标价是 1 000 万元，期望利润为 100 万元，若报价 1 200 万元时虽获利最多但中标概率极低。

总之，在实际中，企业定价的方法并不一定局限于以上所列举的这几种。随着管理科学的发展，企业管理经验日渐丰富，信息技术和数量分析技术等日趋成熟，必然会产生更科学、更合理的定价方法。而且，在运用定价方法进行定价时，也不能刻板地认为采用了一种方法就不能吸取其他方法的精华去确定价格，不同的定价方法之间并不一定是相互排斥的。因此，要想制订出某种产品的科学、合理的价格，还须综合分析产品本身的相关因素，运用相应的方法去制订产品价格。

3）物流企业产品定价技巧

前述定价方法是依据成本、需求和竞争等因素决定产品或劳务基础价格的方法。基础价格是单位产品在生产地点或者经销地点的价格，尚未计入折扣、折让、运费等对商品或劳务的影响。但在市场经济条件下，随着企业的增多，竞争的加剧，现实中的产品或劳务市场往往是处于动态变化之中的。为了适应市场的变化，在物流市场营销实践中，企业还需考虑或利用灵活多变的定价策略或技巧，修正或调整商品或劳务的基础价格。

（1）折扣、折让定价技巧

物流企业为了鼓励客户及早付清货款、大量购买、淡季购买，还可酌情降低其基本价格。价格调整包括价格折扣、折让。

①现金折扣。现金折扣即对按约定日期或提前以现金付款的客户，根据其所购买产品原价给予一定的优惠。例如，典型付款期限折扣表达为："2/10，N/30"。表示付款期限为 30 天，如客户在 10 天内付款，给予 2% 的折扣。超过 10 天付款，不给折扣。超过 30 天付款，通常要加收较高的利息。

②数量折扣。数量折扣是根据每次或某一时间段内的客户需要服务业务的数量或金额的大小分别给予买家不同的价格待遇的定价技巧。通常它是以交易活动中最小数量的价格作为基础价格，凡超过数量起点的交易，卖方均会给予买方一定的价格折扣，数量越大，折扣

越大,成交价格也越低。

数量折扣可分为累计折扣和非累计折扣。累计折扣就是规定在一定时间内购买总数达到一定数额时,按总量给予一定的折扣。采用这种技巧的目的在于鼓励顾客集中向一个企业多次进货,从而使其成为企业长期或固定客户。

非累计数量折扣规定顾客一次购买达到一定数量或购买多种产品达到一定金额的为一批量,并据此给予一定价格折扣。采用这种技巧能刺激客户大量购买,增加盈利,同时减少交易次数与时间,节约人力、物力等开支。

③季节折扣。季节折扣是指企业在淡季给予客户一定的价格折扣,以刺激客户需要。例如,客户对冷冻车的需求在冬天和夏天不一样,冬天可以给客户一定的折扣。

(2)心理定价技巧

心理定价技巧主要是通过分析和研究客户的消费心理,利用客户不同心理需求和对不同价格的感受,将其有意识地运用到产品或服务定价中去,以促进产品的销售。

①声望定价。声望定价是指企业利用客户仰慕企业的良好声望所产生的某种心理来制订商品价格,故意把价格定得较高。一般来说,高端服务的定价适宜采用此法,因为客户有崇尚名牌的心理,往往以价格判断质量,认为高价格代表高质量。

②招徕定价法。招徕定价法是指企业利用客户的求廉心理,将某些服务价格定得较低(低于正常价格,甚至低于成本)以吸引消费者。例如,大客户往往是物流公司争相合作的对象,所以提供给大客户的服务价格偏低,甚至不盈利。

(3)差别定价技巧

差别定价就是根据交易对象、交易时间和地点等方面的不同,制订出两种或多种不同价格以适应消费者的不同需求,从而扩大销售、增加收益。

①差别定价的主要形式有以下两种:

a.按不同的客户差别定价,即企业按照不同的价格把同一种商品或服务卖给不同的顾客。例如,物流企业可针对客户是新客户还是老客户,是长期固定客户还是一次性客户,在运输、仓储、包装、配送、装卸搬运、流通加工等的劳务服务收费给予不同的价格。

b.按产品部位差别定价,即企业对处在不同位置的产品或服务分别制订不同的价格,即使这些产品或服务的成本费用没有差别。例如,物流企业可根据不同商品在保管时环境条件导致的位置差别收取有区别的费用,以使位置等条件较差仓库也能有货物存放并取得仓储费用收入。

②采用差别定价必须具备以下条件:

a.市场必须是可以细分的,而且各个市场部分须表现出不同的需求程度。例如,物流市场可细分为运输市场、装卸搬运市场、包装市场、配送市场、流通加工市场、客户服务市场等,而且这些市场还可以细分,如运输市场又可分为汽车、火车、轮船运输市场等。不同的物流企业可根据自身的实力及特点等选择一个或多个细分市场作为目标市场以开展业务。

b.以较低价格购买某种产品的客户没有可能以较高价格把这种产品倒卖给别人。

c.竞争者没有可能在企业以较高价格销售产品的市场上以低价竞销。

d.细分市场和控制市场的成本费用不得超过因实行价格歧视而得到的额外收入,这就是说,不能得不偿失。

e.价格歧视不会引起客户反感而放弃使用企业服务,影响销售。例如,在物流企业中,不能因采取顾客差异定价后导致新老客户收费不同而使从新客户处获得的额外收入反小于由此而导致的老客户流失给企业带来的损失。

f.采取的价格歧视形式不能违法。

(4)新产品定价技巧

新产品定价的合理与否关系新产品能否打开销路、占领市场。对于物流企业来说,因其提供的产品主要是各种劳务服务,随着市场的日趋成熟和完善,是否能有产品创新以及创新产品质量的高低对物流企业的市场竞争力强弱有重要影响。对创新产品的定价可采用撇脂定价(又称吸脂定价或高价定价,即将新产品或服务的价格定得较高,尽可能在产品市场生命初期赚取最大利润)、渗透定价(又称低价定价,即将产品或服务定价定得低于预期价格以迅速打开市场销路)和温和定价技巧(又称满意定价,即低于撇脂定价和高于渗透定价的君子定价)。具体采用哪一种,需根据创新产品的特点来决定。如果是一次性或临时性新产品,为较快收回成本,可采用撇脂定价技巧;而对于一些需长期生产的市场前景良好的产品,则可考虑采用渗透定价或温和定价,以尽快占领市场,从而获得较长期的利润。

(5)产品组合定价技巧

如果某个产品(服务)只是某一产品(服务)组合的一部分时,企业必须制订一系列的价格,从而使产品组合取得最大的利润。例如,综合物流企业可将物流方案设计、产品运输、装卸搬运、包装、配送、流通加工、仓储中的全部或若干项捆绑成一组产品来销售,且其定价比该组产品中的单项产品价格之和有较大让利,则此时可能就会吸引消费者购买该组产品,以便使企业获得更多的利润。由于物流业务涉及较多,物流企业可根据自身特点向客户提供多项服务产品,由顾客自由组合成一组产品系列,再在此基础上用产品系列定价法定出该组产品的价格。

5.2.4 技能训练——案例分析

1)K 物流公司的定价

K 物流公司在某大城市对超市进行市内配送时,由于受到车辆进城作业的限制,转而寻求当地的搬家公司(M 搬家公司)提供配送车辆支持。但是 M 搬家公司开出的配送价格是半天(6 小时)或 200 千米以内为 200 元/车,大大超过了 K 物流公司可接受的 120 元/车的底线。

K 公司经过仔细调查分析后发现,M 搬家公司 90%的搬家作业均在上午进行,并在中午左右结束,这就意味着 M 搬家公司大部分的车辆和人员在下午基本上处于空闲状态,其上午搬家作业的收益已经足够支持其成本的支出和期望得到的利润。而 K 公司的市内配送业务却基本在下午 2:00 以后进行,K 公司支付给 M 搬家公司的费用除去少量的燃油费作为额外成本外,其余都应该是 M 搬家公司得到的额外利润。如果按每天下午一辆车行驶 200 千米计算,燃油费不应高于 50 元。从这个角度上看,K 物流公司的市内配送业务带给 M 搬家公司的不仅是新增加的业务和实在的收益,而且对其资源的利用也是非常合理的。

最后的结果是,经过 K 物流公司与 M 搬家公司在价格和服务方面的仔细测算,双方达成了以 80~90 元/车的价格成交的共识。

问题：

1.K 物流公司与 M 搬家公司之间配送车辆支持服务价格的制订受到了哪些因素的影响？

2.K 物流公司与 M 搬家公司制订最终价格时，双方可能采用哪些物流产品定价方法和定价技巧。

2）宅急送的价格战

2012 年 9 月 7 日，在国家邮政局最新披露的首批通过 2012 年快递业务经营许可年度报告审核的企业名单中，FedEx 与 UPS 如预料中上榜。至此，FedEx 与 UPS 这两家外资巨头在中国国内的快递业务正式开启。

据中国快运协会撰写的《2011—2012 中国快运发展报告》统计，2012 年中国快递企业业务量将达到 48 亿件，收入有望首次超过 1 000 亿元人民币，其中网购快递每年以 80%的速度增长。在国内快递市场迅速膨胀的情况下，任何企业都不会小觑这块市场所带来的增值空间。FedEx 与 UPS 对国内快递业务的涉足，会让长期处在低价恶性竞争生态环境里的国内快递企业经历新一轮的"洗牌"吗？

果不其然，就在 2012 年年底电商行业掀起的网购促销大战前夕，物流快递业集体开始有些按捺不住了。EMS 在北京等城市推出了"1 千克以内每票 8 元"的降价活动，打破了其多年未变的 20 元起步的传统，价格基本上与五大民营快递公司"四通一达"持平。紧接着，宅急送宣布针对电商的快递价格不高于"四通一达"（中通、圆通、申通、汇通以及韵达）。据媒体的公开报道，宅急送在北京、杭州、上海等全国 6 地召开推介会。在北京推介会现场，宅急送华北大区总经理任广乐表示，针对电商推出新价格策略，新价格绝不高于"四通一达"，无论是同城、省内还是全国。而 2012 年"双十一"期间，中国邮政集团寄递业务将开展电子商务小包，实现和快递公司同等时效的直邮服务，首批推出福建、广东、浙江、上海、江苏等 6 省市上门揽收，全国派送服务，资费方面将和快递公司"四通一达"相近。

问题：

1.EMS、宅急送两家公司推出一系列降价策略时，考虑了哪些相关的因素？他们采用了哪几种价格制订的方法和技巧？

2.假设你是"四通一达"这些民营快递公司的相关负责人和管理者，在以上的背景下，请分析一下你的企业将会面临哪些机遇和挑战，并提出相关的建议和对策。

任务 3　物流企业分销渠道

5.3.1　情境设置

MM 快递公司在经过快速发展后，面临一个很大的挑战：如何进行快递业务分销渠道的扩展和管理。现在请谈谈你的看法(可以从渠道的类型、服务渠道的特点、连锁和加盟方面考虑)。

5.3.2　技能目标

①了解物流企业分销渠道的基本模式。
②掌握物流企业分销渠道设置的评价标准、评价方法及进行效益评价的公式。
③理解企业分销渠道的选择与管理。

5.3.3　知识认知

1)物流企业分销渠道的基本模式

(1)物流企业分销渠道的含义

物流企业营销的产品是无形的服务,其内涵与有形产品的分销渠道有所不同。物流企业分销渠道是指物流服务从供应商向客户转移所经过的通道。

(2)物流企业分销渠道的类型

物流企业的分销渠道主要根据渠道拥有成员的多少分为直接分销渠道和间接分销渠道。和实体产品的分销渠道相比,物流企业的分销渠道几乎总是直接的。物流企业不是直接将服务提供给客户,就是借助于中间商将服务出售给客户,但是由于服务的不同与有形产品的一些特征,中间商的作用是有限的。

①直接分销渠道。直接分销渠道是指物流企业直接将服务产品销售给客户,无须中间商参与。采用直接分销渠道有以下优越性:

a.物流企业可对销售和促销服务过程进行有效的控制。

b.可减少佣金折扣,便于企业控制服务价格。

c.可直接了解客户需求及其变化趋势。

d.便于企业开展个性化的服务。

由于具备以上的优点,直接分销渠道是目前绝大多数物流企业首选的渠道模式。物流企业通过推销人员、广告、电话及互联网等扩展业务。由于互联网的迅速发展,物流企业纷纷利用这一先进的媒介推广服务。例如,美国的 FedEx(联邦快递公司)在 1995 年开通网站,可以使客户实时提交业务、跟踪运输公司、得知抵达时间等。

②间接分销渠道。间接分销渠道是物流企业通过一些中间商来向客户销售物流服务的渠道模式。

物流业的特点决定了物流业无批发商与零售商,物流中间商即为代理商。代理商是直接受物流企业或客户的委托从事物流服务购销代理业务的中间商。代理商只在物流企业与客户之间起媒介作用,通过提供服务来促成交易并从中赚取佣金。尽管代理商的作用是有限的,但是对于物流企业而言,采用代理商仍然有以下优点:

a.比直接销售投资更少,风险更小。

b.代理商可适应某些地区或某些细分市场客户的特殊要求。

c.有利于物流企业扩大市场覆盖面。

d.可延伸信息触角,拓宽信息来源。

（3）物流企业分销渠道系统

物流企业分销渠道系统是渠道成员之间形成的相互联系的统一体系,这一体系的形成是物流运作一体化的产物。目前,物流企业的分销渠道系统大体有 3 种结构。

①垂直营销系统。垂直营销系统是指由物流企业及其代理商所组成的一种统一的联合体。这一联合体由有实力的物流企业统一支配、集中管理,有利于控制渠道各方的行动,消除渠道成员为追求利益而造成的冲突,进而提高成员各方的效益。垂直营销系统主要有公司式、契约式和管理式。

a.公司式垂直营销系统。公司式垂直营销系统是指一家物流企业拥有属于自己的渠道成员,并进行统一管理和控制的营销渠道系统。在这个系统中,物流企业通过正规的组织进行渠道成员间的合作与冲突控制。中国储运总公司在推行现代企业制度过程中,建立了以资产为纽带的母子公司体制,理顺了产权关系,其所属 64 个仓库在全国各大经济圈中心和港口形成了覆盖全国、紧密相连的庞大网络,成为其跻身物流服务市场的强大基础。由于同属一个资本系统,公司式的营销系统中渠道各成员的结合最为紧密,物流企业对分销的控制程度也最高。

b.契约式垂直营销系统。契约式垂直营销系统是指为了取得单独经营时所不能得到的经济利益或销售效果,物流企业与其渠道成员之间以契约形式守望相助的营销系统。这一系统的紧密程度要逊于公司式。

c.管理式垂直营销系统。管理式垂直营销系统是指不通过共同所有权或契约,而是以渠道中规模大、实力强大的物流企业来统一协调物流服务销售过程中渠道成员各方利益的营销系统。

②横向营销系统。横向营销系统是通过本行业中各物流企业之间物流运作管理的合作开拓新的营销机会,以提高物流效率,获得整体规模效益。例如,上海集装箱船务有限公司是由中远集团共同组成的,它的成立使长江中下游干线与上海始发的国际干线相连,为中远集团加强其在国际航运市场上的竞争力起到了较大的作用。

③网络化营销系统。网络化营销系统是指垂直营销系统与横向营销系统的综合体。当某一企业物流系统的某个环节同时又是其他物流系统的组成部分时,以物流为联系的企业关系就会形成一个网络关系,即为物流网络。这是一个开放的系统,企业可自由加入或退出,尤其在业务最忙的季节最有可能利用到这个系统。物流网络能发挥规模经济作用的条件就是物流运作的标准化、模块化。

2) 物流企业分销渠道的评价

（1）物流企业分销渠道设置的评价标准

假设物流企业已经制订了集中渠道方案,就要确定哪一个最能满足企业的长期发展目标。每一个渠道方案都要以经济性、可控性和适应性 3 个标准进行评价。

①经济性标准。经济性标准即比较每一条渠道可能达到的销售额水平及费用水平。在物流企业分销渠道设置的评价标准中,经济性标准最为重要。因为企业是追求利润而不是仅仅追求对企业分销渠道的控制性。经济分析可以用许多企业经常遇到的一个决策问题来说明,即企业应使用自己的推销力量还是应使用代理商。这两种方案可导致不同的销售收

入和销售成本。判别一个方案好坏的标准,不应是其能否导致较高的销售额和较低的成本费用,而是能否取得最大利润。

②可控性标准。可控性标准即物流企业与中间商之间的配合度。一般认为,利用代理商会增加渠道的长度,物流企业对渠道的控制程度相应下降,因此,对这方面需要进行慎重的利弊比较和综合分析。由于代理商是一个独立的企业,它关心的是自己如何取得最大利润;又由于代理商不能完全有效地掌握物流企业服务产品的全部细节,这都给物流企业控制渠道带来难度。而且,不同代理商的可控制程度也有所不同,这些都有待于物流企业根据具体情况做出决策。

③适应性标准。渠道适应性标准主要是指各渠道承担义务与经营灵活性之间的关系,包括承担义务的程度和期限。物流企业对渠道的选择必须兼顾短期和长期的阶段性策略,不但要考虑近期的最佳分销渠道的选择,也要考虑长期分销渠道的适应性和灵活性。每个分销渠道方案都会因某些固定期间的承诺而失去弹性。当某一物流企业决定利用销售代理商推销产品时,可能要签订5年的合同。这段时间内,即使采用其他销售方式会更有效,物流企业也不得任意取消销售代理商。因此,一个涉及长期承诺的分销渠道方案只有在经济性和控制性方面都很优越的条件下,才可以加以考虑。

(2)对渠道成员绩效的评价

物流企业渠道成员,即为物流企业推销服务产品的中间商。物流企业必须定期检查中间商的工作业绩,并对那些业绩良好的中间商采取相应的激励措施;对业绩不佳的中间商进行分析、诊断,直至淘汰掉较差的中间商。物流企业评价中间商的方法主要有历史比较法和区域内比较法。

①历史比较法。历史比较法是指将每一中间商的销售绩效与上期绩效进行比较,并以整个群体的升降百分比作为评价标准。对低于该群体平均水平以下的中间商,必须加强评估与激励措施。如果对后进中间商的环境因素加以调查,可能会发现一些可以原谅的因素,如当地经济衰退,某些顾客不可避免地失去,主力推销员的丧失或退休等。其中某些因素可以在下一期补救过来。这样,物流企业就不应因这些因素而对中间商采取任何惩罚措施。

②区域内比较评价法。区域内比较评价法是指将各中间商的绩效与该地区的销售潜量分析所设立的定额进行比较。在销售期过后,根据中间商的实际销售额与潜在销售额的比率,将各中间商按先后名次进行排列。这样,企业的调查与激励措施可以集中于那些没有达到既定比例的中间商。具体而言,对分销商评估的标准主要有以下8点:

a.销售量。

b.开辟新的业务。

c.承担责任的情况。

d.销售金额。

e.为推动销售而投入的资源。

f.市场信息的反馈。

g.向公众介绍产品的情况。

h.向客户提供服务的情况。

其中,销售量、开辟新的业务、承担责任的情况是几个重要的指标,它们反映了该中间商发展的能力、履行合同的情况。

（3）对企业销售人员的评价

对企业销售人员的评价是企业对其工作业绩考核与评估的反馈过程。它不仅是分配报酬的依据，而且是企业调整营销战略、促使销售人员更好地为企业服务的基础。因此，加强对销售人员的评价在企业人员分销网络决策中具有重要意义。

①要掌握和分析有关的情报资料。情报资料的最重要来源是销售报告。销售报告分为两类：一是销售人员的工作计划；二是访问报告的记录。当然，情报资料的来源还有其他方面，如销售经理个人观察所得、客户信件以及与其他销售人员交谈等。总之，企业管理部门应尽可能从多个方面了解销售人员的工作绩效。

②要建立评价指标。评价指标要基本上能反映销售人员的销售绩效。主要有销售量增长情况；毛利；每天平均访问次数及每次访问的平均时间；每次访问的平均费用；每次访问收到的订单的百分比；一定时期内新客户的增加数及失去的客户数目；销售费用占总成本的百分比。为了科学、客观地进行评估，在评估时还应注意一些客观条件，如销售区域的潜力、区域形状的差异、地理状况、交通条件等。这些条件都会不同程度地影响销售效果。

③实施正式评估。企业在占有足够的资料、确立了科学的标准之后，就可以正式评估。大体上，评估有两种方式：一种是在各区域市场的销售潜力、工作量、竞争环境、企业促销组合大致相同的基础上将各个销售人员的绩效进行比较和排队；另一种是把销售人员目前的绩效与过去的绩效相比较。

（4）服务产品分配质量评价

服务产品分配质量，即作为物流企业分销渠道成员的中间商对客户需要的满足的及时程度。目前正处于速度经济的时代，从物流的角度看，时间是物流企业客户服务4个传统要素的首要要素。对客户需求的及时反应已成为物流企业必不可少的能力，甚至可以成为核心竞争力。这种速度不仅仅要快速完成谈判，进行合同的磋商，而且要及时根据客户的要求提供专业化的服务产品，建立QR（Quick Response 快速反应）系统以便在客户的需要发生时提供客户所需的服务，消除客户的缺乏状态。许多大型公司在设计和管理渠道网络时，着重建立了QR系统。快速反应关系一个大厂商是否能及时满足顾客的服务要求的能力，而信息技术的广泛应用提高了物流企业在尽可能短的时间内完成物流作业、提供物流服务的能力。

物流企业对渠道服务分配质量进行评价可以着重考量影响时间因素的几个变量，其中包括订单传送、处理及发送等。

（5）分销渠道的效益评价

分销渠道的效益评价应关注以下内容：

①效益评价的标准。

效益评价有四大标准。

a.计划标准。计划标准是评价效益的基本标准。以计划标准为尺度，就是将效益实际达到的水平同计划指标进行对比。这反映了效益计划的完成情况，并在一定程度上表现了第三方物流企业的经营管理水平。

b.历史标准。以历史标准为尺度，就是将某项物流效益指标实际达到的水平同上年同期水平或历史最高水平进行对比,观察这种指标是否达到了最佳状态。这种纵向的对比能够反映出效益指标的发展动态及其方向,为进一步提高物流管理效益的潜力提供依据。

c.行业标准。行业标准是指将全球、全国或本地区同行业已达到的先进水平作为评价效益的尺度。这种横向的对比便于观察和表明企业本身所处的位置,便于发现差距,并作为企业制订战略的基础。

d.客户标准。客户标准是指用顾客对企业的反应和认可程度来衡量第三方物流企业的效益。第三方物流企业是联系供应方和需求方的桥梁和中介,供应方和需求方的反应是第三方物流企业服务水平和效果的直接体现,是第三方物流企业改进和提高物流服务水平的依据。

②基本业务效益评价。

基本业务效益评价应注意以下内容:

a.业务完成额。业务完成额是指在一定的时期内,第三方物流企业经营活动已经财务核算的、实际完成的各项业务额的总和。它包括两个部分:各项代理业务额和其他业务额,反映了第三方物流企业业务活动在一定时期内的生产和客户的需要程度。在保证服务质量的前提条件下,业务实际完成额越多,表明第三方物流企业效益越好。业务完成额是衡量第三方物流企业效益的基本指标。

b.合同执行率。合同执行率指标是指在一定时期内,第三方物流企业实际执行合同数的百分比,它是衡量第三方物流企业工作服务质量的指标之一。在第三方物流企业一定的人力、物力和财力的条件下,执行和完成的合同数占签订合同数的比例越高,表明企业的工作服务质量越好。合同执行率指标的作用主要是防止第三方物流企业签订空口合同来树立企业的信誉。其计算公式为:

$$合同执行率 = 合同实际执行数 / 签订合同数 \times 100\%$$

c.差错事故率。差错事故率指标是指一定的时期内,第三方物流企业在业务的经营过程中发生的差错事故项数与已执行业务总额项数的百分比。由于外部环境不确定的因素较多,造成事故的原因有主观的也有客观的,但事故差错率是对企业总体服务质量的反映。其计算公式为:

$$事故差错率 = 事故差错项数 / 执行业务项数 \times 100\%$$

d.费用率。费用率指标是指在一定时期内,第三方物流企业全部业务经营活动支出的各项费用总额占各项业务收入总额的百分比。它是衡量第三方物流企业效益的一项综合性指标,其作用表现在:促进企业加强经营管理,提高效益。

e.全员劳动效率。全员劳动效率是指在一定时期内,第三方物流企业实际完成的业务总数与平均人数的比值。它是企业活动劳动效益的反映,其作用表现在:促进企业加强劳动监管,提高劳动效率。

f.定额流动资金周转天数。定额流动资金周转天数是第三方物流企业在一定时期内,定额流动资金周转一次所需的时间,通常以天为单位。它表明第三方物流企业资金的利用效果,其计算公式为:

$$定额流动资金周转天数 = 计划期定额流动资金 / 资金周转次数 \times 100\%$$

g.利润指标率。利润指标率主要指利润总额,是指第三方物流企业在一定时期内组织物流过程中收入抵支出后的余额。它是衡量第三方物流企业经营管理水平和效益的综合性指标,即一个企业是否成功的标志。其计算公式为:

利润总额 = 收入总额 − (物流费用 + 管理费用 + 税金)

h.资金利润率。资金利润率指标是指在一定时期内,实现的利润总额占固定资金平均占用额和定额流动资金占用额的百分比。它是评价第三方物流企业效益的一项综合性指标。其计算公式为:

资金利润率 = 利润总额 / 第三方物流企业资金占用总额 × 100%

③总体效益评价。

第三方物流企业关心总体物流活动,是为了让第三方物流企业的客户能够接受所提供的专业化、个性化的物流服务,并且愿意付出货币来购买这种专业化、个性化的物流服务。这是第三方物流企业的生存、发展之道。第三方物流企业的效益评价的实质是第三方物流企业生存能力和发展能力的评价。因此,第三方物流企业应当站在物流服务客户的位置和基础上对总体物流活动做出评价。总体物流活动的效益评价可分为内部评价和外部评价。

A.内部评价。内部评价是指对企业本身的一种基础评价。根据内部评价可以确认对客户的服务水平、服务能力和满足服务客户要求的最大限度,做到既不失去客户,又不损害企业的利益。内部评价是建立在基本业务分析的基础之上,将整个物流系统作为一个"暗箱"进行投入产出分析,从而可以确认系统总体的能力、水平和有效性。

B.外部评价。对第三方物流企业的外部评价应当具有客观性和真实性,采用的评价方法主要有以下两种:

a.客户评价,一般采用调查问卷、专家咨询、顾客座谈会等方式进行评价。

b.采取选择模拟的或者实际的"标杆"进行对照、对比的评价。随着现代科技的发展,采用计算机虚拟现实的方法可以有效地对第三方物流企业的总体效益做出准确的评价。

3)企业分销渠道的选择与管理

关于企业分销渠道的选择与管理应重视以下内容:

(1)影响物流企业分销渠道选择的因素

物流企业在销售服务过程中是采用直接渠道还是间接渠道是渠道决策的一个重要内容,选择得是否合适,将对物流企业营销活动的成败产生重要影响。物流企业分销渠道的选择受多种因素的影响和制约,具体如下:

①物流企业自身因素。物流企业自身因素是进行分销渠道决策的内部制约因素。

a.物流企业的经营实力。经营实力包括企业的规模和财力状况。如果企业的规模较大并且财力雄厚,其选择分销渠道的余地较大,可依据具体情况进行选择。相反,实力较弱的企业则比较适合选择间接渠道,依靠代理商的力量来开拓市场。

b.物流企业品牌的知名度。品牌知名度高的物流企业分销渠道可有多种选择,既可以利用品牌直接吸引客户,也可以利用品牌优势发展与代理商的合作;而不具备较高品牌知名度的企业则需要采用间接渠道,让经验丰富的代理商来帮助其打开市场。

c.物流的营销能力。物流企业的销售机构拥有经验丰富的销售人员。若销售能力较强,就可依靠自己的销售能力,采用直接渠道;反之,则采用间接渠道。

d.物流企业控制渠道的愿望。如果物流企业希望有效地控制分销渠道,就应建立直接渠道,但是,这样会使企业花费更多的人力、物力、财力来建立自己的销售网络;而无力控制渠道的企业则可以采用间接渠道。

②市场因素

物流企业的市场因素有以下 4 个。

a.目标市场的分布。目标市场的分布是指目标市场规模的大小及潜在客户的地理分布状况。如果目标市场规模大且客户分布集中,则适宜采用直接渠道;相反,则采用间接渠道。

b.目标客户的购买习惯。目标客户的购买习惯直接影响物流企业分销渠道的选择。如果客户需要的是方便、快捷的服务,则物流企业需要与代理商合作,广泛地设置自己的服务网点。

c.销售季节。某些物流服务会随着产品生产和消费的季节性而存在淡季和旺季的差别。在销售旺季时,物流企业可以采用间接渠道,而在销售淡季则比较适宜采用直接渠道。

d.竞争状况。物流企业在物流服务市场竞争激烈的情况下应采取与竞争对手不同的渠道模式,或即使采取相同的渠道模式也要创造出服务的差异化,以便在留住老客户的同时吸引新客户。

影响物流企业渠道选择的因素除了企业及市场两个主要因素外,还存在物流服务的种类及社会的政治、经济、科技等多方面因素。物流企业应综合分析本企业面临的实际情况来选择渠道模式,以在竞争激烈的物流服务市场中占据一席之地。

(2)分销渠道管理

物流企业在对各种影响因素进行分析并选择了渠道模式后,就要对渠道实施管理。渠道管理工作包括对中间商的选择和后期的监督、激励及评价。

①中间商的选择。中间商选择得是否得当会直接影响到物流企业的营销效果,因此,物流企业应根据自身的情况慎重决定对中间商的选择。物流企业考察中间商可从 4 个方面进行。

a.中间商的销售能力。该中间商是否有一支训练有素的销售队伍? 其市场渗透能力有多强? 销售地区有多广? 还有哪些其他经营项目? 能为顾客提供哪些服务?

b.中间商的财务能力。中间商的财务能力包括其财力大小、资金融通情况、付款信誉等。

c.中间商的经营管理能力。中间商的经营管理能力体现在其行政管理和业务管理水平上。

d.中间商的信誉。例如,该中间商在社会上是否得到信任和尊敬。

此外,还应该考虑中间商的地理位置、服务水平、运输和储存条件。

要了解中间商的上述情况,企业必须搜集大量的有关信息。如果必要的话,企业还可以派人对被选中的中间商进行实地调查。

②激励分销渠道成员。中间商选定之后,还需要进行日常的监督和激励,使之不断提高业务经营水平。必须指出,由于中间商与生产商所处的地位不同,考虑问题的角度不同,因而必然会产生矛盾。如何处理好产销矛盾,是一个经常存在的问题。物流企业要善于从对方的角度考虑问题,要知道中间商不是受雇于自己,而是一个独立的经营者,有它自己的目标、利益和策略。物流企业必须尽量避免激励过分和激励不足两种情况发生。一般来讲,对中间商的基本激励水平应以交易关系组合为基础。如果对中间商激励不足,则生产商可采

取两种措施：一是提高中间商的毛利率、放宽信用条件或改变交易关系组合，使之有利于中间商；二是采取人为的方法来刺激中间商，使之付出更大的努力。

处理好生产商和中间商的关系非常重要。通常根据不同情况可采取以下3种方案：

a.与中间商建立合作关系。一方面，物流企业可以用促销因素给中间商以高利润、特殊优惠待遇、合作推销折让、销售竞赛等，以激励他们的推销热情和工作；另一方面，对表现不佳或工作消极的中间商则降低利润率，推迟装运或终止合作关系。但这些方法的缺点在于，物流企业在不了解中间商的需要、长处和短处以及存在的问题的情况下，试图以各种手段去激励他们的工作，自然难以收到预期的效果。

b.与中间商建立一种合伙关系，达成一种协议。物流企业明确自己应该为中间商做些什么，也让中间商明确自己的责任，如市场覆盖面和市场潜量，以及应提供的咨询服务和市场信息。企业根据协议的执行情况对中间商支付报酬。

c.经销规划。这是一种最先进的办法，它是一种把物流企业和中间商的需要融为一体的、有计划的、有专门管理的纵向营销系统。物流企业在其市场营销部门中设立一个分部，专门负责管理同中间商关系的规划，其任务主要是了解中间商的需要和问题，并做出经营规划以帮助中间商实现最佳经营。双方可共同规划营销工作，如共同确定销售目标、存货水平、陈列计划、培训计划以及广告和营业推广的方案等。

总之，企业对中间商应当贯彻"利益均沾、风险分担"的原则，尽力使中间商与自己站在同一立场，作为分销渠道的一员来考虑问题，而不要使他们站在对立的买方市场。这样，就可减少与缓和产销之间的矛盾，有利于双方密切合作，共同搞好营销工作。

③评价分销渠道成员。物流企业还须根据一定的标准来评价渠道成员的优劣。评价的内容包括该中间商经营时间长短、偿还能力、意愿及声望、销售密度及涵盖程度、平均存货水平、对企业促销及训练方案的合作、中间商为客户服务的范围等。对于达不到标准的，则应考虑造成的原因及补救的方法。物流企业有时需要让步，因为若断绝与该中间商的关系或由其他中间商取而代之，可能造成更严重的后果。但若存在比使用该中间商更为有利的方案时，物流企业就应要求中间商在所规定的时间内达到一定的标准，否则，就要将其从分销渠道中剔除。

（3）分销渠道的完善和发展分析

物流企业的分销渠道应该根据自己的需要日益完善。

①分销渠道调整的原因及步骤。物流企业在设计了一个良好的分销渠道后，不能放任其自由运行而不采取任何促进措施。为了适应企业营销环境等的变化，必须对分销渠道在评价的基础上加以修正和改进。

A.分销渠道调整的原因。分销渠道调整的原因有以下3个：

a.现有分销渠道未达到发展的总体要求。企业发展战略的实现必须借助于企业的分销能力，如果现有的分销渠道在设计上有误，中间商选择不当，在分销渠道管理上不足，均会促使企业对之进行调整。

b.客观经济条件发生了变化。当初设计的分销渠道对当时的各种条件而言很科学，但现在各限制因素发生了某些重大变化，从而产生了调整分销渠道的必要。因此企业有必要定期地、经常地对影响分销渠道的各种因素进行监测、检查、分析。另外，企业若能准确预测和把握某些影响分销渠道的因素发生的变化,就可以提前对分销渠道实施调整。

c.企业的发展战略发生变化。任何分销渠道的设计均围绕着企业的发展战略来进行。企业的发展战略发生变化,自然也会要求调整分销渠道。

B.分销渠道调整的步骤。调整分销渠道有以下3步:

a.分析分销渠道调整的原因。

b.重新界定分销渠道目标。在对分销渠道选择的限制因素进行重新研究的基础上重新界定分销渠道目标。

c.进行现有分销渠道评价。如果通过加强管理能够达到新分销渠道目标,则无须建立新分销渠道;反之,则应考虑建立新分销渠道的成本与收益,以保证经济上的合理性。

②分销渠道调整的策略。调整分销渠道有三大策略:

a.增加或减少某些分销渠道成员。在调整时,既要考虑由于增加或减少某个中间商对企业盈利方面的直接影响,也要考虑可能引起的间接反应,即分销渠道中其他中间商的反应。例如,当增加某一地区内的中间代理商时,会引起地区内原有中间商的反对。而当企业由于某一渠道成员业绩很差而撤销其经营代理权时,虽然减少了企业的短期盈利,但也向其他中间商发出警告,督促其改善业绩或服务。

b.增加或减少某些分销渠道。市场环境各方面的变化常常使物流企业认识到,只变动分销网络成员是不够的,有时必须变动分销网络才能解决问题。企业可以根据市场变化削减某条不再能发挥作用的分销渠道。企业以增减分销渠道来调整分销网络是相对的,企业往往在增加新的分销渠道的同时,也要减少老的分销渠道。

c.整体分销渠道系统调整。整体分销渠道系统调整,即重新设计分销渠道。由于企业自身条件、市场条件、商品条件发生了变化,分销渠道模式已经开始制约企业的发展,就有必要对它做根本的实质性的调整。这种调整波及面广、影响大、执行困难,不仅要突破企业已有渠道本身惯性,而且由于涉及利益调整,会受到某些渠道成员的强烈抵制。对这类调整的政策,企业应谨慎从事,筹划周全。

4)物流服务企业渠道的新形式:连锁经营

连锁经营是物流服务企业分销渠道的新形式。

(1)连锁经营概述

物流企业连锁经营有其优势。一般认为,一个企业集团以同样的方式、同样的价格在多处同样命名(店铺的装修甚至商品的陈列也都差不多)的店铺里出售某一种(或某一类、某一品牌)商品,或提供某种服务,这些同时经营的店铺就被称为连锁店,这种经营模式则被称为连锁经营。

连锁经营作为一种里程碑式的交易模式,是核心竞争力和规模效益在连锁成员间的合作与共生,伴随的是市场制度上的演变,使连锁组织内利益集团之间的关系发生结构性的变化,分工更明确,合作更密切,形成了连锁成员利益关系的良性互动,从而达致双赢。

连锁经营是当今世界许多国家普遍采用的一种现代化的商业经营模式,而连锁商店则是这种经营模式的存在方式。连锁商店指的是经营同类商品和服务的若干企业在核心企业(总部)的领导下采用规范化经营,实行等同的、经营方针一致的营销行动,实行集中采购和分散销售的有机结合,实行规模化效益的联合。

(2)连锁经营的优势

现在,连锁经营正风靡全球,在欧、美、日等经济发达地区商业领域占据了主导地位。

①连锁经营把分散的经营主体组织起来,具有规模优势。当今世界零售业高峰的大公司都实行连锁经营,这绝不是巧合,而是现在商业流通规律的客观反映。连锁经营完善了专业化分工,科学合理地组织了商品物流,从而降低了商品的售价。连锁经营最大的特征是统一化,不仅要统一店名店貌,统一广告、信息等,最重要的是统一进货、统一核算、统一库存和统一管理。这诸多的"统一"支撑着连锁经营的价格优势。价格优势首先来自统一进货。由于连锁经营规模甚大,厂家自然愿意低价供应,大批量的订货确保了商品的最惠进价。

②连锁经营都要建立统一的配送中心,与生产企业或副食品生产基地直接挂钩。有了统一的配送中心,就意味着减少了中间环节,节省了流通费用,从而降低了成本。按照连锁店经营规范化的要求,各成员店或加盟店的商品价格必须统一,并且要将其"锁"定在低于同类商店2%~5%的水平上。

③连锁经营容易产生定向消费信任或依赖。从某种意义上讲,连锁店系统中的每家分店在本分店经营的同时,也分担着其他店实物广告的作用。如此一来,不仅做了活广告,而且无形中建立起了自家的顾客群,因为只要在一家分店得到了满意的服务,就等于为全系统的所有分店拉住了一位回头客。

④消费者在商品质量上可以得到保证。严格规范、统一管理的连锁店能统一进货渠道、直接定向供应,有利于杜绝形形色色"歪货"入门,这也是连锁店蓬勃发展、广得民心的一大现实因素。

(3)连锁经营与传统商业经营方式的区别

由以上连锁经营的定义与特征我们可以看出,连锁经营与传统商业经营方式有显著区别,具体见表5.2。

表5.2　连锁经营与传统商业经营的区别

经营方式项目	连锁经营	传统商业经营
定义	同一资本所有、经营同类商品和服务的组织化零售企业集团	商业企业集团下属企业独立经营模式,由总部投资扩建的分店较此种分店有较大的自主权
特点	①分店必须有统一的经营风格; ②分店不独立,与总部具有协作关系,特别强调总部与分店的互动关系	①分店都独立运作,没有形成统一的经营风格; ②偏重于差异化经营
经营范围	一般以流通业和服务业为主	涉及诸多行业
运作方式	需足够的资金和合适的业务类型,同时需受总部约束,经营决策有较强独立性	
法律关系	依各种模式而定	分店属总部所有

续表

经营方式项目	连锁经营	传统商业经营
发展方式	扩大规模只需有市场、有资金,总部必须有成熟的运行模式和专有技术	取决于企业集团的决策

(4)物流连锁经营的形式及优缺点

物流服务企业连锁经营目前主要包括 3 种形式:特许加盟连锁、直营连锁、混合型连锁。各种连锁形式定义及优缺点如下:

①加盟型(特许权经营模式)及其优缺点。加盟型是指特许经营机构将自己拥有的商标、专利和专有技术等,以特许经营合同的形式授予被特许者使用,被特许者按合同规定在统一的业务模式下,在特定区域从事经营活动并支付相应的费用。目前具有代表性的快递企业有申通快递、韵达快递等。

A.优点。加盟店的优点如下:

a.启动成本低。加盟型物流企业一般由母公司发起,建立一个运营平台将区域细分,每个细分块由加盟方投资经营。加盟方可以进一步将本区域进行分割承包,形成一级加盟、二级加盟、三级加盟甚至更多,最终由每个加盟企业或个人来分担启动成本。

b.发展速度迅速。企业在发展过程中,通过加盟建立新网点。一般新网点公司熟悉当地市场,甚至有现成客户,这便于企业飞速扩张。

c.利润高。以快递行业为例,从近年企业经营情况看,民营物流快递企业继续保持很高的盈利水平。以南京地区为例,直营型的快递公司亏损严重,大幅裁减人员和收缩规模;而加盟型快递企业还在盈利,个别加盟型的企业盈利甚至在 1 000 万元以上。

B.缺点。加盟店的缺点如下:

a.加盟公司管理松散。加盟型物流企业从形式上是简单的结合,结合的黏合剂是经济利益,上级部门管理下级部门不是通过完善的制度,而是变化无常的经济罚款,加盟企业对公司没有完全认同感。

b.服务水平不统一。一方面各加盟店经济实力、管理水平参差不齐;另一方面总店监管力度不够,使得各加盟店提供的服务水平不统一。以快递行业为例,目前加盟型快递企业快件的延误、破损、丢失非常多,据江苏省快递协会每月的统计报告显示,客户投诉主要集中在这类快递企业。而实际运营中,由于公司对遗失的经济处罚很大,一旦出现遗失,一线承包业务员会直接与客户沟通赔偿,这部分比例不算小。

c.加盟关系不稳定。加盟关系是建立在经济利益基础上的,一旦利益基础动摇,加盟关系也随即瓦解。另外,在加盟企业经营状况非常好的情况下,与公司的关系就会微妙起来,也会引起公司对其进行收购或者强取。

d.市场定位低,不易开发双向客户。现在的企业跨区域经营很普遍,生产与研发分离,售后与生产分处两地。而这种类型的客户不仅需要单向快件服务,还需要区域、全国范围内的双向快递服务。加盟性物流快递公司因为管理上、权属上的特殊性,很难为这类客户提供完整服务。

②直营型及其优缺点。直营型是指由公司总部直接经营、投资、管理各分(子)公司的经营模式,各分公司在总公司的管理下进行经营活动。宅急送就是典型的直营快递连锁企业。

A.优点。直营店的优点如下:

a.经营管理统一化,易于发挥整体优势。公司统一制订经营战略,并分解到各分(子)公司,通过职能部门协调一致,统一开发市场,技术研发等可以统一调动资金,能快速响应,最终形成有效整体。

b.服务水平高。直营物流公司由于统一管理,服务规范一致,由上而下的指令能很好执行,横向之间的配合也很默契,员工维护品牌的意识也很好。员工的着装标准统一、服务规范。

c.员工队伍稳定。目前,直营物流企业有非常规范的人力资源体系,员工待遇和福利比较好,稳定了员工队伍。同时注重员工培训,对不同级别的员工进行分类培训,提高了员工素质,也给了员工一个好的发展空间。

d.信息化程度高。由于直营公司是全公司一盘棋,总公司的经营战略能统一实施,因此在一些技术引进和开发上要优于加盟类企业。

B.缺点。直营店的缺点如下:

a.需要拥有一定规模的自有资本,发展速度受到限制。与加盟型企业正好相反,这类企业在需要扩张、增加网点和生产设备等情况下都需要投入大量资金。如果没有一定规模的自有资金,就不能在第一时间完成决策,很难在瞬息万变的市场竞争中抢占先机。

b.管理系统庞杂,容易产生官僚化经营,使企业的交易成本大大提高。以直营快递中的代表宅急送为例,宅急送被认为是"民营中的国有企业",经过多年的经营,管理层变化不大,分公司主管对总公司的指令被动执行,不能真正结合当地实际情况经营,导致总公司的经营战略过于呆板,部分分公司的经营走向失败。

③混合型及其优缺点。混合型也有其优缺点。它分为以下两种类型:

A.传统混合型。传统混合型是公司将一部分地区对外加盟,并授权加盟企业在这些地区享有市场经营权、管理权等,总公司不参与任何经营活动。传统混合型有两种原生态:一是以直营为主,一般来说是在主要城市建立直营网点,而在市场未开发地区采取加盟,是为加快网点的建设而采取的做法。二是以加盟为主,这类企业的直营主要是因为出现经营不善、无人加盟的区域而由总公司直接经营,或者是总公司选择市场比较成熟的地区采用购买经营权的方法回收,这些区域由总公司老板自行经营,但经营方式方法与总公司不一样。

B.现代混合型。现代混合型是指由公司总部直接投资建立一个管理平台,在所有业务经营地区建立自己的管理公司,部分或绝大部分采取加盟的形式,通过管理公司对当地进行市场规范管理,监督加盟者或企业是否按照公司统一规范进行业务开发和市场经营。这类模式对加盟方只出让市场开发的权利,这是一种相对先进的混合方式。

这两类混合型都具备加盟型和直营型的部分优点,并弥补了单一模式的部分不足。但两者又有很大区别:一是给予加盟方的权利不一样。传统混合型是出让整个地区的经营权,总公司不参与任何管理;现代混合型只是出让地区的市场开发权利,经营管理权由各分公司所有,分公司会参与所有加盟商的业务管理。二是回收的难度和风险不同。从整个总公司经营战略出发,需要对一部分地区进行回收,传统混合型的难度相对较大,有可能会失去整个地区的业务。现代混合型可以做到"人走业务留",不会因为加盟者的变更而完全失去客户。三是现代混合型更类似直营模式,能够完全具备直营的优点,可以在所有网点间操作双向业务;而传统混合型却很难做到。

5.3.4 技能训练——案例分析

1)国泰的市场营销战略

中国香港是国际自由港。其优越的地理位置和良好的经济商业氛围吸引了世界众多著名航空巨头纷纷在香港开展货运业务。例如,大韩航空、极地货运航空、UPS、联邦快递、美西北航、汉沙航、英航、快达航,可以说世界五大洲的航空公司都有航班来往于香港。面临着激烈的市场竞争,国泰采取了以下营销战略:

(1)经营理念

国泰航空货运认为,它作为基地航空公司,如果运价还低于其他公司的话,就有可能引起市场混乱,给代理人造成负面影响。同时,香港专门成立了由各航空公司组成的运价政策委员会,目前由国泰航空出任该委员会会长,主要任务就是协调各航空公司之间的运价。航空公司之间的竞争比较规范,因为各公司也不愿意看见市场出现无序竞争的混乱局面。香港97%的货运市场被代理人所占据,而且代理人在航空货运市场行为规范,不乱杀价竞争。

(2)优质服务

国内其他航空也经常提及"优质服务"的营销概念,但是往往流于形式,国泰在优质服务方面则有不少创新。例如,积极推行电子商务,代理人可以通过网络磨盘并且通过网络查询货物的流程,这种网络服务既节省人工成本,同时也让代理人可以方便快捷地获得信息。国泰企业宗旨之一就是 Service Straight from the Heart(服务发自内心)。作为世界知名的航空企业,它并不只是简单地要求一些表面的、形式化的东西。每年两次,管理层都要对下属进行业绩考核,考核内容一共4个方面,其中一个方面就是服务改善方面。

(3)良好的产品组合

任何一家企业都需要依赖其产品组合去赢得市场的份额。国泰货运具有比较广泛的航空网络,在北美洲、欧洲和大洋洲、东南亚、日本和韩国都具有每日定期航班,并且使用波音747、波音777、空客 A340 等大型客货机运营,其频率、起降时间都占有优势地位。香港国际机场是世界第四大航空港和第二大航空货运口岸。国泰货运在此利用有利的经营环境不断推出新产品。例如,国泰货运推出航空快递服务 AAX,在限定时间内将确保货物安全运抵目的地,并提供优质服务,绝不延迟收货时间。在欧洲和北美,它和一些卡车公司达成合作协议,利用卡车服务继续提供延伸的货运服务。

（4）强强联手

国泰货运和汉莎货运联手,香港至法兰克福的货机航线上只有这两家公司运营,因而它们就采取类似联营的方式保持运价的稳定。同时,国泰还和 DHL 这家世界快运合作。DHL 利用国泰客运飞机运送其快件物品,在客机中,国泰限制旅客人数,将舱位让给快件货物。因为通过仔细核算,国泰发现承运快件的收入要高于满座情况下的机票收入。因此,国泰管理层同意和 DHL 合作时"重货轻客",并且这类航班都是夜航飞机,通常是凌晨 1~2 点在香港国际机场运作。

（5）和代理人建立伙伴关系

国泰将代理人视为合作伙伴,以平等的地位对待大、中、小代理人。而且国泰一般不直接和真正货主打交道。国泰也乐于和代理人建立长期的合作关系。在客运方面,"常旅客俱乐部"的概念已经深入人心。国泰货运部根据此概念也建立了"常货主俱乐部",为其取名"Cargo Elite Club"。国泰根据代理人每年发货量的大小确定 30~50 家公司,然后每家公司确定 1~2 人为俱乐部成员,成员可以享受一系列优惠政策。例如,在乘机时可以优先登机,可以免收逾重行李费。此俱乐部的目的主要是让代理人得到一种被尊重的地位。国泰货运销售人员经常拜访代理人,而不是等着代理人上门;货运销售人员是专线专管,每人专门负责某一航线,并且负责和所有利用这条航线的代理人打交道。

问题:

面对着激烈的市场竞争,国泰采取的渠道战略体现在哪些方面?

2）TNT（天地快运）的分销渠道与促销策略

TNT 的分销渠道和促销策略非常有特色。

（1）TNT 独创分销渠道策略

TNT 创立于 1946 年,为全球快递和物流供应商,网络遍及全球 200 多个国家,共有 1 000 多个转运中心和站点,2 万多辆汽车和 40 余架飞机。2003 年总销售额为 119 亿欧元。公司在纽约、伦敦、法兰克福和阿姆斯特丹的股票交易所上市。

TNT 为了在渠道方面进一步独立发展,避免与中国物流公司传统的渠道正面冲突,敢于创新,其新的渠道策略尝试将品牌和服务整合为一体,在中国市场上开展特许加盟店的营运方式。TNT 加盟店的准入门槛不高,加盟金为 10 万元,且为 5 年支付一次,支付加盟金后可以获得使用 TNT 的品牌,以后提取每月营业额的 6%上缴总部,作为特许权使用费。事实上,TNT 的目标是通过特许加盟的方式尽快铺设快递业务的终端网点。目前该公司的快递业务转给了中国内地数十家代理商,一旦建立了完善的加盟网点,TNT 便拥有了打着自己品牌的庞大终端体系,这将大大提高 TNT 在中国市场的竞争力。

（2）TNT 促销策略

①人员推销。TNT Post Group（天地快运集团）具有非常强大的投揽网。投揽员直接面向客户,直接迅速地将 TPG 的最新服务、最优服务传递给整个市场的客户,同时也迅速及时地将客户在使用 TPG 过程中出现的问题、建议反馈给 TPG 信息中心,经过集中整理,为 TPG 的发展提供市场依据。

②广告。TNT Post Group 的广告是必不可少的，不仅是对外宣传 TNT Post Group、树立 TNT Post Group 品牌形象、促进销售、有利竞争的需要，也是对消费者进行意识形态的引导，使其进行概念消费导向的要求。TNT 最初进入中国市场借助的就是广告。

③公共关系。TNT 的公共关系可分为：

a.内部公共关系，主要是员工关系，即首先取得员工的信赖与支持，包括全部的人事关系是 TNT 整个公共关系的起点。员工关系的目的是培养员工对 TNT 的认同感、归属感。要达到这一目的就要尊重个人价值，将企业发展与员工个人价值的体现结合起来。不仅要在金钱和物质上刺激员工，更要在精神上使其具有比较强的事业心、责任感和任劳任怨、奋勇拼搏的精神，把对工作的意识由自发提升到自觉的高度。

b.外部公共关系。TNT 外部公共关系主要借助于公益促销。TNT 在华的促销策略更着重于长远利益，除综合运用多种促销方式外，最主要的就是钟情于公关。为了更好地宣传其品牌，提高品牌知名度和美誉度，也为了更好地赢得社会公众的认可，除了加强和政府的公关之外，还加强了对社会公益活动的赞助。

作为"企业社会责任项目"中的一部分，TNT 倡导"回馈社会"并做出贡献。2004 年，TNT 集团举行了"行走天地间"步行筹款活动。中国区的活动于 2004 年 6 月 20 日在北京、上海、广州同时举行。通过此项活动，TNT 中国区共筹得 60 万元人民币，用于资助在甘肃省开展的针对 4 000 名儿童的"扶贫助学"项目。

在印度洋海啸灾难发生后，TNT 集团立即组织力量，帮助其长期合作伙伴联合国世界粮食计划署（WFP）以及其他人道主义组织实施救援行动。从 2005 年 1 月 17 日到 2 月 28 日，TNT 将从每一件由中国发出的快件中捐出 1 元人民币，用于印度洋海啸灾区的救助。与此同时，TNT 中国还将在全国范围内发动员工进行筹款活动，以救助印度洋海啸地区的受灾人民，并为灾区提供了价值 150 万欧元的人道援助。尽管这是每一个公民都应尽的责任和爱心，但 TNT 通过这次事件营销加大了其在中国乃至世界的影响力，扩大了知名度，使品牌得到了增值。

海啸之后，TNT 与世界粮食计划署建立了伙伴关系，与其分享知识与经验，帮助世粮署升级其物流基础设施。人道援助机构所做的最初估计是，使用这一系统后，其每月能节省约 30 万欧元（合 39.5 万美元），这样整个流程总共能节省 600 万欧元。

④营业推广。TNT 在特定目标市场上，例如在中国消费者特有的文化和节日氛围进行各种特殊的营业推广活动，主要有价格打折、有奖促销，尤其是在中秋节、元旦节、春节等节假日。

问题：

1.TNT 在中国独创特许加盟店这种渠道策略的背景以及原因是什么？这种策略能够成功吗？

2.TNT 在中国的促销策略对跨国物流公司进军他国物流市场有什么启发？

任务4　制订物流促销策略

5.4.1　情境设置

MM 快递公司为了争夺更多的快递市场份额,特面对大学生市场制订促销方案。请你谈谈该如何制订促销方案(可从广告、人员推销、营业推广、公共关系等方面考虑)。

5.4.2　学习目标

了解促销的 4 种形式,重点掌握人员推销、广告促销的优缺点及适用特点。

5.4.3　知识认知

物流服务企业在市场营销中往往综合运用促销策略来达到沟通信息、吸引顾客、扩大销售的目的。

1)促销及促销组合

物流企业可以运用促销策略达成自身的目的。

(1)促销及促销组合的概念

①促销的概念。促销,即促进产品或者服务的销售,是指营销者以满足消费者需要为前提,将企业及其产品(服务)的信息通过各种促销方式传递给消费者或用户,促进顾客了解、信赖本企业的产品,进而唤起需求,采取购买行为的营销活动。

促销的实质是营销者与购买者或潜在购买者之间的信息沟通。为了有效地与购买者沟通信息,可以通过广告来传递有关企业及产品的信息;可以通过各种营业推广的方式来增加顾客对产品的兴趣,进而促使其购买产品;可以通过各种公共关系手段来树立企业在公众心目中的良好形象;还可以派遣推销员面对面地说服顾客购买产品。这种促销的信息沟通方式,一方面要把企业及产品的信息传递给消费者,另一方面又要将消费者对企业及其产品的意见、要求、需求动向等信息反馈给企业,由此组成了一个循环的、双向式的信息沟通系统。

②促销组合的概念。促销组合指物流企业根据促销的需要,对各种促销方式进行的适当选择和综合编配。促销方式分为人员推销、公共关系、营业推广及广告,物流企业要对 4 种促销方式进行适当选择,综合使用,以求达成最好的促销效果。

(2)促销的作用

在现代市场营销活动中,促销的作用已经不仅仅是单纯地推销产品了。归纳起来,促销主要有以下 3 个方面的作用:

①传递信息。一种产品在进入市场之前,甚至在进入市场以后,企业为了让更多的消费者了解这种产品,需要通过适当的促销手段向消费者和中间商传递有关企业及产品的信息,以引起他们的广泛注意。同时,中间商也要向顾客介绍商品、传递信息,以吸引更多的消

费者。

②突出特点。在同类商品竞争比较激烈的市场上,由于商品繁多,彼此之间差异细微,消费者的辨认和选择就显得很困难。企业通过适当的促销活动,可以突出宣传本企业产品区别于同类竞争产品的特点,展示产品能给顾客提供的满足程度及物超所值,使消费者加深对本企业产品的了解和信任,感受到购买本企业产品后在满足需求的同时还能够带来特殊利益。

③扩大销售。由于市场竞争日益激烈和企业自身的各种因素,使得企业各期的销售量呈曲线式波动,有时甚至产生持续下滑的趋势。为了拓展市场规模,达到稳定和扩大销售的目的,企业仅有质量上乘的产品和通畅的流通渠道是不够的,还必须通过有效的促销活动建立起企业和产品的良好形象,使消费者产生偏爱,从而促进购买,起到扩大销售、提高企业市场占有率的作用。

2)促销组合:人员推销

所谓人员推销,是指物流企业派出专职或兼职的推销人员通过与顾客(或潜在顾客)的人际接触来推动产品销售的促销方式。

(1)人员推销的特点

人员推销与广告、营业推广等非人员推销相比,具有无法比拟的优势。归纳起来,人员推销有以下特点:

①信息传递的双向性。双向的信息沟通是人员推销区别于其他促销手段的重要标志。在推销过程中,一方面,推销人员与推销对象(顾客)直接对话,可以面对面地观察对方的态度,了解对方的需求,并及时采用适当的措施和语言来排除顾虑、解答疑难,达到促进产品销售的目的;另一方面,推销人员必须把从顾客那里了解到的有关产品和企业的信息,诸如顾客对产品的意见、要求,对企业的态度、信誉、产品市场占有率等反馈给企业,以便更好地满足需求,扩大销售,取得良好的营销效果。

②推销过程的灵活性。在人员推销过程中,买卖双方直接联系、现场洽谈、互动灵活、反应迅速。推销人员要根据顾客的态度和反应,把握对方的心理,从顾客感兴趣的角度介绍商品以吸引其注意。要及时地发现问题,进行解释和协调,抓住有利时机促成顾客的购买行为。必须注意:即使未能成交,推销人员也应与顾客之间保持和建立起良好的人际关系。

③推销目的的双重性。在人员推销活动中,推销人员不仅通过交往、鼓励、讨价还价将商品卖出去,还要通过宣传、答疑、微笑、参谋、承诺来促使顾客愿意购买,并在购买中获得满意和满足。可见,人员推销不是单纯意义的买卖关系,它一方面要推介企业、推销产品;另一方面要满足顾客需要,建立同顾客的情感友谊和良好关系,以利于开展"关系营销"。人员推销的双重目的是相辅相成、相互联系的。

④满足需求的多样性。人员推销满足顾客的需求是多种多样的。通过推销人员有针对性的宣传、介绍,满足顾客对商品信息的需求;通过直接销售方式,满足顾客方便购买的需求;通过为顾客提供售前、售中、售后服务,满足顾客在技术服务方面的需求;通过推销人员礼貌、真诚、热情的服务,满足顾客消费心理上的需求;最重要的还是通过产品的使用效能来满足顾客对商品使用价值的需求。

⑤成本较高,人才难觅。由于推销人员的培训和报酬较高,因此与其他促销方式相比,

人员推销的成本费用较大,并且寻找一个理想的推销人员不是一件容易的事,因为一个成功的推销人员必须具备较高的素质和较强的能力。

（2）人员推销的基本形式

人员推销有以下两种基本形式：

①上门推销。所谓上门推销,是指由推销人员携带商品的样品或图片、说明书和订货单等走访顾客,推销产品。这是一种主动出击式的"蜜蜂经营法",犹如哪里有鲜花(消费者),哪里就有蜜蜂(推销员)一样。这种最为古老、最为熟悉的推销方式被企业和公众广泛地认可和接受。

上门推销有两个主要特点：一是推销员积极主动地向顾客靠拢；二是增进了推销员和顾客之间的情感联系。

②柜台推销。所谓柜台推销,是指营业员向光顾物流店面的顾客销售商品。这是一种非常普遍的"等客上门"式的推销方式。这里的营业员就是推销员,其职能都是与顾客直接接触,面对面交谈,介绍商品,解答疑问,促成销售。

（3）人员推销的基本过程

①明确人员推销的目的。人员推销是一种面对面的促销活动。人员推销不只是向目标消费者讲什么。一个好的推销员应该是一个好的听众,努力地从消费者的谈话中了解他们真正需要的是什么。推销员不一定要回答,以免浪费消费者的时间和自己有限的推销时间。推销员所要思考的是如何去满足对方的需求,从而使他们成为自己的顾客。

推销员也应该看到自己的推销工作不仅仅是销售产品,努力地去建立与顾客的长期信任关系同样很重要。推销员不是一个单纯的促销人员,因为对于企业来说,他是企业与顾客联系的最直接纽带；而对于顾客来说,他又代表企业。由此,企业在顾客心目中的形象是由推销员的工作质量构成的。另外,推销员也是企业市场信息的主要来源之一。因此,人员推销的基本目的有以下3种：

a.发现可能的顾客。通过各种方式寻求本企业产品的可能用户,并鉴定其特点。

b.努力把可能的顾客变成现实的用户。可能的顾客只有购买了本企业的产品才是现实的顾客。

c.确保顾客满意。推销员应该关心售后服务的满意程度,因为任何抱怨都会通过他们的人际关系来影响客户满意度。重复销售比第一次销售更重要。因此,保持良好的售后服务与经常联系是推销员的重要工作。

②人员推销的程序。人员推销有以下七大程序：

A.寻找可能顾客。推销员首先要寻找出销售线索。有价值的销售线索一般有以下3个要求：

a.能够从购买本企业产品中获得利益。

b.有支付能力。

c.有权决定购买与否。

B.准备工作。接触可能用户前应该做好准备工作。推销员应该尽可能多地了解销售线索的情况和特征,了解他们的背景、产品需求、决策人和采购员的个人情况及在购买中的作用等。

C.接近方式。推销员必须知道接近用户的方式。如何问候、如何开场等对于建立一个良好的开端是十分重要的。同样,推销员的衣着、谈吐及仪表等也是接近方式的组成部分。用户的第一印象常常是促销成功的基础,良好的开场白将有助于用户提起兴趣,听完介绍。

D.推销陈述与演示。在引起注意和兴趣后,推销员就可以向推销对象介绍产品的具体特点了。推销员可以利用多种手段,如图片、幻灯片、录像、小册子或直接演示等来强化沟通效果,以促成购买欲望的形成。

E.处理异议。推销员在推销过程中几乎都要碰到异议与抵触。推销员应该知道异议是一种成交的障碍,但也是成交的前奏与信号,机会存在于克服障碍。例如,顾客说不进货了,仓库都满着,推销员可以说这是您没有进畅销货,我们这些产品不仅畅销而且能带动其他产品的销售。

F.成交。推销员要学会识别成交信号。例如,当顾客谈及交货、包装、维修、还价时,或者要求再看看产品,提出一些小问题时,当顾客动作上由戒备到放松,由不以为然到认真听讲,由不在乎到不断地仔细观察产品时,推销人员应该紧紧抓住机会促成买卖。

G.售后工作。售后工作是保证顾客满意的重要方面,是让顾客继续订货、建立长期业务关系的必不可少的一步。推销员应该确保交货时间与其他购买条件的严格实现,准备回访,以及及时提供指导与服务等。

(4)人员推销的基本策略

人员推销具有很强的灵活性。在推销过程中,有经验的推销人员善于审时度势,并巧妙地运用推销策略促成交易。人员推销的策略主要有以下 3 种:

①试探性策略。试探性策略,即"刺激——反应"策略,是推销人员利用刺激性的方法引发顾客的购买行为。推销人员通过事先设计好的能够引起顾客兴趣、刺激顾客购买欲望的推销语言,投石问路地对顾客进行试探,观察其反应,然后采取相应的措施。因此,运用试探性策略的关键是要引起顾客的积极反应,激发顾客的购买欲望。

②针对性策略。针对性策略,即"配方—成交"策略,是通过推销人员利用针对性较强的说服方法促成顾客购买行为的发生。针对性的前提必须是推销人员事先已基本掌握了顾客的需求状况和消费心理,这样才能够有效地设计好推销措施和语言,做到言辞恳切,实事求是,有目的地宣传、展示和介绍商品,说服顾客购买。推销人员要让顾客感到推销员的确真正在为自己服务,从而愉快地成交。因此,运用针对性策略的关键是促使顾客产生强烈的信任感。

③诱导性策略。诱导性策略即"诱发—满足"策略,是推销人员通过运用能激起顾客某种欲望的说服方法唤起顾客的潜在需求,诱导顾客采取购买行为。运用诱导性策略的关键是推销人员要有较高的推销技巧和艺术,能够诱发顾客产生某方面的需求,然后抓住时机向顾客介绍产品的功效,说明所推销的产品正好能满足顾客的需要,从而诱导顾客购买。

3)促销组合:广告促销

广告在企业运营中有非常重要的作用。

(1)广告的定义

"广告"二字,从中文字面上理解是"广而告之"。在西方,"广告"一词则源于拉丁语 Advertere,意为"诱导""注意"解,后演化成为英语口语中的 Advertising(广告活动)和

Advertisement(广告宣传品或广告物)。

广告是指公民和其他经济组织为推销商品、服务或观念,通过各种媒介和形式向公众发布的有关信息。

(2)广告的作用

广告在促销中的作用是多方面的,归纳起来主要有:

①传递信息,诱导消费。传递信息是广告最基本的作用,广告可以帮助消费者了解商品的特点,诱导顾客的需求,影响他们的消费心理,刺激他们的购买行为,创造销售的机会。通过广告,可以有效地沟通企业与中间商及顾客三者之间的关系。

②介绍商品,引导消费。在新产品层出不穷、消费者不易识别和难于选择的情况下,广告宣传能使新产品、新式样、新的消费意识迅速流行,并形成一种消费时尚。广告对商品的有效介绍可以帮助消费者在众多的同类商品中进行比较和选择。优秀的广告是一种文化消费,可以引导消费走向文明、健康。

③树立形象,促进销售。先声夺人的广告宣传和它潜移默化的作用加深了顾客对企业和产品的记忆与好感。顾客在自觉与不自觉中常常参考广告来购买商品。广告可以在一定程度上展示企业的规模和知名度,在消费者心目中树立起良好的企业形象和品牌优势,以促进销售,巩固和扩大市场占有率。

(3)广告的种类

根据不同的需要和标准,可以将广告划分为不同的类别。按照广告的最终目的将广告分为商业广告和非商业广告;根据广告产品的生命周期划分,可以将广告分为产品导入期广告、产品成长期广告、产品成熟期广告、产品衰退期广告;按照广告内容所涉及的领域可以将广告划分为经济广告、文化广告、社会广告等类别。不同的标准和角度有不同的分类方法,对广告类别的划分并没有绝对的界限,主要是为了提供一个切入的角度,以便更好地发挥广告的功效,更有效地制订广告策略,从而正确地选择和使用广告媒介。以下介绍一些较常运用的广告类别。

①按照广告诉求方式分类。广告的诉求方式就是广告的表现策略,即解决广告的表达方式——"怎么说"的问题。它是广告所要传达的重点,包含着"对谁说"和"说什么"两个方面的内容。通过借用适当的广告表达方式来激发消费者的潜在需要,促使其产生相应的行为,以取得广告者所预期的效果,可分为理性诉求广告和感性诉求广告两大类:

a.理性诉求广告。广告通常采用摆事实、讲道理的方式,通过向广告受众提供信息,展示或介绍有关的广告物,有理有据地进行论证接受该广告信息能带给他们的好处,使受众理性思考、权衡利弊后能被说服而最终采取行动。例如,家庭耐用品广告、房地产广告较多采用理性诉求方式。

b.感性诉求广告。广告采用感性的表现形式,利用人们的喜怒哀乐等情绪,以亲情、友情、爱情、道德感、群体感等情感为基础,对受众晓之以理、动之以情,激发人们对真善美的向往并使之移情于广告物,从而在受众的心智中占有一席之地,使受众对广告物产生好感,最终发生相应的行为变化。例如,日用品广告、食品广告、公益广告等常采用这种感性诉求的方法。

②按照广告媒介的使用分类。按广告媒介的物理性质进行分类是较常使用的一种广告

分类方法。使用不同的媒介,广告就具有不同的特点。在实践中,选用何种媒介作为广告载体是制订广告媒介策略所要考虑的一个核心内容。传统的媒介划分是将传播性质、传播方式较接近的广告媒介归为一类。因此,一般有以下 7 类广告:

a.印刷媒介广告。印刷媒介广告也称平面媒体广告,即刊登于报纸、杂志、招贴、海报、宣传单、包装等媒介上的广告。

b.电子媒介广告。电子媒介广告是以电子媒介如广播、电视、电影等为传播载体的广告。在《天下无贼》中,冯小刚充分展示了他的才华,"植入式广告"为他带来直接广告收入4 000万元,其中包括宝马汽车、惠普笔记本电脑、佳能数码摄像机和便携打印机、诺基亚手机、长城润滑油等。

c.户外媒介广告。户外媒介广告是利用路牌、交通工具、霓虹灯等户外媒介所做的广告;还有利用热气球、飞艇甚至云层等作为媒介的空中广告。

d.直邮广告。直邮广告通过邮寄途径将传单、商品目录、订购单、产品信息等形式的广告直接传递给特定的组织或个人。

e.销售现场广告。销售现场广告又称售点广告或 POP 广告(Point of Purchase),就是在商场或展销会等场所,通过实物展示、演示等方式进行广告信息的传播,有橱窗展示、商品陈列、模特表演、彩旗、条幅、展板等形式。

f.数字互联媒介广告。数字互联媒介广告是利用互联网作为传播载体的新兴广告形式之一,具有针对性、互动性强,传播范围广,反馈迅捷等特点,发展前景广阔。

g.其他媒介广告。其他媒介广告如利用新闻发布会、体育活动、年历、各种文娱活动等形式而开展的广告。

以上这几种根据媒介来划分广告类别的方法较为传统。在当今整合营销时代,以整合营销传播的观点针对目标受众的活动区域和范围将广告分为:家中媒介广告,如报纸、电视、杂志、直邮等媒介形式的广告;途中媒介广告,如路牌、交通、霓虹灯等媒介形式的广告;购买地点媒介广告等。

③按照广告目的分类。制订广告计划的前提是必须首先明确广告目的,才能做到有的放矢。根据广告目的确定广告的内容和广告投放时机、广告所要采用的形式和媒介,可以将广告分为产品广告、企业广告、品牌广告、观念广告等类别。

a.产品广告。产品广告又称商品广告,是以促进产品的销售为目的,通过向目标受众介绍有关商品信息,突出商品的特性,以引起目标受众和潜在消费者关注的广告。它力求产生直接和即时的广告效果以在受众的心目中留下美好的产品形象,从而为提高产品的市场占有率、最终实现企业的目标埋下伏笔。

b.企业广告。企业广告又称企业形象广告,是以树立企业形象、宣传企业理念、提高企业知名度为直接目的的广告。虽然企业广告的最终目的是实现利润,但它一般着眼于长远的营销目标和效果,侧重于传播企业的信念、宗旨或是企业的历史、发展状况、经营情况等信息,以改善和促进企业与公众的关系,增进企业的知名度和美誉度。它对产品的销售可能不会有立竿见影的效果。但由于企业声望的提高,使企业在公众心目中留下了较美好的印象,对加速企业的发展具有其他类别的广告所不可具备的优势,是一种战略意义上的广告。具体还可以分为企业声誉广告、售后服务广告等类别。

c.品牌广告。品牌广告是以树立产品的品牌形象、提高品牌的市场占有率为直接目的，突出传播品牌的个性以塑造品牌的良好形象的广告。品牌广告不直接介绍产品，而是以品牌作为传播的重心，从而为铺设经销渠道、促进该品牌下的产品的销售起到很好的配合作用。

d.观念广告。观念广告即企业对影响到自身生存与发展的，并且也与公众的根本利益息息相关的问题发表看法，以引起公众和舆论的关注，最终达到影响政府立法或制定有利于本行业发展的政策与法规，或者是指以建立、改变某种消费观念和消费习惯的广告。观念广告有助于企业获得长远利益。

④按照广告传播区域分类。根据营销目标和市场区域的不同，广告传播的范围也就有很大的不同。按照广告媒介的信息传播区域，可以将广告分为国际性广告、全国性广告和地区性广告等几类。

a.国际性广告。国际广告又称全球性广告，是广告主为实现国际营销目标，通过国际传播媒介或者国外目标市场的传播媒介策划实施的广告活动。它在媒介选择和广告的制作技巧上都较能针对目标市场的受众心理特点和需求，是争取国外消费者、使产品迅速进入国际市场和开拓国际市场必不可少的手段。

b.全国性广告。全国性广告即面向全国受众而选择全国性的大众传播媒介的广告。这种广告的覆盖区域大，受众人数多，影响范围广，广告媒介费用高，较适用于地区差异小、通用性强、销量大的产品。因全国性广告的受众地域跨度大，广告应注意不同地区受众的接受特点。

c.地区性广告。地区性广告多是为配合企业的市场营销策略而限定在某一地区传播的广告，可分为地方性广告和区域性广告。地方性广告又称零售广告，为了配合密集型市场营销策略的实施，广告多采用地方报纸、电台、电视台、路牌等地方性的传播媒介来促使受众使用或购买其产品。它常见于生活消费品的广告，以联合广告的形式由企业和零售商店共同分担广告费用。其广告主一般为零售业、地产物业、服装业、地方工业等地方性企业。区域性广告是限定在国内一定区域如华南区、华北区或是在某个省份开展的广告活动。开展区域性广告的产品往往是地区选择性或是区域性需求较强的产品，如加湿器、防滑用具、游泳器材等。它是差异性市场营销策略的一个组成部分。

⑤按照广告的传播对象划分。各个不同的主体对象在商品的流通消费过程中所处的地位和发挥的作用是不同的。为配合企业的市场营销策略，广告信息的传播也要针对不同的受众采用不同的策略。依据广告所指向的传播对象，可以将广告划分为工业企业广告、经销商广告、消费者广告、专业广告等类别。

a.工业企业广告。工业企业广告又称生产资料广告。它主要是向工业企业传播有关原材料、机械器材、零配件等生产资料的信息，常在专业杂志或专用媒体上发布。

b.经销商广告。经销商广告就是以经销商为传播对象的广告。它以获取大宗交易的订单为目的，向相关的进出口商、批发商、零售商、经销商提供样本、商品目录等商品信息，比较注重在专业贸易杂志上刊登广告。

c.消费者广告的传播对象直接指向商品的最终消费者。消费者广告是由商品生产者或是经销商向消费者传播其商品的广告。

d.专业广告。专业广告主要是针对职业团体或专业人士。他们由于专业身份、社会地位的特殊性和权威性,具有一定的社会消费行为影响力,是购买决策的倡议者、影响者和鼓动者,如医生、美容师、建筑设计人员等。此类广告多介绍专业产品,选择专业媒介发布。

(4)广告决策的主要内容

①确定广告目标。制订广告计划的第一步就是确定广告目标,这些目标必须服从先前制订的有关目标市场、市场定位的营销组合做决策。这些市场定位和组合战略限定了广告在整体营销规划中必须做的工作。

广告目标可分为通知性、说服性和提醒性广告 3 类。

a.通知性广告。这类广告的主要目的在于将有关商品或服务的信息告知顾客,以促发初级需求。

b.说服性广告。这类广告的主要目的在于建立对某一特定品牌的选择性需求。它通过对顾客的说服性宣传,促使顾客尽快采取购买产品的行动,以便迅速扩大企业产品的销售量。

c.提醒性广告。这类广告的主要目的是保持顾客对本企业产品的记忆,提醒顾客想起某产品,也让购买本企业产品的顾客确信他们的购买决定是正确的,以便造就一批忠诚的顾客。

广告目标的选择应当建立在对当前市场营销情况进行透彻分析的基础上。企业都希望花费实现销售目标所需要的最低金额。如果企业的广告开支过低,则收效甚微;如果企业在广告方面开支过多,那么本来可以派更好的用场的资金就会减少。

②制订广告预算。确定了广告目标后,企业可以着手为每一产品制订广告预算。在制订广告预算时要考虑 5 个特定的因素:

a.产品生命周期阶段。新产品一般需花费大量广告预算以便建立知晓度和取得消费者的试用。已建立知晓度的品牌所需预算在销售额中所占的比例通常较低。

b.市场份额和消费者基础。市场份额高的品牌,只求维持其市场份额,因此其广告预算在销售额中所占的百分比通常较低。而通过增加市场销售或从竞争者手中夺取份额来提高市场份额,则需要大量的广告费用。

c.竞争与干扰。在一个有很多竞争者和广告开支很大的市场上,一种品牌必须更加大力宣传,以便高过市场的干扰声使人们听见。即使市场上一般的广告干扰声不是直接针对品牌的竞争,也有必要大做广告。

d.广告频率。把品牌信息传达到顾客需要的重复次数也会决定广告预算的大小。

e.产品替代性。在同一商品种类中的各种品牌需要做大量广告,以树立有差别的形象。如果品牌可提供独特的物质利益或特色时,广告也有重要的作用。

③设计与选择广告信息内容。广告活动的有效性远比广告花费的金额更为重要。一个广告只有获得注意才能增加品牌的销售量。广告格言是"除非激发兴奋,否则没有销售"。

广告设计应达到以下要求:

a.概念明确。广告必须在文字和使用语言等方面能准确无误地表达产品、服务等信息。不可使用含义模糊、使人产生误解的表达方式。

b.给顾客深刻的印象。好的广告设计能给视听接受者深刻的印象。

c.引起顾客的兴趣。广告要做到有可看性、趣味性,能激发顾客的兴趣。

d.广告信息内容必须充分。广告中的信息对顾客日后的购买行动有重要影响,信息量必须要满足顾客的要求,以便促成顾客尽快做出购买决策。

e.吸引力强。良好的广告具有较强的吸引力和艺术感染力,使人百看不厌。

④媒体决策与绩效衡量。各类广告媒体都有其不同的特点,适合不同的广告要求。因此,选择好广告媒体对取得良好的广告效果有重要的影响。这一步骤包括决定广告触及面、频率和影响,以及选择主要的媒体类型等内容。

A.决定广告触及面、频率和影响。

a.广告的触及面指在一定时期内,某一特定媒体一次最少能触及的不同人数或家庭数目。

b.频率指在一定时期内平均每人或每个家庭收到广告信息的次数。

c.影响指使用某一特定媒体展露质量价值。例如,某类产品广告适合在其用途相关性强的杂志上刊登,口红广告刊登在美容杂志上就非常合适,而不适宜刊登在法律杂志上。

媒体选择就是要寻找一条成本效益最佳的途径,向目标视听接受者传达预期次数的展露。

展露总数是指触及面乘以平均次数。它也被称为毛评点。因此,选择广告媒体时要决定展露多少次才能导致 A 品牌的视听接受者知晓该品牌。展露对视听接受者知晓度的作用取决于它的接触面、频率和影响。例如,某一广告希望触及 80% 的家庭,平均展露次数为 3,展露总数应该是 240 次(80×3 = 240)。

企业还必须明确:在一定预算的前提下,所购买的触及面频率与影响的成本效益最佳组合是什么?并决定使视听接受者触及多少次,展露多少次。

B.选择主要媒体类型。媒体计划者必须了解各类主要媒体在触及面、频率和影响等方面所具备的能力,了解各类主要媒体的优缺点。

a.报纸。优点:灵活,及时,本地市场覆盖面大,能广泛地被接受,可信性强。缺点:保存性差,复制质量低,传阅者少。

b.电视。优点:综合视觉、听觉和动作,富有感染力,能引起高度注意,触及面广。缺点:成本高,干扰多,瞬间即逝,观众选择性少。

c.直接邮寄。优点:接受者有选择性,灵活,在同一媒体内没有广告竞争,人情味较重。缺点:相对来说成本较高,可能造成滥寄"垃圾邮件"的印象。

d.广播。优点:大众化宣传,地理和人口方面的选择性较强,成本低。缺点:只有声音,不如电视那样引人注意,非规范化收费结构,展露瞬息即逝。

e.杂志。优点:地理、人口可选性强,可信,有一定权威性,复制率高,保存期长,传阅者多。缺点:有些发行数是无用的,版面无保证。

f.户外广告。优点:灵活,广告展露时间长,费用低,竞争少。缺点:观众没有选择,缺乏创新。

g.网络广告。优点:技术先进,方式多样,不受时空限制,信息容量大,实现即时互动,便于双向沟通,成本低廉,计费灵活,便于检索,反馈直接。缺点:覆盖率仍然偏低,效果评估困难,网页上可供选择的广告位置有限,创意有局限性。

⑤评价广告效果。一般企业常做的两项广告效果评估是:

a.广告沟通效果的评估。广告沟通效果的评估可以在播出前进行,主要是通过消费者的评估来分析。例如,把广告方案拿给消费者,让他们就吸引力、可读性、识别性及影响力等方面进行评估打分;也可以先让消费者观看不同的广告方案,然后让消费者回忆广告内容,从回忆的多少来评估广告的沟通有效性。

b.广告对销售的效果评估。广告对销售的效果评估是比较困难的。一些企业采取统计的方法把过去的广告支出与销售额进行相关分析,从而来指导当前的广告支出,或评价当前广告支出是否过低或过高。值得一提的是,销售效果要受到其他因素的影响,如价格、产品质量、特色、可获得性和竞争对手的竞争行为等,并非只受广告的影响。因此,在进行广告效果评估时应充分注意。

4) 营业推广策略

营业推广是指能够迅速刺激需求,吸引消费者购买而采用的特种促销手段,其短期效益比较明显。典型的营业推广一般用于有针对性的和额外的促销工作,其着眼点往往在于解决一些更为具体的促销问题。

(1)营业推广的基本特征

营业推广有以下 3 个基本特征:

①非规则性和非周期性。典型的营业推广不像广告、人员推销、公共关系那样作为一种常规性的促销活动出现,而是用于短期的和额外的促销工作,其着眼点在于解决某些更为具体的促销问题,因而是非规则性、非周期性地使用和出现的。

②灵活多样性。营业推广的方式繁多,这些方式各有其长处与特点,可以根据企业经营的不同商品的特点和面临的不同市场营销环境灵活地加以选择和运用。

③短期效益比较明显。一般来说,只要营业推广的方式选择运用得当,其效果可以很快地在经营活动中显示出来,而不像广告、公共关系那样需要一个较长的周期。因此,营业推广最适宜应用于完成短期的具体目标。

(2)营业推广的作用

①可以有效地加速新产品进入市场的过程。当消费者对刚投放市场的新产品还未能有足够的了解和做出积极反应时,通过一些必要的推广措施可以在短期内迅速地为新产品开辟道路。

②可以有效地抵御和击败竞争对手的促销活动。当竞争者大规模地发起促销活动时,如不及时地采取针锋相对的促销措施,往往会大面积地损失已享有的市场份额。对此,可采用减价赠券或减价包装的方式来增强企业经营的同类产品对顾客的吸引力,以此来稳定和扩大自己的顾客队伍。此外,还可采用购货累计折扣和优惠的方式来促使顾客增加购货数量和提高购货频率等。

③可以有效地刺激消费者购买和向消费者灌输对本企业有利的意见。当消费者在众多的同类商品中进行选择且尚未做出购买决策时,及时的推广手段的运用往往可以产生出人意料的效果。

④可以有效地影响中间商,特别是零售商的交易行为。生产企业在销售产品中同中间

商保持良好关系、取得其合作是至关重要的。因此,生产企业往往采用多种营业推广方式来促使中间商特别是零售商做出有利于自身的经营决策。

（3）营业推广的主要决策

营业推广的主要决策有以下4种:

①确定促销目标。

促销目标有以下3个:

a.对消费者的营业推广目标。主要对消费者实施必要的刺激,使他们产生购买欲望与行为。

b.对中间商的营业推广目标。采取鼓励中间商经销本企业的产品的各种措施。

c.对推销人员的营业推广目标。激励推销人员努力推销产品,增强他们的工作积极性与强度。

②选择促销工具。可供选择的促销工具是多种多样的,企业应根据销售目标与销售对象分别采用不同的促销工具。

A.用于消费者市场的工具。

用于消费者市场的工具有以下6种:

a.赠送样品或试用品。首先让消费者无偿体验一下商品的功能、特点,激发消费者对产品的好感。

b.有奖销售。在销售商品的同时,给消费者抽奖的机会,以提高销售活动的吸引力,或者给购买者一定奖励。

c.折价券。消费者在购买某些商品时有折价优惠,或者在消费超过一定数额时给予优惠券。

d.赠品。在消费者购买某种商品时附带赠送某些其他商品,如买音响送话筒等。

e.配套特价包装。将某些相互有配套关系的商品组合起来包装,比分散购买时价格低一些,使消费者感到实惠。

f.现场表演,陈列展示。通过这种活动吸引消费者的注意,引起消费者的兴趣,让他们亲眼看见产品的功效。

B.用于中间商的工具。

用于中间商的工具有以下4种:

a.购买折扣。鼓励中间商购买新产品或增加商品进货量,给予一定的价格折扣,多买价格折扣大。

b.广告合作。供应商与中间商联合开展广告活动,增强宣传力度。而供应商对中间商的广告费用给予必要的资助。

c.陈列折扣。中间商多陈列展示本企业的产品,则本企业给中间商价格折扣。

d.推销金。供应商给中间商一些推销产品的经费,以增强推销产品的力度。

C.用于推销人员的工具。

企业开展推销竞赛、销售红利,发给奖金、奖品、增加提成等促销工具。

③制订营业推广方案。在制订营业推广方案时要考虑以下3个因素:

a.营销者必须确定所提供刺激的大小。若要使促销获得成功,最低限度的刺激物是必不可少的。

b.营销者还必须决定促销的持续时间。如果营业推广的时间太短,许多可能的顾客就可能尝不到甜头,因为他们可能来不及购买。如果持续的时间太长,交易优惠则会失去其"当时发挥作用"的效力。据一位研究人员指出,理想的促销持续时间约为每季度使用3周时间,其时间长度即是平均购买周期的长度。当然,理想的促销周期长度要根据不同产品种类乃至不同的具体产品来确定。

c.营销经理还要决定促销的时机。例如,品牌经理需要制订出全年促销活动的日程安排。

④营业推广评估的结果。促销结果的评价是极为重要的,营销人员可用以下方法评估促销效果:

分析营业推广实施前、实施时、实施后产品销售量的变化情况,进行顾客调查,了解顾客的购买量、重复购买率、对本次营业推广活动的看法、意见等,以此分析此次活动的成果与缺陷。

5）公共关系策略

从市场营销的角度来谈公共关系,只是公共关系的一部分。美国营销大师菲利普·科特勒对公共关系作了如下定义:作为促销手段的公共关系是指这样一些活动,包括争取对企业有利的宣传报道,协助企业与有关的各界公众建立和保持良好关系,树立良好的企业形象,以及消除和处理对企业不利的谣言和事件等。公共关系,即企业与其相关的社会公众之间的联系,这种联系是通过信息沟通实现的。

(1)公共关系的本质特征

公共关系的本质特征有以下4个:

①企业的公共关系是指企业与其相关的社会公众的相互关系。这些社会公众主要包括供应商、中间商、消费者、竞争者、金融保险机构、政府部门、科技界、新闻界等。可见,企业营销活动中存在着广泛的社会关系,不能仅局限于与顾客的关系,更不能局限于只有买卖关系。良好的社会关系是企业成功的保证之一。因此,建立和保持企业与社会公众的关系在企业营销活动中具有重要的作用。

②企业形象是公共关系的核心。公共关系首要的任务是树立和保持企业的良好形象,争取广大消费者和社会公众的信任和支持。一个企业除了生产优质产品和搞好经营管理之外,还必须重视创建良好的形象和声誉。在现代社会经济生活中,一旦企业拥有良好的形象和声誉,就等于拥有了可贵的资源,就能获得社会广泛的支持和合作;否则,就会产生相反的不良后果,使企业面临困境。可见,以创建良好企业形象为核心的公共关系这项管理职能涉及企业活动的各个方面,而且是长期地、不断地积累,不断努力的结果。

③企业公共关系的最终目的是促进产品销售。广告等其他活动的目的在于直接促进产品销售,而公共关系的目的在于互相沟通,互相理解,在企业行为与公众利益一致的基础上争取消费者对企业的信任和好感,使广告等促销活动产生更大的效果,最终扩大产品的销路。正因为如此,公共关系也属于一种促销方式。不过,它是通过推销企业本身来促进产品销售的。

④公共关系属于一种长效促销方式。公共关系比广告等活动成本少得多,有时甚至不

需支付费用;而其效果却大得多,尤其是需要使消费者建立信任感的商品。因为现今消费者对广告往往存有戒心,使广告显得无能为力;而通过公共关系的活动却能消除其疑义,获取其信赖。

总之,公共关系着眼于企业长期效益,而广告则倾向于产品销售。

(2)公共关系的作用

公共关系活动是企业整体营销活动的重要组成部分,是一种"软推销术"。公共关系在企业市场营销活动中的作用主要体现在以下4个方面:

①有利于树立企业形象和塑造产品品牌。

②有利于建立企业与消费者之间双向的信息沟通。

③有利于企业消除公众误解和化解危机。

④有利于增强企业内部的凝聚力,协调与外界的关系。

(3)公共关系促销的目标

在通常情况下,企业开展公关活动的目标有以下6种:

①配合新产品上市公关。新产品上市前,通过恰当的公关宣传,让消费者和中间商对企业的新产品有足够的了解,可提高知名度、扩大声誉。

②结合企业转产、改制公关。

③展示企业成果公关。

④消除不良影响公关。当企业的意图受到误解时,积极的公关活动可以有效地让公众了解企业,密切同消费者的关系,消除他们的误解。当企业的产品或服务经营造成不良后果时,应立即向新闻媒体和有关部门通报情况,解释原因。向受损的消费者赔礼道歉,采取补救措施,积极地承担责任。

⑤改善企业环境公关。

⑥利用活动、庆典公关。配合企业组织的展销会、订货会以及开业、挂牌、纪念等庆典组织宣传报道,举办得体适宜的公关活动。企业对体育、教育、福利等公益事业的赞助,公关部门要大力组织宣传,以扩大企业影响,提高企业知名度。

(4)公共关系促销的方式

公共关系促销有以下5种方式:

①利用新闻媒介。由新闻媒介提供的宣传报道对企业来说是一种免费广告,它能给企业带来许多好处。首先,它能比广告创造更大的新闻价值,有时甚至是一种轰动效应,而且能鼓舞企业内部的士气和信心。一个企业或者产品能作为新闻报道而受到赞扬,无疑是一种有力的激励。其次,宣传报道比广告更具有可信性,使消费者在心理上感到客观和真实。

②参与社会活动。企业在从事生产经营活动的同时,还应积极参与社会活动,在社会活动中体现自己的社会责任,赢得社会公众的理解和信任,充分表现企业作为社会的一个成员应尽的责任和义务。另外,还可以结交社会各界朋友,建立起广泛和良好的人际关系。

③组织宣传展览。在公共关系活动中,企业可以印发各种宣传材料,如介绍企业的小册子、业务资讯、图片画册、音像资料等,还可以举办形式多样的展览会、报告会、纪念会及有奖竞赛等,通过这些活动使社会公众了解企业的历史、业绩、名优产品、优秀人物、发展的前景,

从而达到树立企业良好形象的目的。

④进行咨询和游说。咨询主要是向管理人员提供有关公众意见,主要是企业定位与形象等方面的劝告和建议,也可包括回答和处理顾客的问题、抱怨和投诉。游说的对象主要是立法机构和政府官员。与他们打交道的目的是在一定范围内防止不利于本企业的法令、规定的颁布实施,或为了促进有利于本企业的法令、规定的颁布实施。

⑤导入 CIS 战略。为了树立良好的企业形象,许多企业导入 CIS 战略取得了巨大成功。所谓 CIS,即企业形象识别,是指通过改变企业形象吸引外界的注意,从而改进业绩、达成目标的一种经营战略。

5.4.4 技能训练——快递企业营业推广设计方案

湖北顺丰公司准备在武汉东湖新技术开发区组织一次营业推广活动。基本要求是活动结束后一个月,在该园区的快递销售量增长 20%。请你设计一个营业推广方案,主要内容应包括目标、对象、规模和水平、推广媒介和手段、时间安排、预算。

任务 5 制订物流有形展示策略

5.5.1 情境设置

MM 快递公司为了进一步提高企业形象,打算在物流服务产品有形展示方面进行全方位的规划和设计。谈谈你认为该公司应如何制订有形展示策略(可以从店面布置、人员形象、价格及各种信息展示方面考虑)。

5.5.2 学习目标

能够根据物流企业的战略目标、企业的状况、目标客户的特点来确定物流服务产品有形展示的方法。

5.5.3 知识认知

物流服务有形展示是物流市场营销组合策略的要素之一。企业要善于通过对物流服务工具、设备、员工、信息资料、其他顾客、价目表等有形物的服务线索的管理,增强顾客对物流服务的理解和认识,为顾客做出购买决定传递有关服务线索的信息。

1)物流有形展示概述

物流服务有形展示是指在物流市场营销管理的范畴内,一切可传达服务特色及优点、暗示企业提供服务的能力、可让顾客产生期待或记忆的有形组成部分。具体而言就是物流企业中与提供物流服务有关的实体设施、人员及沟通工具等的展现。

2）物流服务有形展示类型

物流服务有形展示有以下 3 类：

（1）根据物流服务有形展示能否被顾客拥有分类

根据物流服务有形展示能否被顾客拥有可分为边缘展示和核心展示。边缘展示是指顾客在购买过程中能够实际拥有的展示，这些代表服务的物的设计都是以顾客心中的需要为出发点，它们无疑是企业核心服务强有力的补充。核心展示与边缘展示不同，在购买和享用服务的过程中不能为顾客所拥有。但核心展示比边缘展示更重要，因为在大多数情况下，只有这些核心展示符合顾客需求时，顾客才会做出购买决定。

（2）根据物流服务有形展示的构成要素分类

物流服务有形展示有以下三大构成要素：

①物质环境。物质环境包括以下 3 个方面：

a.环境因素。不能立即引起顾客注意的背景条件，包括温度、湿度、通风、气味、声音、色调、清洁度、有序性等环境要素。例如，整齐有序的商品摆放、暖色调的灯光、精致可爱的包装袋、洁净的工作台可能没有第一时间引起顾客的注意，但是没有它们，顾客的消费欲望将会大打折扣。

b.设计因素。顾客最容易察觉的环境刺激，包括建筑设计、氛围设计、陈列设计。例如，外部店面设计也会依据周围环境而不同，有欧式风格、有概念现代风格、有古典中式风格等。氛围设计指店庆、节庆等时段商家营造的节日氛围。陈列设计指卖场布局、顾客移动线。

c.社会因素。服务中的人，包括服务人员形象、技能、顾客人数、有序性、服务人员与顾客互动等，这些都会影响顾客消费。

②信息沟通。信息沟通是另一种物流服务展示形式。这些来自物流企业本身以及其他引人注意的沟通信息通过多种媒体传播，展示服务。

a.服务有形化。不断强调与服务相联系的有形物，这些有形物成了服务的载体，是企业进行信息沟通的重要工具。

b.信息有形化。信息有形化主要体现在口碑传播和广告宣传方面。

例如，美国西南航空公司是美国盈利最多、定价最低的航空公司之一。1990 年，公司新开辟了航线——勃班克至奥克兰航线。它的广告大字标题是："西南飞至奥克兰，舱门退款 127 美元。"并说："西南航空公司勃班克—奥克兰航班对高档舱座的定价 186 美元高得离谱。如果您付给我们这么多，在舱门口，我们将归还您 127 美元现金。"它的主要竞争对手美国西部航空公司嘲笑西南航空公司这种没有掩饰的服务方法，"西部美国"的电视广告还刻画了乘客登上美国西南航空公司的飞机时，掩起面颊的形象。西南航空公司立即以商业性电视广告做出反应。广告中，公司总裁赫勃·克莱赫用一个袋子蒙住了头，克莱赫的广告词是："如果您认为乘坐西南航空公司的飞机让您尴尬，我们给您这个袋子蒙住头；如果您并不觉得难堪，就用这个袋子装您省下来的钱。"当然，在这则广告中，袋子中装满了现金。

③价格。与物质环境、信息沟通一样，价格也是对服务的展示。价格除了是构成收入

的因素外,还有一个重要作用就是:顾客把价格看成有关物流服务的一个线索。当服务价格定得过低时,就暗中贬低了提供给顾客的价值。顾客会认为廉价的服务不会带来更多的价值含量,这样低廉的服务意味着什么样的专长和技术? 价格过高,犹如过低的价格会产生误导一样,也会导致这一结果。过高的价格给顾客以价值高估、不关心顾客或者"宰客"的形象。

(3)根据有形展示的性质分类

有形展示的性质有以下两个方面:

①与服务工作有关的有形展示。在服务过程中使用的各种服务工具、服务设备和服务结果都会在一定程度上影响顾客对服务质量的感知。例如,快递公司的货车、公司的广告设计作品等。

②与服务人员有关的有形展示。服务人员的一举一动、一言一行以及与服务人员有关的各种有形展示(外貌、服装、服务技能)都在无形间影响着企业的服务质量。

3)物流服务有形展示效应

物流服务有形展示应该达到以下效应:

①通过感官刺激,让顾客感受到物流服务给自己带来的利益。例如,收费单、员工着装、宣传册、网页等。

②引导顾客对物流服务产品产生合理的期望。例如,顾客通过专卖店的外部设计感受到自己应该在这样的店铺里接受什么样的服务。

③影响顾客对物流服务产品的第一印象。因为服务的无形性,顾客购买服务多凭经验,因此有形展示对老主顾影响较小,它主要作用于新顾客。

④促使顾客对物流服务质量产生"优质"的感觉。

⑤帮助顾客识别和改变对物流企业及其产品的形象。

⑥成为顾客回忆曾经接受过的服务的有形线索。它包括:质量,回忆服务质量想到的都是有形的因素,如食物的味道、餐厅的环境等;形象,服务企业通过有形展示生动地宣传自己的形象,如麦当劳大叔和肯德基大叔的鲜活形象已深入人心。

⑦协助培训物流服务员工。服务有形化后,更易被员工理解,使员工掌握服务知识和技能,指导员工的服务行为,为顾客提供优质的服务。

4)物流服务环境设计策略

服务环境设计是有形展示策略的重点,它会在顾客接触服务之前对顾客产生影响。

(1)物流服务环境概念

物流服务环境是指企业向顾客提供服务的场所,它不仅包括影响物流服务过程的各种设施,而且还包括许多无形的要素。因此,凡是会影响物流服务表现水准和沟通的设施都包括在内。

环境既包括以空气、水、土地、植物、动物等为内容的物质因素,也包括以观念、制度、行为准则等为内容的非物质因素;既包括自然因素,也包括社会因素;既包括非生命体形式,也包括生命体形式。环境是相对于某个主体而言的,主体不同,环境的大小、内容等也就不同。物流服务环境包括微观环境和宏观环境,其主要有以下 7 个特点:

①环境是环绕、包括与容纳。一个人不能成为环境的主体,只可以是环境的一个参与者。

②环境对各种感觉形成的影响并不是只有一种方式。

③边缘信息和核心信息总是同时出现,都同样是环境的一部分,即使是没有被集中注意的部分,人们还是能够感觉出来。

④环境的延伸所透露出来的信息总是比实际过程更多,其中有些信息也可能是相互冲突的。

⑤各种环境都隐含有目的和行动以及种种不同角色。

⑥各种环境包含许多含义和许多动机性信息。

⑦各种环境都隐含种种美学的、社会性的和系统性的特征。

（2）物流服务环境的主要作用

物流服务环境有以下4个主要作用:

①包装作用:建立第一印象、建立顾客的期望。

例如,消费者对于营业厅中光线明亮、播放着柔和的音乐、大理石的台面会有一组期望;而对于采用水泥地面、乱七八糟摆放的桌椅,并把废纸、破纸箱扔在地板上的营业厅又会有另一组不同的期望。

②辅助作用:为服务过程提供方便。

例如,仓储企业在仓库中以不同颜色来确认货品的储存区域。例如,黄色表示暂存处于检验过程中的商品储存区,白色表示暂存不具备验收条件或者质量暂时不能确认的商品储存区,绿色表示储存合格的商品储存区,红色表示暂存质量不合格的商品储存区。这样就为各类人员的工作提供了方便,减少各类服务员工因要四处查询盘点而浪费宝贵的服务时间,更避免因此等问题而产生的不必要的矛盾。

③交际作用:员工与顾客交流的平台,传递信息。

交际作用有以下两个:

a.帮助识别公司的员工。例如,顾客通过员工制服可以判断出他所属的行业,甚至是公司的名称以及在公司的工种。

b.为每个员工的职位变化提供有形证据。

④区别作用:实施差异化的一种手段。

服务环境设计可将企业与其他竞争对手区分开来。例如,物流企业的外部招牌标志设计使顾客能够在众多建筑物中轻易地区别出不同的物流机构。

（3）物流服务环境设计需关注的重点

物流服务环境设计的重点体现在以下5个方面:

①顾客逗留的时间。服务环境直接影响顾客逗留时间的长短。通风不畅、卫生环境差、奇怪的气味等会缩短顾客逗留的时间。例如,在法国,有个饭店的老板把他饭店的墙壁全部粉刷成淡绿色,使客人感觉幽雅、舒适,为此招徕了不少顾客。但由于人们留恋这种舒适环境,就餐时间加长,而且进餐后久久不肯离去。这样,餐桌的利用率自然就降低了。于是,老板又把墙壁粉刷成了红色和橘黄色,这样热烈的色彩能刺激人们的食欲,同时又不适于客人

进餐后久留。因而,餐桌的利用率又显著上升了。

②员工逗留的时间。逗留时间越长,环境对员工的情绪、工作积极性、工作能力的影响越大。例如,昏暗的灯光会使员工产生压抑、不适的感觉,也增加了工作的危险性。

③服务环境个性化。通过对服务环境的设计专门吸引某一类型的顾客,突出服务环境的个性化。

④服务设施的水准。服务设施不仅会影响员工的服务效率,也会影响顾客对服务质量的认知。

因为服务是无形的,顾客在选择服务企业的时候会以服务设施作为选择的依据。

⑤方向指引性。因为服务的无形性,服务环境能起到让顾客较好地理解服务过程的作用。企业通过开放式的服务环境,让顾客在经过服务系统时,能观察并学习服务过程。

设计理想的物流服务环境是一件很困难的事情,除了需要大量的资金花费外,一些不可控制的因素也会影响环境设计。一方面,我们现有的关于环境因素及其影响的知识及理解程度还很不够;另一方面,每个顾客都有不同的爱好和需求,他们对同一环境条件的认识和反应也各不相同。因此,设计满足各种各样类型顾客的服务环境存在一定的难度。

(4)物流服务环境设计的关键因素

在高接触度的物流服务中,顾客参与意识、互动意识、体验意识强,因此,物流服务系统的设计必须考虑到顾客的反应和动机。物流服务有形展示的环境设计是物流企业营销的重点。影响物流服务环境形成的关键性因素主要有两点:

①实物属性。实物属性对服务企业形象的创造与支持有很大帮助,有影响的实物属性见表5.3。

表 5.3　影响物流服务环境的实物属性

外在环境	内在环境
建筑构造设计	陈设布局
橱窗、宣传栏设计	装饰、照明与色彩配合
招牌设计	使用材料与空气流通
停车场、库房设计	指示标记

②气氛。气氛是指一种用来影响买主行为的有益的空间设计,对顾客和员工都有重要影响。生理学认为,人在接收信息的过程中,83%是靠眼睛获得,11%是靠听觉获得,3.5%靠触觉获得,其余的部分靠味觉和嗅觉获得。

影响"气氛"的一些因素包括:

a.视觉。视觉向消费者传达的信息比其他任何东西都要多得多,因此,它是服务公司营造公司氛围时可利用的最重要手段。视觉因素通常包括照明、陈设布局、员工仪容仪表、颜色(见表5.4)等。例如,彩色代表多项联邦快递服务,橘色代表准时送达的全球快递服务,绿色代表准时送达的陆运服务,蓝色则代表全新的商业服务中心。三种颜色汇集处则为紫色,象征联邦快递致力提供服务的紫色承诺精神。

表 5.4 对色彩的感受

暖色调			冷色调		
红色	黄色	橙色	蓝色	绿色	紫色
爱情	阳光	阳光	凉快	凉快	凉快
浪漫	温暖	温暖	孤单	宁静	羞怯
热情	明亮	开放	忠诚	和平	尊贵
活力	注意	友好	平静	新鲜	财富
温暖	欢乐	欢乐	阳刚	成长	

一般来说,暖色调会唤起消费者舒服的感觉。研究表明,用于吸引顾客时选择暖色调,特别是红色和黄色,要比采用冷色调要好得多。

b.气味。气味会影响形象。花店的花香味、化妆品专柜的香水味、餐厅的食物香味等都会增加顾客的购买欲望。

c.声音。声音往往是气氛营造的背景。研究表明,背景音乐至少通过两种途径影响销售:首先,背景音乐增强了顾客对店铺气氛的感受,这又反过来影响顾客的情绪。其次,音乐经常影响顾客逗留在商店中的时间。舒缓的音乐使人们停留的时间会增长,快节奏的音乐能加快人们的购买行为。

d.触觉。当消费者触摸产品的时候,产品销售的机会就会明显地增加。不论任何情况,产品使用的材料和陈设展示的技巧都是重要的因素。

5.5.4 技能训练——西南航空公司:将人员、过程和有形展示进行整合

在美国空中旅行者的印象里,西南航空公司是一家可靠便捷、令人愉悦、低价位和没有附加服务的航空公司,这个牢固的定位如果换个角度看,则意味着很高的价值——一个由西南航空公司将其服务营销组合的所有因素强化了的定位。25 年来,西南航空一直稳稳地保持着这个形象,并且它每年都有盈利。美国的其他任何一家航空公司都没有达到或接近这个纪录。成功的原因来自方方面面:一是航空公司的低成本结构。公司只运营一种飞机(波音 737),因飞机本身的燃油效益和维护、运作程序的标准化而降低成本。另外,航空公司还通过不提供食物、不预先指定座位、保持较低的员工流动率等方法降低成本。

西南航空的总裁赫伯·凯乐(Herb Kelleher)相信:员工第一,而不是顾客第一。他因这一信念而闻名。这家位于达拉斯的航空公司在享有很高的顾客满意度和顾客忠诚度的同时,已经成为一个低成本服务提供商和一家受欢迎的雇主。西南航空公司在航空业中有最佳的顾客服务纪录,并因连续几年在行李处理、准点操作和最少的顾客投诉统计方面的卓越成就而获得 3 项冠军。这些荣誉其他任何一家航空公司都不曾拥有。

研究西南航空公司的成功经历,可以明显地看出:它的营销组合中的所有因素都与其非常成功的市场定位紧密结合,这 3 个新的营销组合因素都有力地加强了公司的价值形象。

1）人员

西南航空通过非常有效地利用员工与顾客的沟通来稳固其市场定位。员工很团结,公司为使他们感到愉悦而进行了培训,让他们确定"愉悦"的含义,并授权他们做可以使航班轻松和舒适的事情。西南航空根据态度来招聘员工,并对员工进行了技术技能的培训,使他们成为美国航空业中劳动生产率最高的劳动力。顾客也被纳入愉悦的气氛中。许多乘客通过和机组人员或者相互之间开玩笑,通过向航空公司发送表达他们满意的大量信件来创造愉悦的环境气氛。喜欢逗笑的航空公司总裁赫伯·凯乐用他那拙劣的滑稽表演来鼓励员工和乘客逗笑。

2）过程

西南航空公司的服务提供过程同样也强化了它的定位。飞机上不指定座位,所以乘客按排队顺序进入飞机并找到座位;公司不向其他航空公司的转乘航班移交行李;航班上不提供食品。总之,过程是很有效、标准化和低成本的,可以迅速地周转,而且费用低廉。顾客是服务过程的重要一环,并积极地发挥他们的作用。

3）有形展示

与西南航空公司相关的一切有形展示都进一步强化了它的市场定位。西南航空的飞机为橘黄色或深棕色,突出了它们的独特性和低成本导向。员工着装随意,在炎热的夏季穿短裤,以增强"乐趣"并突出了公司对员工履行舒适的承诺。可重复使用的塑料登机卡是低成本和对顾客没有花样的另一个有形证据。航班上不提供餐饮服务,这样通过没有食物这个有形展示的缺位就强化了低价格的形象。由于很多人都拿航班食品开玩笑,所以大多数人并未把缺乏食品当成一个价值减损因素。

这就是典型的应用服务营销组合的一致的市场定位强化公司在顾客心目中的独特形象,且给予西南航空公司一个高价值的定位,从而吸引了一大批满意、忠诚的顾客。

问题:

1.结合案例谈谈西南航空公司如何对有形展示进行有效的管理?

2.我国物流企业应如何做好有形展示来吸引顾客并增强企业品牌美誉度?

任务6　制订物流网络营销策略

5.6.1　情境设置

近年来,随着中国电子商务的飞速发展,网络营销已成为企业营销的重要手段,并运用于营销活动中。A公司是湖北某知名物流企业。为进一步提升企业知名度,拓宽销售渠道,该公司决定开展网络营销来拓展业务。但公司的业务精英主要来自传统营销渠道,对网络营销的特点并不熟悉,请你帮助他们制订一个开展网络营销策略的方案。

5.6.2　学习目标

①了解物流网络营销的特点。
②能制订网络营销策略。

5.6.3　知识认知

1)物流网络营销的定义

物流网络营销是基于互联网络及社会关系网络连接物流企业、用户及公众,向用户及公众传递物流相关有价值的信息和服务,为实现顾客价值及物流企业营销目标所进行的规划、实施及运营管理活动,其核心思想就是营造网上经营环境。所谓网上经营环境,是指物流企业内部和外部与开展网上经营活动相关的环境,包括网站本身、顾客、网络服务商、合作伙伴、供应商、销售商及相关行业的网络环境等。网络营销的开展就是与这些环境建立关系的过程。这些关系处理好了,物流网络营销也就卓有成效了。

物流网络营销有以下特点:

(1)物流网络营销不是孤立存在的

物流网络营销是物流企业整体营销战略的一个组成部分,网络营销活动不可能脱离一般营销环境而独立存在。在很多情况下,物流网络营销理论是传统营销理论在互联网环境中的应用和发展。

(2)物流网络营销不等于网上销售

物流网络营销是为最终实现产品销售、提升物流企业品牌形象的目的而进行的活动。网上销售是网络营销发展到一定阶段产生的结果,但这并不是最终结果,因此物流网络营销本身并不等于网上销售物流。物流网络营销是进行产品或者品牌的深度曝光。

(3)物流网络营销不等于电子商务

物流网络营销和电子商务是一对紧密相关又具明显区别的概念,两者很容易混淆。电子商务的内涵很广,其核心是电子化交易,强调的是交易方式和交易过程的各个环节。物流网络营销是物流企业整体战略的一个组成部分。物流网络营销本身并不是一个完整的商业交易过程,而是为促成电子化交易提供支持,因此是电子商务中的一个重要环节,尤其是在交易发生前,物流网络营销发挥着主要的信息传递作用。

2)物流网络营销的方式

物流网络营销有以下 15 种方式:

(1)搜索引擎营销

搜索引擎营销是指通过开通搜索引擎竞价让用户搜索相关关键词,并点击搜索引擎上的关键词创意链接进入网站/网页进一步了解所需要的信息,然后通过拨打网站上的物流企业客服电话、与在线客服沟通或直接提交页面上的表单等来实现自己的目的。

(2)搜索引擎优化

搜索引擎优化指的是在了解搜索引擎自然排名机制的基础上,使用网站内及网站外的优化手段,使网站在搜索引擎的关键词排名提高,从而获得流量,进而产生直接销售或建立网络品牌。

（3）电子邮件营销

电子邮件营销是以订阅的方式将物流行业及产品信息通过电子邮件的方式提供给所需要的用户，以此建立与用户之间的信任与信赖关系。

（4）即时通信营销

即时通信营销是指利用互联网即时聊天工具进行推广宣传的营销方式。

（5）病毒式营销

病毒营销模式来自网络营销，它是利用用户口碑相传的原理通过用户之间自发进行的、费用低的营销手段。

（6）BBS 营销

这个应用已很普遍了，尤其是对个人站长，他们大部分到门户网站论坛留帖同时留下自己网站的链接，每天都能带来几百个 IP。

（7）博客营销

博客营销是建立物流企业博客或知名的个人博客，用于物流企业与用户之间的互动交流以及企业文化的体现，一般以诸如物流行业评论、工作感想、心情随笔和专业技术等作为企业博客内容，使用户更加信赖企业，深化品牌影响力。

（8）微博营销

微博营销是指通过微博平台为商家、个人等创造价值而执行的一种营销方式，也是指商家或个人通过微博平台发现并满足用户的各类需求的商业行为方式。

（9）微信营销

微信营销是网络经济时代企业营销模式的一种创新，是伴随着微信的火热而兴起的一种网络营销方式。微信不存在距离的限制。用户注册微信后，可与周围同样注册的"朋友"形成一种联系，用户订阅自己所需的信息，商家通过提供用户需要的信息推广自己的产品，从而实现点对点的营销，比较突出的如体验式微营销。

（10）视频营销

视频营销以创意视频的方式将产品信息移入视频短片中被大众所吸收，不会造成太大的用户群体排斥性，也容易被用户群体所接受。

（11）软文营销

软文广告顾名思义，它是相对于硬性广告而言的，是由物流企业的市场策划人员或广告公司的文案人员来负责撰写的"文字广告"。与硬广告相比，软文之所以叫软文，精妙之处就在于一个"软"字，好似绵里藏针，收而不露，克敌于无形。

等到你发现这是一篇软文的时候，已经冷不丁地掉入了被精心设计的"软文广告"陷阱。它追求的是一种春风化雨、润物无声的传播效果。如果说硬广告是外家的少林功夫，那么软文则是绵里藏针、以柔克刚的武当拳法，软硬兼施、内外兼修才是最有力的营销手段。

（12）体验式微营销

体验式微营销以用户体验为主，以移动互联网为主要沟通平台，配合传统网络媒体和大众媒体，通过有策略、可管理、持续性的 O2O 线上线下互动沟通，建立和转化、强化顾客关系,实现客户价值的一系列过程。它以体验式微营销(Has Experience Marketing)的方式站在消费者的感官(Sense)、情感(Feel)、思考(Think)、行动(Act)、关联(Relate)5 个方面重新定义、设计营销的思考方式。

此种思考方式突破传统上"理性消费者"的假设,认为消费者消费时是理性与感性兼具的,消费者在消费前、消费时、消费后的体验才是研究消费者行为与企业品牌经营的关键。体验式微营销以 SNS、微博、微电影、微信、微视、微生活、微电子商务等新媒体形式为代表,为企业或个人达成传统广告推广形式之外的低成本传播提供了可能。

(13)O2O 立体营销

O2O 立体营销是基于线上(Online)、线下(Offline)全媒体深度整合营销,以提升品牌价值转化为导向,运用信息系统移动化帮助品牌企业打造全方位渠道的立体营销网络,并根据市场大数据分析制订出一整套完善的多维度立体互动营销模式,从而实现大型品牌企业全面以营销效果为全方位视角,针对受众需求进行多层次分类,选择性地运用报纸、杂志、广播、电视、音像、电影、出版、网络、移动在内的各类传播渠道,以文字、图片、声音、视频、触碰等多元化的形式进行深度融合,涵盖视、听、光、形象、触觉等人们接受资讯的全部感官,对受众进行全视角、立体式的营销覆盖,帮助企业打造多渠道、多层次、多元化、多维度、全方位的立体营销网络。

(14)自媒体营销

自媒体又称个人媒体或者公民媒体,自媒体平台包括个人博客、微博、微信、贴吧等。例如,黑骏马为企业量身定制,根据企业实际情况提供行之有效的自媒体解决方案,在提升企业公信力的同时,帮助企业运维自媒体内容。

(15)新媒体营销

新媒体营销是指利用新媒体平台进行营销的模式。在 Web2.0 带来巨大革新的年代,营销思维也带来巨大改变,其更注重体验性、沟通性、差异性、创造性、关联性。互联网已经进入新媒体传播 2.0 时代,并且出现了网络杂志、博客、微博、微信、TAG、Wiki 等新兴的媒体。

3)物流网络营销的优势

物流网络营销的优势有:

(1)传播速度快

网络媒介具有传播范围广、速度快、无时间地域限制、无时间约束、内容详尽、多媒体传送、形象生动、双向交流、反馈迅速等特点,可以有效降低物流企业营销信息传播的成本。

(2)运营成本低

物流网络销售无店面租金成本,且可实现物流产品直销功能,能帮助物流企业降低运营成本。

(3)有利于国际物流营销

国际互联网覆盖全球市场,通过它,物流企业可方便快捷地进入任何一国市场,尤其目前,国际上对网络贸易不征收关税,网络营销更为物流企业开辟了一条通向国际市场的绿色通道。

（4）与用户互动性更好

物流网络营销具有交互性和纵深性，它不同于传统媒体的信息单向传播，而是信息互动传播。通过链接，用户只需简单地点击鼠标，就可以从物流企业的相关站点中得到更多、更详尽的信息。另外，用户可以通过广告位直接填写并提交在线表单信息，物流企业可以随时得到宝贵的用户反馈信息，进一步减少了用户和物流企业、品牌之间的距离。同时，物流网络营销可以提供进一步的物流产品查询需求。

（5）制作周期短

成本低、速度快、更改灵活，物流网络营销制作周期短。即使在较短的周期进行投放，也可以根据客户的需求很快完成制作。而传统广告制作成本高，投放周期固定。

（6）体验性更好

纸质媒体是二维的，而物流网络营销则是多维的。它能将文字、图像和声音有机地组合在一起，传递多感官的信息，让顾客身临其境般感受商品或服务。网络营销的载体基本上是多媒体、超文本格式文件，广告受众可以对其感兴趣的产品信息进行更详细的了解，使消费者能亲身体验产品、服务与品牌。

（7）针对性强

更具有针对性。通过提供众多的免费服务，网站一般都能建立完整的用户数据库，包括用户的地域分布、年龄、性别、收入、职业、婚姻状况、爱好等。

（8）可重复性和可检索性

物流网络营销可以将文字、声音、画面结合之后供用户主动检索，重复观看。而与之相比，电视广告却是让广告受众被动地接受广告内容。

（9）受众关注度高

据资料显示，电视并不能集中人的注意力。电视观众 40% 的人同时在阅读，21% 的人同时在做家务，13% 的人在吃喝，12% 的人在玩赏其他物品，10% 的人在烹饪，9% 的人在写作，8% 的人在打电话。而网上用户 55% 的人在使用计算机时不做任何其他事，只有 6% 的人同时在打电话，只有 5% 的人在吃喝，只有 4% 的人在写作。

（10）缩短了媒体投放的进程

通常来说，广告主在传统媒体上进行市场推广一般要经过 3 个阶段：市场开发期、市场巩固期和市场维持期。在这 3 个阶段中，物流企业要首先获取注意力，创立品牌知名度；在消费者获得品牌的初步信息后推广更为详细的产品信息。然后是建立和消费者之间较为牢固的联系，以建立品牌忠诚。而互联网将这 3 个阶段合并在一次广告投放中实现：消费者看到网络营销，点击后获得详细信息，并填写用户资料或直接参与广告主的市场活动，甚至直接在网上实施购买行为。

4）物流网络营销存在的问题

（1）市场风险

市场风险的产生主要源于网络市场的复杂性。面对前所未有的广阔的市场空间，一方面，物流企业对网络消费者需求特征的把握更加困难，另一方面，竞争对手更多而且更加强大，市场竞争空前激烈。同时，由于网络市场中产品的生命周期缩短，新产品的开发和盈利的难度加大，使得物流企业面临更大的市场风险。

（2）技术安全风险

近年来,随着我国经济的快速发展,虽然网络基础设施的建设也获得了很快的发展,但是还不能完全适应网络营销快速发展的需要。技术安全风险主要指网络软硬件安全、网络运行安全、数据传输安全等方面的问题。其中,计算机病毒和网络犯罪是造成技术风险的主要原因。技术风险给物流企业带来的危害主要包括服务器遭受攻击后无法正常运行、网络软件被破坏、网络中存储或传递的数据被未经授权而进行篡改、增删、复制或使用等。技术风险造成的损失是巨大的。

（3）信用安全风险

信用风险是网络营销发展中的主要障碍,这是因为网络营销是建立在交易双方相互信任、信守诺言的基础上的。我国的信用体系还不健全,假冒伪劣商品屡禁不止,坑蒙、欺诈时有发生,市场行为缺乏必要的自律和严厉的社会监督。中国虽然已经进入了市场经济阶段,但因为市场经济管理和法治建设的相对滞后,一直未能建立起与市场经济相适应的信用保障体系。与网络经济相比,中国的信用保障体系更处于待建阶段。

（4）法律风险

网络营销经过多年的发展,逐步走向正规化,相关的法律法规相继出台,有力地促进了网络营销的发展。然而,尽管我国对电子合同的法律效力、知识产权的保护、网上支付、电子证据等进行不断的研究,但这些法律法规的内容远远不能适应电子商务的发展,很多的商务活动还找不到现成的法律条文来保护网络交易中的交易方式,导致交易双方都存在风险。

5）物流网络营销策略

（1）丰富销售的渠道

网络营销可建立、完善企业的销售渠道。网络营销与传统的销售模式有所不同,它仅仅通过计算机与网络就将企业与客户直接地联系在了一起,而这就是最直接、最简单的销售渠道。

然而,在这条基本的销售渠道上,企业必须积极地、主动地去丰富销售的渠道才能够从本质上使企业自身的网络销售渠道变得多样化,进而才能够吸引到更多的客户以及提高已有客户的忠诚度。例如,物流企业的产品不是有形商品,而是无形服务,所以企业应该主动地与同类产品进行比较,推出组合式的销售链条,刺激客户的购买欲望,为物流企业带来侧面的、直接的经济效益,同时,最大限度地为客户提供完善的、人性化的服务,使之更加忠诚于物流企业。除此之外,物流企业还应该积极地去完善网络营销环境,为客户创设出个性化和人性化的购买环境。例如,随季节的变化、节日的变化等,进而在吸引新客户的同时加深客户对企业的印象,最终促进物流企业网络营销的顺利运作、成功运作,为物流企业的发展奠定基础。

（2）拟订出合理的销售价格

物流产品在网络营销模式中所拟订的价格,无论是对物流企业来说,还是对客户来说,都是一个比较敏感的因素。通过计算机与网络,消费者可以足不出户就实施货比三家,而这对物流企业来说,无疑是本质上的刺激和驱动。在物流产品综合信息相差无几的情况下,客户自然会选择价格比较低廉、优惠的物流企业,而放弃价高的企业,这是不争的事实,也是物流企业难以启齿的问题。正因为这样,物流企业必须对自身产品有充分的认识,而对同类商品也要有足够的了解,这样才能够从根本上去分析、探讨,最终拟订商品的网络销售价格。

（3）以完善的服务来提高客户的满意度

在过去传统的营销模式中,销售人员必须以客气的语言、得体的微笑以及行为作为服务的基础,进而在这样的前提下展开完善的、亲切的服务。但是在网络营销模式中,销售并不需要这些外在的表现,微笑、行为是无法传递到客户眼前的,但是适合的、客气的文字语言仍是非常必要的因素,能够让客户透过电脑屏幕感受到亲切感。然而,仅仅靠文字语言是不够的,企业在实施网络营销的过程中,还应该切实地为客户解决问题,进而才能够为客户提供良好的服务。例如,做好物流网络营销的售前咨询以及售后服务工作,售前咨询是为了能够帮助客户更好地了解物流产品的综合信息,而售后服务则是帮助客户解决交易活动中存在的问题。另外,个性化的服务也能够有效地提高客户的忠诚度。通过建立物流企业与客户之间专用的交流、沟通平台,物流企业能够更加及时、更加准确地了解客户的具体需要以及不满,进而针对客户的需要为客户制订出适合的交易模式,并针对客户的不满进行及时的反思,从而更好地完善自身的网络销售模式,达到客户的要求。除此之外,物流企业还应该为客户提供人性化的服务。例如,建立客户之间的交流平台,让客户与客户之间能够展开零距离的购买心得交流;建立售后指导,帮助客户更好地了解并且使用商品。总而言之,物流企业只有不断地、积极地、主动地完善自身网络营销模式,才能够为客户提供更良好、更亲切的服务,才能够使客户切实地有宾至如归的感觉,进而才能够有效地吸引客户、提高客户的忠诚度。

5.6.4　技能训练——实训项目:网络营销与传统营销模式的区别

①实训目的:推荐淘宝网、亚马逊中国网站,注册淘宝(或亚马逊)和支付宝账户,开通网银,实践网上购物,明确网络营销与传统营销模式的区别。

②实训内容:用银行卡或支付宝支付网上购物价款,掌握电子支付流程及注意的问题,体会网络营销的优势,认识网络营销与传统营销交易流程的区别。

③实训要求:将参加实训的学生分组,在教师指导下进行调研,完成实训报告。

项目6 认知国际物流市场营销

【项目导读】

我们已经基本把握制订物流营销的策略,能够运用物流营销方法解决实际问题。为了方便了解全球物流市场情况,掌握选择物流营销战略组合的技能,学会国际物流的专业技巧,我们应了解国际物流市场营销的操作策略,会制订物流企业的国际营销方案。

【教学目标】

1.知识目标

①了解国际物流营销的概念。

②掌握国际物流产品营销策略。

③掌握国际物流分销渠道策略。

④掌握国际物流促销策略。

⑤掌握国际物流营销渠道策略。

2.技能目标

①能够选择合适的国际广告媒体。

②能够策划国际宣传性公关活动。

③能够进行国际营业推广的策划。

【案例导入】

国内快递如何走出去? UPS 告诉你答案

UPS,这个已有 110 多年历史的企业,拥有一个绝不亚于目前国内任何一个创业项目的故事:一个草根青年从朋友那借了 100 美元,从帮人送信开始,到最后建立起一个国际化的商业帝国。

我国的快递企业,桐庐帮和顺丰的创始人也同样算是草根出身。他们已将快递行业打造成我国经济的"黑马"。如今,在"一带一路"倡议下,他们开始依据自身情况,在保持并拓展自身国内市场份额的前提下,沿着"一带一路"所涉及的区域和国家走出去,让"一带一路"沿线国家享受我国高效、便捷的快递物流服务,而这必然要与 UPS 短兵相接。

所谓知己知彼,百战不殆,我们特分析这家百年企业的发展路径和特色,以期为国内快递物流企业走出去提供一些参考。

1.UPS 是什么

1907 年成立的 UPS,经历了两次世界大战和美国历史上最大的经济危机。为了开拓国内市场,它不惜耗费 30 年与各个联邦进行一系列法律大战。它经历了从人肩扛、手抬到马车、自行车、汽车和飞机运输等不同交通工具的变迁以及通信技术从人到移动通信的巨大变革。

它是全美十大航空公司之一,是拉丁美洲最大的快递和空运公司。它拥有自己的专属铁路;拥有世界上最大的压缩天然气(CNG)车队;拥有一个 600 名员工的气象预报中心;拥有美国本土的金融业务牌照。它能提供信用保险、货物保险等保险服务;并购了特许经营公司——Mail Boxes Etc.(邮箱公司),以进军零售业。它是地图公司,在快递员出发之前就规划出最有效率的配送路线,能够做到"从不左转"(左转需要等绿灯,右转能够节省时间)。它是咨询公司,每年发布"优强中国造"企业整备度指数。2016 年它位列全球品牌价值 20 强,排名高于迪士尼与万事达。

它历经多次国内外巨大的经济环境变更和技术变革。它为什么总能在恰当的时机完美转身,一步步扩大自己的商业版图?

2.坚持服务与价格两条腿走路

在 1907 年,UPS 创始人杰姆·凯西看好了"私人信使"这个风口,就从朋友那里借了 100 美元成立公司,创建了位于华盛顿州西雅图市的美国信使公司(American Messenger Company),1919 年正式启用联合包裹递送服务公司(UPS)这一企业名称。创立伊始,其主要业务为递送包裹、便条、行李以及餐馆的食物。那时汽车很少见,百货公司仍然用马和四轮马车运输物品,大部分递送均为步行,稍远的行程则骑自行车。

尽管当时在西雅图地区已经有好几个信使服务公司,他本人过去还在其中的一些公司工作过,但是只有他创立的公司存活到了现在。这很大程度上得益于杰姆·凯西严格的准则:谦恭待客、诚实可靠、全天候服务与低廉的价格。这些原则至今仍指导着 UPS,杰姆将其归纳为一个口号:最好的服务,最低的价格。

UPS 之后的发展路径印证了他的口号。无论是将地址定为某一街区,将包裹与一部递送车辆结合起来使用固定递送,即零售店包裹递送(Merchants Parcel Delivery),还是研发包裹传送带技术,成立 UPS 航空公司……都是为了能更有效地利用人力和机动设备,并且可以保持较低的价格。

而我国的大部分快递企业如今还深陷在价格战的泥潭中不能自拔,面临着不涨价等死、涨价找死的困境。究其原因,就是在以价格战抢夺市场份额的时候,没有坚持价格优势和优质服务两条腿走路,加盟制品牌总部之间、基层加盟网点之间并没有形成服务壁垒和核心价值。

3.适时转变业务重点

作为跨时代的企业,能够根据时代的变化适时变更业务重点与时俱进,是 UPS 基业长青的关键。在其发展历史上,这两次业务转型让 UPS 在物流业开始崭露头角。

一是 1922 年,UPS 收购了一家洛杉矶的小公司,这让 UPS 成为当时美国少数几个提供普通承运人服务的公司之一。该普通承运人服务公司结合了零售商店递送服务的许多特色和经营原则,并具有那时许多其他私人承运商甚至包裹邮政都不具备的特色,包括每日自动取件电话、对货到付款的发货人接受支票、额外递送尝试、自动返还无法递送的包裹以及简化记录每周付款。

二是在第二次世界大战之后，面对美国不少人开始搬离市区，且汽车这一交通工具开始普及，拥有足够多停车位的大型购物中心开始涌现。UPS认识到零售商店合同服务市场的局限性，开始在坚持零售递送核心业务的同时，将自己的包裹递送业务从零售店扩展到普通居民，成为"公共运输承运人"。

当时，因为美国的很多地区有经营限制，在某些情况下，发货人被迫将包裹经几个承运人之手才能送到其最终目的地。UPS为获得在所有48个相邻州内自由运输的授权，系统地奋斗了30年，到1975年，终于成为第一个在美国48个相邻州内的每个地址提供服务的包裹递送公司。

4.拓展多样化市场，成为供应链企业

到了20世纪90年代末，UPS已经开始扩大范围并侧重于一个新的渠道，即服务。根据UPS管理层的看法，公司在运输和包裹追踪方面的专长将它定位为全球商业的促成者，并成为组成商业的三股流动力量（物流、信息流和资金流）的服务性企业。为了实现这个提供新服务的设想，UPS开始战略性地收购现有的公司，并创建先前不存在的新类型公司。

1999年上市之后，UPS通过收购货车运输和航空货运、零售发运和商业服务、海关报关以及金融和国际贸易服务的行业领军者，显著扩大了其业务范围。UPS实现了从单纯货物运输公司变成一个集物流、资金流、信息流于一体的供应链企业巨头。

5.将"一带一路"倡议视为巨大机遇

2016年，UPS国际业务部门收入增至124亿美元，营业利润增长到25亿美元，增长了13.2%，这是他们连续第二年实现两位数的利润增长。在2016年，UPS的4个增长最快的市场是中国、越南、巴基斯坦和阿拉伯联合酋长国，其中每一个都实现了两位数的增长。

UPS坚定地认为，国际市场仍是他们最好的长期机遇，并将"一带一路"倡议视为一个巨大的机遇，因为该倡议使中国与亚洲、中东、非洲和欧洲相连。UPS在中国有着多年的投资和增长计划，旨在通过创新的物流解决方案来增加自身的业务，以更好地将中国的企业和消费者连接到美国和其他国际市场。

近日，UPS宣布已大幅增加在中国市场的投资，在20座城市提升服务，以更好地服务当地制造企业和出口企业，助推中国经济增长。UPS在中国市场将着眼于深化网络和差异化服务两个重点。

2017年3月，UPS宣布在欧洲和中国之间新增6个优先整箱和拼箱多式联运铁路运输的站点，让长沙、重庆、苏州、武汉、郑州和成都的客户能和远在杜伊斯堡、华沙、罗兹、汉堡等地的客户连接交流。目前，UPS正在深化中国33个重点城市的服务，提供专门针对高科技、汽车、工业制造和零售行业的物流解决方案。

如今，上市后的中国快递企业也开始在商业、零售、金融、保险、跨境、航空、供应链等方面布局，也将直接面对来自UPS的竞争。

与UPS相比，我国的快递企业则幸运得多。它们集体诞生于我国正式实施改革开放、进入新的改革期之后，在其发展的关键时期，迎来的是国家邮政体系改革和电商经济的迅猛发展。在构建生态圈的起步阶段和进入资本市场之后，又迎来国家"一带一路"、供应链创新与应用战略支持。

尽管有这样的政策支持，但是如UPS这样的物流巨头在国际市场的布局并非一朝一夕。

国内快递企业除了要守好国内已有市场,还要将自己打造成国家新名片,第一步就是响应"一带一路"倡议走出去,而第一个战场就是东南亚。

——摘自:李妮,亿欧网

问题:

1.UPS 是怎么一步步地成长为国际快递巨头的?

2.UPS 是如何抓住国际市场营销的机会的?

任务 1　了解国际物流市场营销

6.1.1　情境设置

A 公司是国内知名物流企业,该企业在国内公路运输领域占据了主导地位。近期,A 公司拟开拓东南亚物流市场业务。但该公司目前懂得海外物流营销业务的人员并不多,尤其是对东南亚一带的物流操作缺乏了解。公司准备首先开展国际市场基本知识的培训,请帮他们做一个国际市场营销基本知识培训方案。

6.1.2　学习目标

①了解国际物流的定义和特征。

②了解国际物流营销的相关概念。

6.1.3　知识认知

1)国际物流营销知识认知

(1)国际物流概念认知

广义的国际物流包括国际贸易物流、非国际贸易物流、国际物流投资、国际物流合作、国际物流交流等领域。狭义的国际物流是指当生产和消费分别在两个或两个以上的国家(或地区)独立进行时,为了克服生产和消费之间的空间距离和时间间隔,对物品进行物理性移动的一项国际贸易或国际交流活动,从而达到国际商品交易的最终目的。

国际物流根据国际分工协作的原则,依照国际惯例,利用国际化的物流设施、物流网络和物流技术,实现货物在国际间的流动与交换,促进区域经济的发展和在全球范围的物流资源的优化配置。国际物流的总目标是为国际贸易和跨国经营服务,即选择最佳的方式及路径,以最低的费用和最小的风险,保质、保量、适时地将货物从某国供方运到另一国的需方。

(2)国际物流的发展历程

第二次世界大战以后,国际间的经济交往才越来越频繁,越来越活跃,尤其在 21 世纪 70 年代的石油危机以后,原有的只为满足运送必要货物的运输观念已不能适应新的要求,系统物流就是在这个时期进入了国际领域。

20世纪60年代开始,形成了国际间的大数量物流,在物流技术上出现了大型物流工具,如20万吨的油轮、10万吨的矿石船等。

20世纪70年代,由于石油危机的影响,国际物流不仅在数量上进一步发展,船舶大型化趋势进一步加强,而且出现了提高国际物流服务水平的要求,其标志是国际集装箱及国际集装箱船的发展。国际间各主要航线的走期班轮都投入了集装箱船,把散杂货的物流水平提了上去,使物流服务水平获得很大提高。

20世纪70年代中后期,国际物流领域出现了航空物流大幅度增加的新形势,同时出现了更高水平的国际联运。船舶大型化的趋势发展到一个高峰,出现了50万吨的油船、30万吨左右的散装船。

20世纪80年代前、中期,国际物流的突出特点是在物流量基本不继续扩大的情况下出现了"精细物流"。物流的机械化、自动化水平提高,同时,伴随新时代人们需求观念的变化,国际物流着力于解决"小批量、高频度、多品种"的物流。现代物流不仅覆盖了大量货物、集装杂货,而且也覆盖了多品种的货物,基本覆盖了所有物流对象,解决了所有物流对象的现代物流问题。

20世纪八九十年代,在国际物流领域的另一大发展是伴随国际联运式物流出现的物流信息和电子数据交换(EDI)系统。信息的作用使物流向更低成本、更高服务、更大量化、更精细化方向发展,这个问题在国际物流中比国内物流表现更为突出:物流的每一活动几乎都有信息支撑,物流质量取决于信息,物流服务依靠信息。可以说,国际物流已进入了物流信息时代。

20世纪90年代,国际物流依托信息技术发展实现了"信息化"。信息对国际物流的作用依托互联网公众平台向各个相关领域渗透,同时还出现了全球卫星定位系统、电子报关系统等新的信息系统。在这个基础上构筑国际供应链,形成国际物流系统,使国际物流水平进一步得到了提高。

(3)国际物流的特征

①环境差异。国际物流一个非常重要的特点是各国物流环境的差异,尤其是物流软环境的差异。不同国家的物流适用不同法律使国际物流的复杂性远高于一国的国内物流,甚至会阻断国际物流;不同国家不同经济和科技发展水平会造成国际物流处于不同科技条件的支撑下,甚至有些地区根本无法应用某些技术而迫使国际物流全系统水平下降;不同国家不同标准也造成国际间"接轨"的困难,因而使国际物流系统难以建立;不同国家的风俗人文也使国际物流受到很大局限。

由于物流环境的差异,一个国际物流系统需要在几个不同法律、人文、习俗、语言、科技、设施的环境下运行,无疑会大大增加物流的难度和系统的复杂性。

②系统范围广。物流本身的功能要素、系统与外界的沟通很复杂,国际物流再在这复杂系统上增加不同国家的要素,这不仅是地域的广阔和空间的广阔,而是所涉及的内外因素更

多,所需的时间更长,广阔范围带来的直接后果是难度和复杂性增加,风险增大。

当然,也正是因为如此,国际物流一旦融入现代化系统技术之后,其效果才比以前更显著。例如,开通某个"大陆桥"之后,国际物流速度会成倍提高,效益显著增加,就说明了这一点。

③标准化要求较高。要使国际间物流畅通起来,统一标准是非常重要的。可以说,如果没有统一的标准,国际物流水平是提不高的。美国、欧洲基本实现了物流工具、设施的统一标准,如托盘采用 1 000 毫米×1 200 毫米,集装箱的几种统一规格及条码技术等。这样一来就大大降低了物流费用,降低了转运的难度。而不向这一标准靠拢的国家必然将在转运、换车底等许多方面多耗费时间和费用,从而降低自身国际竞争能力。

在物流信息传递技术方面,欧洲各国不仅实现了企业内部的标准化,而且实现了企业之间及欧洲统一市场的标准化,这就使欧洲各国之间的系统比其与亚、非洲等国家交流更简单、更有效。

④国际化信息系统支持。国际化信息系统是国际物流,尤其是国际联运非常重要的支持手段。国际信息系统建立的难度,一是管理困难,二是投资巨大。再者世界上有些地区物流信息水平较高,有些地区较低,信息水平的不均衡导致信息系统的建立更为困难。

当前,建立国际物流信息系统一个较好的办法是和各国海关的公共信息系统联机,以及时掌握有关各个港口、机场和联运线路、站场的实际状况,为供应或销售物流决策提供支持。国际物流是最早发展"电子数据交换"(Electronic Data Interchange, EDI)的领域,以 EDI 为基础的国际物流将会对物流的国际化产生重大影响。

(4)国际物流营销概念认知

国际物流市场营销是指物流企业超出国境的市场营销活动,是国内物流市场营销活动在国际市场上的延伸。我们将国际物流市场营销定义为:从事交通运输、仓储等一体化物流服务的企业,通过整体营销努力满足一个以上国家或地区的客户对物流产品和服务的需求,从而实现国际物流企业利益目标的活动过程。

6.1.4　技能训练——UPS 有待消化的公司文化

一个中国代表团参观了 UPS 的亚特兰大总部,双方在享用中国美食的同时就一份商业协议进行谈判。结果,这次会议彻底失败,因为 UPS 高管们在文化习俗方面的一连串失误严重冒犯了客人。这些重大失误包括:他们直呼其名,而不是中国生意人所偏爱的正式头衔;还把钟作为礼物分发给客人,而钟在中国代表死期将至。幸运的是,这次会议是一次角色扮演操练,目的是让 UPS 高层熟悉中国的商业文化。

问题:

一个跨国物流企业要想取得成功,应全面掌握哪些要素?

任务 2 制订国际物流市场营销策略

6.2.1 情境设置

在完成国际物流市场营销基本知识培训后,A 公司营销部门全体人员对国际物流的操作和业务有了一定的了解。除了培训,A 公司还将营销部门主要骨干人员送到国外进行全面的考察和深造。在历时半年的考察和培训后,A 公司要求营销部门做出一个初步的东南亚物流营销策略方案,请你帮该部门草拟一个方案稿。

6.2.2 学习目标

①了解影响国际物流市场营销的策略。
②了解进入国际物流市场的方式。
③掌握国际物流营销策略。

6.2.3 知识认知

1)影响国际物流市场营销的因素

(1)目标国家或地区的市场因素

①目标国家现有和潜在的物流市场容量。较小的市场适合于低保本点销售额的进入方式(如间接进入、特许经营或其他契约型进入);反之,销售潜力很大的市场则应选择高保本点销售额的进入方式(如直接进入、投资进入、当地生产等)。

②目标国家或地区的市场竞争结构。市场竞争程度可分为分散型(各参与企业都不占支配地位)、寡头垄断型(绝大部分的某种产品由少数几家企业提供)以及垄断型(国家企业控制市场)。不同市场要制订不同的营销策略。

③目标市场营销基础结构的质量与可利用状况。例如,如果当地合适的代理商或经销商都在为其他企业展开经销或代理业务,或者根本没有合适的代理商或经销商,那么企业只有通过直接进入方式来打进目标市场。

(2)目标国家或地区的生产因素

生产因素主要包括基础结构、生产要素和协作条件。

①交通、通信设施等基础结构的完善状况影响货物流转速度、成本、生产进度以及企业管理。

②原材料、劳动力、能源等生产要素的成本、质量与可供应程度则直接影响产品的成本与质量。

③企业外部采购、销售等方面的协作条件也对物流企业生产经营有重要影响。

因此,生产成本低的目标国家或地区有利于采用投资方式进入,生产成本高的国家则会阻碍投资型进入而适宜采用出口贸易型进入。

（3）目标国家或地区的间接环境因素

目标国家的政治、经济、法律、社会文化、自然环境等特点都会对进入方式的选择有重要影响。政治稳定、经济运行有序、有关法规较为完备、社会结构和文化特征与本国接近，都会促使企业选择直接投资的进入方式；反之，则会促使企业倾向于采取出口贸易型进入或合同型进入。

（4）本国环境因素

①市场容量与竞争态势。当物流企业规模受制于或将要受制于国内市场时，通常会寻求海外扩张。当物流企业在国内发展到一定规模和实力时，则开始倾向于采用投资型方式进入国际市场。相反，如果国内物流市场容量小，则物流企业会较早地寻求外向发展。此时，限于企业规模与实力，多半以对外贸易方式进入目标国家或地区的市场。

②生产要素与成本状况。本国生产成本高于目标国家或地区时，企业往往采用生产型进入方式，如合同制造或直接投资。一般来说，生产成本是经济发展水平和生产要素状况的函数，因而本国与目标国家或地区在这两方面的对比状况会影响企业海外市场进入方式的选择。

③经济政策导向。本国政府对出口和海外投资的政策对物流企业的进入方式也会造成影响。一般来说，政府出口鼓励政策会刺激企业采用出口型或合同型进入，相应地抑制投资型进入。相反，鼓励海外投资的政策，如补贴、贷款优惠或其他优惠政策则会刺激物流企业的海外投资活动。

2）进入国际物流市场的方式

（1）投资方式

投资方式进入国际物流市场，即通过直接投资进入目标国家，将资本连带本企业的管理技术、销售、财务以及其他技能转移到目标国家，建立受本企业控制的分公司或子公司，从而进入该国的物流市场。

（2）建点方式

建点方式进入就是国际物流企业根据目标市场需要，将物流活动中的某一环节设在目标市场所在国，以此达到进入目标市场的目的。例如，一些国际物流公司直接在我国设立采购以及国际配送中心，为各国企业在我国的加工和采购机构提供优质的物流以及配送服务，采用的就是此种方式。

（3）贸易方式

贸易方式进入国际物流市场是通过向目标国家出口产品或服务而进入该国的物流市场，它是非资本性进入。这类进入方式的特点是形式简单，竞争对手明确，但也可能由于产品的价值增量较小而缺乏持久的竞争力。

（4）契约方式

契约方式进入国际物流市场是国际物流企业通过与目标市场所在国家的企业法人之间签订长期的、非投资性无形资产转让合同而进入目标市场的方式。它主要采取授权经营、技术协议、服务合同、管理合同、分包合同等形式进入目标国家的物流市场。

3)国际物流市场营销策略

(1)国际物流产品策略

产品策略是物流企业国际营销因素组合的基础。在国际物流营销活动中,物流企业首先面临的问题就是向国际物流市场顾客提供什么样的产品,其次还得考虑品牌、包装和物流服务等特征如何做相应的调整或改变。物流产品生命周期和新产品开发也是物流企业国际物流营销产品决策的重要问题。

产品创新是产品策略的重要手段。当物流企业在国外规模还很小时,可以从3个方面进行产品创新:一是吸引其他口岸的中小物流企业加盟,成为该物流的分公司或办事处,而这些企业加盟后,其优势物流服务产品往往能填补公司的空白,完善国际物流的服务项目;二是提供个性化物流服务,针对不同客户群制订从询盘、接单、订舱到门对门的个性化服务预案;三是提供物流增值服务,想客户之所想,急客户之所急,及时帮助客户解决突发状况。

国际企业经过市场调研和细分,确定了目标市场、选择了合适的进入方式后,就必须回答这样一个问题:向目标市场提供怎样的产品? 答案显然只有一个:向海外顾客提供满足其需求的产品。因此,国际产品决策是一个关键性决策,并构成国际市场营销组合策略之一。

①国际产品生命周期。在一国市场上,产品生命周期理论形象地描述了产品在市场上被引入随后成长、成熟直至衰退的过程。在国际市场上,国际产品生命周期理论主要描述一种新产品在一国出现后如何向其他国家转移的过程。它最先在20世纪60年代末由美国哈佛商学院的雷蒙德·弗农教授提出。弗农的这一理论为国际市场上诸如纺织品、自行车、黑白电视机、船舶等产品的发展过程所证实。

②国际产品标准化与差异化决策。国际产品标准化是指在世界各国市场上都提供同一种产品;差异化则是指对不同国家或地区的市场,根据其需求差异而提供经过改制的、略有不同的产品。例如,在全世界各地,我们都可以喝到从包装、品牌、口味都相同的可口可乐,吃到肯德基炸鸡,我们也可以在各国买到一模一样的佳能相机。但对电视机来说,各个国家可能电视线路不同,电源电压不同,因此向不同国家供应的电视机就需略作修改。

国际产品标准化可获得规模经济效益,节省研究开发费用和其他技术投入,也可以节省营销费用。它可使消费者在全世界各地都能享受到同样的产品,有助于树立企业及其母国的国际形象。然而,面对有差异的市场,国际企业为了开拓市场,增加销量,可能不得不实施产品差异化策略,当然也必须承担额外的成本与费用。

影响产品标准化或差异化的因素很多,要做出一项正确的决策,至少必须考虑这样一些方面:成本与利润的比较、产品的性质、市场需求特点、东道国的强制因素等。

③国际产品包装与品种。国际企业在不同的海外市场销售产品,其包装是否需要改变,这将取决于各方面的环境因素。从包装所具有的两个基本作用——保护和促销来看,如果运输距离长,运输条件差,装卸次数多,气候过冷、过热或过于潮湿,那么对包装质量要求就高,否则难以起到保护产品的作用。如果东道国顾客由于文化、购买力、购买习惯的不同而

可能对包装形状、图案、颜色、材料、质地有偏好,那么从促销角度看,应予重视并予调整,以起到吸引与刺激顾客的作用。当今一些发达国家的消费者出于保护生态环境的强烈意识,重新倾向使用纸质包装;而在一些发展中国家,顾客仍普遍使用塑料袋包装,因为它较牢固且可重复使用。

④国际产品品牌。就品牌而言,大多数国际企业当然喜欢采用统一的国际牌号,因为这样可达到促销上的规模经济。一个国际名牌具有很强的号召力,本身就是一笔无形财富,而重新树立一个品牌却绝非易事,如日本的"索尼""东芝",美国的"柯达""麦克唐纳"等。然而,如果由于法律、文化等方面的原因,如在伊斯兰教地区不能用猪、熊猫等图案作为商品墙内容,这样就需更改品牌名称。当然,在不同国家和地区,对同一种产品采用不同品牌有时也是细分市场和研究市场需求状况的需要。例如,日本"松下"有 3 个英文品牌"National""Panasonic"和"Technic"。

(2)国际物流渠道策略

营销渠道的选择直接影响和制约着其他策略的制订和执行效果。

①国外中间商。在一国外市场销售产品,可采用最短的销售渠道,即由国际企业直接生产、销售给最终消费者,而不经过任何中间商;也可借助于中间商来实施分销。通常情况下,由于海外市场环境与国际企业母国环境迥异,大多数产品的分销需要当地中间商的帮助,这就需要了解国外中间商的种类。

国外中间商主要包括代理商、经销商、批发商、零售商四大类。代理商对产品无所有权,与所有者只是委托与被委托关系,它主要有 3 种形式:经纪人、独家代理商、一般代理商。经销商对产品拥有所有权,自行负责售后服务工作,对顾客索赔需承担责任,最常见的有独家经销商、进口商和工业品经销商 3 种。批发商是指靠大批量进货、小批量出货,以赚取差价的中间商。它也有 3 种:综合批发商、专业批发商、单一种类商品批发商。零售商是向最终消费者提供产品的中间商,依据其经营品种不同,可分为专业商店、百货商店、超级市场等种类;依据其经营特色,有便利商店、折扣商店、连锁商店、样本售货商店、仓库商店、无店铺零售等形式。

当今一些发达国家的零售业出现了一些新的特点:首先是在大城市的中央商业区,零售商店规模越来越大。许多大型零售商店不仅在本国各地开设分店,形成连锁集团,而且将其业务拓展至海外,零售业国际化趋势日益明显。与此同时,居民区的便利商店、无店铺零售形式相当流行,仓库商店、折扣商店也颇为流行。因此,产品进入这些国家的零售渠道必须充分考虑这些商店的不同特点与优势,以获取最有效率的零售渠道。

②传统渠道与新兴渠道。传统渠道就是产品通过生产企业经批发商或代理商至零售商最后到达消费者手中的渠道。在传统渠道中,每个成员相对独立,彼此间缺乏紧密合作与支持。而新兴渠道是指渠道成员采取了不同程度的联合经营策略,具体有纵向联合和横向联合两种。纵向联合有 3 种系统:一是公司垂直一体化系统,主要为大制造商或大零售商牵头建立的控制批发、零售各个层次,直至控制整个销售渠道的系统,它往往集生产、批发、零售业务于一体;二是合同垂直一体化系统,它是由不同层次的相互关联的生产单位和销售单位以契约形式联合起来的系统,它有特许经营系统、批发商自愿连锁系统和零售商合作社 3 种

形式;三是管理一体化系统,即制造企业通过与中间商协议,以控制其生产线产品在销售中的供应、促销、定价等工作。横向联合是指由中小批发商组成的自愿连锁,它较少涉及渠道结构中的其他层次,主要是中小批发商相互合作支持以抗衡大批发商的一种方式。

③国际分销模式的标准化与多样化。所谓分销模式标准化,是指国际企业在海外市场上采用与母国相同的分销模式;多样化则是指根据各个国家或地区的不同情况分别采用不同的分销模式。

采用标准化的分销模式可以使营销人员易以经验为基础来提高营销效率,实现规模经济。然而事实上,即使产品采用标准化策略,分销模式要采用标准化策略也很困难,可行性不大。这主要是因为各国分销结构由于历史原因而相异殊多;各国消费者的特点不同,如购买数量、购买习惯、消费偏好、顾客地理分布等方面不可能完全相同;同时,国际企业还要考虑自身实力、竞争对手的渠道策略以及其他营销组合因素。所以选择海外市场分销模式绝非国际企业一厢情愿可为。例如,国外企业在进入日本市场时,普遍对其高度集中与封闭的渠道结构感到无从入手,非得与综合商社、大的制造商或批发商合作,方可将产品推入其渠道系统。因为其成员都完全独立,相互缺乏紧密合作与支持。

(3)国际物流促销策略

促销的主要任务是要在卖主与买主之间进行信息沟通,国际促销也不例外。它也是通过广告、营业推广、人员推销和公共关系活动来完成其任务的。

①国际广告。物流企业的产品进入国际市场初期,通常广告是其先导和唯一代表,它可以帮助产品实现其预期定位,也有助于树立国际企业形象。

然而国际广告要受多方面因素制约:一是语言问题。一国制作的广告要在另一国宣传,语言障碍较难逾越,因为广告语言本身简洁明快,喻义较深,同样的含义要在另外一种语言以同样的方式准确表达实在是一件困难的事。二是广告媒介的限制,有些国家政府限制使用某种媒介,如规定电视台每天播放广告的时间;而有些国家大众传媒的普及率太低,如许多非洲国家没有日报。三是政府限制,除限制媒介外,政府还会限制一些产品,如严禁对香烟做广告;有的还对广告信息内容与广告开支进行限制。四是社会文化方面的限制,由于价值观与风俗习惯方面的差异,一些广告内容或形式不宜在东道国传播。五是广告代理商的限制,即可能在当地缺乏有资格的广告商的帮助。这些问题需要国际企业做出全盘考虑,而后才能做出国际广告是采用标准化策略还是当地化策略的选择。

一般来说,广告标准化可以降低成本,使国际企业总部专业人员得以充分利用,也有助于国际企业及其产品在各国市场上建立统一形象,有利于整体促销目标的制订和实施、控制。然而,由于上述各种因素的种种限制,特别是当地顾客的需求同母国顾客会有显著差异,因此采用当地的策略可以增强宣传说服的针对性,而且在当地广告成本虽高,但若能有效促进销售量增长,也可望获得更多利润。

②人员推销。人员推销往往因其选择性强、灵活性高、能传递复杂信息、能有效激发顾客购买欲望、及时获取市场反馈等优点而成为国际营销中不可或缺的促销手段。然而,国际营销中使用人员推销往往面临费用高、培训难等问题,所以要有效利用这一促销方式,还需能招募到富有潜力的优秀人才,并加以严格培训。

推销人员不仅可以从母国企业中选拔,也可从第三国招聘。作为海外推销人员,他们在东道国应表现出很强的文化适应能力,包括语言能力、较强的市场调研能力和果断决策的能力。但若面对一个潜力可观、意欲长期占领的市场,国际企业显然应以招募、培训东道国人才作为优秀推销员的最主要来源。

③营业推广。营业推广手段非常丰富,在不同的国家运用有时会受到法律或文化习俗方面的限制。例如,法国的法律规定禁止抽奖的做法,免费提供给顾客的商品价值不得高于其购买总价值的 5%;中国最近也有了一项严格控制有奖销售的规定。当新产品准备上市时,向消费者赠送样品的做法在欧美各国非常流行,这一做法在中国登陆之初,却使不少消费者感到"受之有愧"而予以拒绝。

在国际物流营销中,还有几种重要的营销推广形式往往对介绍一些企业产品进入海外市场颇多助益,如博览会、交易会、巡回展览、贸易代表团等。值得一提的是,这些活动往往因为有政府的参与而增加其促销力量。事实上,许多国家政府或半官方机构往往以此作为推动本国产品出口、开拓国际市场的重要方式。

④公共关系。公共关系是一项长期性的促销活动,其效果也只有在一个很长的时期内才能得到实际的反映,但不管怎样,在国际营销中,它仍是一个不可轻视的促销方式。由于在国际营销中,国际企业面临的海外市场环境会让其感到非常陌生,它不仅要与当地的顾客、供应商、中间商、竞争者打交道,还要与当地政府协调关系。如果在当地设有子公司,则还需积累如何团结与文化背景截然不同的母国员工共创事业的经验。试想,一个国际企业如果不能让其自身为东道国的公众所接受,其产品怎么可能让这些公众所接受呢?

在与东道国的所有公众关系中,与其政府的关系可能是最首要的,因为没有其不同程度的支持,国际企业很难进入该国市场。东道国政府对海外投资、进口产品的态度,特别是对某一特定企业、特定产品的态度往往直接决定着国际企业在该国市场的前途。

因此,物流企业要加强与东道国政府的联系与合作,利用各种媒介加强对企业有利的信息传播,扩大社会交往,不断调整企业行为,以获得当地政府和社会公众的信任与好感,如此,国际企业才可望在当地市场站稳脚跟并寻求不断壮大。

(4)国际物流定价策略

由于国际物流营销环境复杂多变,这给物流企业对在海外销售的产品定价增加了许多困难,其价格的构成更加复杂,影响其变动的因素也更多。

①国际市场价格的形成。在国际物流市场上,我们会发现这样一个事实:许多物流服务产品到另外的国家和地区,其价格会上升或下降很多,这就是所谓的国际价格的升降现象。这通常是由于该种服务产品在分销过程中渠道延长、被征收关税、需承担运输成本和保险费用以及汇率变动所致。

仔细分析,不难看到影响国际定价的因素远比国内定价为多,除需求因素、成本因素、生产因素以外,还要考虑东道国关税税率、消费税税率、外汇汇率浮动、国外中间商毛利、国外信贷资金成本(即利率情况)、运输与保险费用、国外通货膨胀率、母国与东道国政府的干预以及国际协定的约束等。

②国际定价管理。物流企业做国际定价决策也要先确定定价目标:是以获取最大利润

为目标,还是以获取较高的投资回报为目标? 是为了维持或提高市场份额,还是为了应付或防止市场竞争,抑或为了支持价格的稳定? 一个有实力的跨国物流企业在进入一个新兴的富有潜力的海外市场时,大多会以获得较高的市场占有率为目标,因此在短期内,其价格或收益可能不能覆盖成本。

那么,物流企业定价决策应由谁负责? 选择只有 3 个:母公司总部定价;东道国子公司独立定价;总部与子公司共同定价。最常见的方法是第三个选择,这样,母公司既可对子公司的定价保持一定的控制,子公司又可有一定的自主权以使价格适应当地市场环境。

③定价的基本方法与策略。物流企业在做价格决策时,其基本方法同国内定价是相同的。既有以成本为导向的定价法,包括成本加成法、边际成本法、目标利润法、损益平衡法;也有以需求为导向的定价法,包括理解价值法、区分需求法;还有以竞争为导向的定价法,包括随行就市法、密封投标法。

物流企业对其产品在国际市场上的销售应保持统一价格,还是针对不同国家市场制订差别价格,这是一个非常值得研究的问题。统一价格显然有助于国际企业及其产品在世界市场上建立统一形象,便于企业总部控制企业在全球的营销活动;然而各国的制造成本、竞争价格、税率都不尽相同,消费水平更有差异,要在环境差别明显的各国市场实行统一价格销售产品常常是不切实际的。波音飞机销往全世界各国的价格是统一的,这是因为它在各国市场上的竞争地位一致。例如,香港是世界性消费城市,各国旅游者可在那里购买到许多免税商品,烟、酒却不在其列。烟、酒制造商不得不将其产品价格订得很高以谋求盈利,因为香港地方政府对烟、酒课以重税。

无论如何,物流企业定价的最终目的还是寻求利润的最大化,长期的亏本买卖肯定是不做的。物流企业为了使整个企业集团利润最大化,还经常采用转移价格策略,这是一种在母公司与各国子公司之间以及子公司相互之间转移产品和劳务时所采用的价格,定价的出发点是为了避税,避免资金在高通胀率、严外汇管制国家滞留。当然,有些国家政府针对国际企业的这一策略制定了相应的法律、法规,以要求国际企业制订内部转移价格时能遵守公平交易的原则,挽回或保护其正当的国家利益。

6.2.4 技能训练——国际物流营销案例讨论

课堂分组讨论:每组 6~8 人为宜;各小组根据事先准备好的案例思考题进行讨论。

时间:40 分钟。

目的:

①掌握国际物流产品的营销策略。

②掌握国际物流产品的促销策略。

道具与场景:讨论所依据的基本素材以下面的案例为基础,或根据实际需要由授课教师提供更丰富的素材。

场地:教室。

程序:

①每位学生事先必须写好发言稿,讨论后作为作业上交。

②分组讨论,要求人人发言,各组长对发言作简要记录。

③最后 8 分钟左右,每个小组派一人向全班汇报讨论情况。

④教师总结。

▲▲ 项目7 编撰物流市场营销策划书

【项目导读】

我们已经学会了分析物流市场环境,掌握了物流市场调研方法,能够细分物流市场,并制订相应的物流营销策略。接下来,我们要重点掌握的是如何将前面学习的知识和技能融会贯通,也就是编撰物流市场营销策划书。

【教学目标】

1.知识目标

①了解物流营销策划书的编写规则和步骤。

②掌握营销策划文集的内容。

2.技能目标

①掌握编写物流营销策划书的方法。

②能撰写物流营销策划书。

【案例导入】

成都市某物流企业营销策划书

一、公司介绍

本公司位于四川省成都市,主要经营与物流企业相关的各项业务,如装卸、包装、运输、配送等。由于自身实力有限,加上金融危机的影响,企业的营业额不断下降,实力与竞争力大不如前。为扭亏为盈,本企业通过对市场的调查及市场环境的分析制订营销策划书,对企业资源进行重新整合与规划,重新出发,争取在市场中占有一席之地。

二、营销环境分析

物流企业要客观地认识企业所处宏观环境和微观环境,并预测和识别环境变化带来的机会和威胁,适时做出反应,抓住机遇,迎接挑战。

(一)国内环境分析

近年来,"物流"变得越来越火爆了。由于物流被广为宣传,被认为是降低成本的"第三利润源",是提高服务水平的利器,因此开始受到政府和企业前所未有的关注。作为物流专业化集中表现的第三方物流,更备受推崇,迅速升温。

我国的现代物流需求虽然存在,但还未达到由需求拉动产业发展的程度。不少企业不太了解我国物流市场需求状况就急于进入物流市场,势必会给物流企业带来巨大风险,使企业利益受损,同时也不利于中国物流产业的良性发展。

（二）成都市物流现状及发展思路与目标

1.现状

四川人口众多,市场巨大。而成都作为四川的省会,是中国西南地区的科技中心、商贸中心、金融中心和交通、通信枢纽,对西南地区乃至整个西部地区的经济发展具有很强的辐射作用和带动作用。成都地处繁忙的亚欧航线的中点,是中国东部地区、港澳台地区和东南亚各国通往欧洲的理想经停地点。2017 年,成都双流国际机场国际及地区货邮吞吐量为11.7万吨,同比增长19%,增速居中国内地第二位。

成都是中国西部最大的物资集散地。全省消费品零售总额居中西部地区第一位,是中西部最富吸引力的投资开发区。德国汉沙公司已有在成都机场建设空运中心的意向,联邦快递将在成都设立物流分拨中心,UPS有意在成都设立分公司,德国 REWICO 公司已在成都设立物流公司,浙江德力西、北京首创有意介入成华物流基地的整体开发建设。为此,市政府成立了专门的现代物流领导小组来加强统筹规划,指导物流业的发展。

2.成都物流发展的思路与目标

针对目前成都物流发展的现状,应坚持"统筹规划、政府引导、市场运作"的原则,依托西部产业基地和消费市场,以提高物流效率和降低社会物流成本为中心,以公路、铁路、航空枢纽为基础,以信息技术为手段,重点建设物流集中发展区和扶持第三方物流企业,整合物流资源,实现物流的社会化、专业化、规模化、信息化,把成都建设成为西部重要的现代物流中心。发展区域型综合物流基地、专业配送中心、保税物流中心,形成层次分明、运转有序的物流体系,培育成都物流业的品牌优势和核心竞争力,形成规模化、专业化的现代物流群体,使物流业成为成都经济的支持产业之一。同时,放宽物流市场准入政策,探索内陆城市发展物流的新模式,构建连接国际国内经济发达地区的物流快速通道,启动公共物流信息平台建设,提高综合物流效率。

成都市应结合成都及整个西南地区的交通运输体系,着力打造西南地区的物流业基地,从而推动成都市主导产业及其他产业的跨越式发展。依据宝成线、成昆线、成达线、成渝线4条铁路干线交汇于成都和以成都为中心的23条放射状的主干公路,以及成乐高速、乐山港、成渝高速、重庆港等水陆联运和包括国航西南公司、韩国韩亚航空公司等在内的数十家国内国际航空企业组成的陆空联运,形成一个以成都为中心的巨大的经济辐射圈,并推动相关物流体系的发展。

目前,成都市物流业缺少大规模、高起点、现代化新型物流配送中心,一般的运输企业和传统的物流企业很难满足当今经济快速发展、流通的市场需求。

三、公司的市场定位及目标

随着社会经济的发展,满足物流客户的个性化需求已经成为物流企业营销的重点。企业营销战略的制订要从客户开始,所以要进行市场细分,选择目标市场,确定公司的定位。

（一）公司定位

通过对我国物流市场及成都物流市场的分析,公司定位于第三方与第四方相结合的物流企业。在第三方物流的基础上,结合现代电子商务充分发挥电子商务的信息化、自动化、网络化、智能化、柔性化特点与功能,集采购、包装、装卸、运输、储存保管、流通加工、配送、物流情报等功能要素于一体,建立集物流、商流、资金流、信息流于一体的现代物流企业。

（二）公司的目标

公司的目标是：在传统物流的基础上进一步推动现代物流的发展，以提高供应链管理水平为核心，以实现物流资源整合为出发点，引进信息技术，建立互联互通的信息网络平台，打造以仓储、配送、物流、加工、服务管理为一体的现代物流体系，并作为第四方物流为第一、二、三方物流服务。

同时，通过信息交换平台，公司将为传统企业提供丰富多样的贸易整合机会，并使企业的采购和销售成本大大降低。任何有物流需求的企业都可通过此平台提交服务诉求，通过平台进行低成本营销，拓展业务和市场，借助网络媒体的互动性实现网上宣传和网上营销的一体化，从而最大限度地满足市场需要。

公司拟建立依托荷花池市场，逐步形成面向西部以及全国的集物流配送、仓储、贸易，既符合企业实际，又适应全国的现代物流管理体系。通过不断拓展业务，使荷花池市场从有形向无形市场迈进、从成都区域向二级市（县）及省外区域扩展，并以提供优质增值性服务取得最佳经济效益为公司发展目标。

四、营销组合策略

市场营销组合是指企业针对目标市场综合运用各种可能的市场营销策略和手段组成一个系统化的整体策略，以达到企业的经营目标，并取得最佳的经济效益。它是由产品策略、定价策略、销售渠道策略以及促销策略组成的，每个策略又有其独立的结构。企业在分析市场，选择自己的目标市场以后，就要针对目标市场的需求有效利用本身的人力、物力、资源，趋利避害，扬长避短，设计企业的营销战略，制订最佳的综合营销方案，以便达到企业的预期目标。

（一）产品策略

产品策略是指做出与企业向市场提供的产品有关的策划与决策。产品与服务是营销组合中至关重要的因素。

①增设采购、仓储、物流信息供应等产品线，实现一体化的管理。

②提供增值服务，如在仓储服务中建立高层的自动化仓库，利用巷道式堆垛起重机和激光引导无人驾驶小车完成物流任务，吸引大型企业，满足其要求。

③既要注重长途运输，又要发展短途运输、送货上门等低值的服务，吸引小企业。

④增加仓库、汽车等的数量，加强人员素质的培养等，通过这种有形商品的合理使用，可以有效地吸引客户。

⑤引进新技术，设计本企业的物流服务项目，实现物流服务的全面升级。

（二）定价策略

价格是市场营销组合因素中十分敏感而又难以控制的因素，它直接关系着客户对物流服务的接受程度，影响市场需求和企业的利润。物流服务的定价策略对物流系统及其所提供的服务具有重要作用，定价策略正确与否将影响物流活动的广度、深度及其顺畅性。

①由于本公司是在面临实力减弱的情况下进行的营销策划，因此在价格方面要尽量实施竞争导向定价法，使产品服务的价格低于同行业的竞争者，增强价格优势，吸引更多的客户。

②在企业推出的新产品方面，要在企业收回成本的前提下采用低价策略，扩大市场的占有率。

③如果某一企业购买本公司的产品服务累积到一定价格或数量,可以享受价格折扣。

④在销售的淡季采取低价出售的方式鼓励顾客消费。冬天折扣多,价格低;夏天的折扣少,价格高。

(三)分销渠道策略

在现代市场经济条件下,生产者与消费者之间在地点、时间、数量、品种、信息、产品估价和所有权等方面存在着差异与矛盾。企业生产出来的产品,只有通过一定的市场分销渠道,才能在适当的时间、地点以恰当的价格供应给广大消费者和用户,从而克服生产者和消费者之间的差异和矛盾,满足市场需求,实现企业的市场营销目标。

①采用广告、电话、电视直销等直接渠道,并利用互联网加强网络营销。

②寻找采购代理商。采购对于本企业来说是新建立的产品线,因此还不能够提供完善的采购服务,要寻找采购代理商进行代理。

③与经纪商建立长期的合作合同,把企业洽谈业务的环节交由经纪商负责,企业集中精力进行物流服务。

(四)促销策略

物流企业常使用的沟通与促销的工具包括人员推销、广告、营销推广、公共关系等。伴随着信息技术的发展和服务理念的演进,物流企业的促销将不断推出新的策略与方法。

①加强企业推销人员素质的培养,增强其销售手段和技能。推销人员要熟悉本企业的发展历史、经营理念、企业文化、交货地点、企业规模、经营目标、企业的优势以及未来的发展等,以取得客户的信任和支持;推销人员要向顾客详细介绍物流企业的服务项目、服务承诺、服务费用、交货方式、交货时间、交货地点、付款条件等,吸引他们采用本企业的服务;推销人员还要帮助企业收集和反馈市场信息,包括客户信息、市场供求信息和竞争对手的信息,从而使企业在竞争中立于不败之地。

②在企业成本允许的情况下,加强广告方面的费用。通过在电台、电视广播等视听媒体做广告;通过报纸、期刊、印刷品等传递广告;在街头、建筑物、车站、码头、体育场、旅游点等公共场所,或在允许的路牌、霓虹灯等地方张贴广告;通过邮政直接投递企业介绍、产品说明函件等方式做广告,使广大的企业了解本公司。

③营销推广:对选择本公司服务的企业予以价格折扣,赠送与企业相关的小礼品并向其提供服务促销和展示促销;对与企业进行合作的中间商予以现金折扣、特许经销、代销、试销和联合促销等策略;向企业的推销人员推出推销员竞赛、红利提成和特别推销金等方式调动其积极性。

④公共关系:处理好与客户之间的关系,解决好产品的售后服务,保护客户的利益;处理好与中间商的关系,实现互利互惠、共同发展;处理好与新闻界的关系,真诚相待、主动联系、促进人际关系,理解尊重、积极配合新闻工作者的工作,虚心接受新闻界的批评;积极参与慈善事业捐献,提高社会声誉;处理好与竞争对手的关系,加强合作,促进物流业的发展。

五、公司在其他方面进行营销管理

①信息共享:通过信息平台的建设,了解各个仓库以及供应商的货物状态,包括库存量

的数据、销售量数据、货物的走势情况及企业的回馈信息,并使各个仓库了解各供应商的货物品类、价格情况以及新品的推出,及时了解第一手的产品信息。

②建立企业自主的网站,将企业的各种产品服务信息在网络上向顾客展示,让他们进一步了解产品服务,增大顾客使用本公司服务的欲望。同时也可以扩大企业的知名度,也就是广告效应,从而扩大市场份额。

③通过信息网使所有信息共享,增加透明化,可以及时了解商品的各类信息,减少不必要的开支。

④在信息平台的基础上使用条形码技术、全球卫星定位系统(GPS)、物流采购管理和企业资源管理等物流管理软件,并对其实施无缝链接和有效整合,以充分满足客户日益增长的信息化需求。

⑤通过信息管理平台和库存管理系统进行单品管理,及时了解货物的动态。例如,货物当前的状况、销售情况、库存情况和资金(货款)到位情况,以便做出有效的决策。

问题:

1.请分析该物流营销策划书哪些方面做得比较好,为什么?

2.你觉得该物流营销策划书哪些方面还需要进一步加强,请指出具体需要改进的内容。

任务 1 编写物流营销策划书

7.1.1 情境设置

MM 快递公司现针对武汉大学生市场准备开展一系列营销策划活动,需编写营销策划书。请谈谈如何编写一份合格的营销策划书(可以从环境分析、市场细分和定位、产品、价格、渠道、促销、有形展示等方面考虑)。

7.1.2 学习目标

①了解物流营销策划书编写规则和步骤。

②掌握编写物流营销策划书的方法。

7.1.3 知识认知

1)拟订策划书的原则

(1)实事求是

由于策划案是一份执行手册,策划案就必须务实,使方案更符合企业条件的实际、员工操作能力的实际、环境变化和竞争格局的实际等。这就要求在设计策划案时一定要坚持实事求是的科学态度。在制订指标、选择方法、划分步骤的时候,要从主客观条件出发,尊重员工和他人的意见,克服设计中自以为是和先入为主的主观主义,用全面的、本质的、发展的观点观察认识事物。

（2）严肃规范

严肃规范就是要求人们在设计策划案时一定要严格地按照策划书的意图和科学程序办事。策划案是为策划书的开发利用寻找方法、安排步骤、制订规划的。它的出台是策划人依据策划的内在规律，遵循操作的必然程序，严肃认真、一丝不苟、精心编制而成的。因此，在拟订策划案的过程中严禁粗制滥造。严肃性原则还表现在一个科学合理的策划案被采纳之后，在实际操作过程中，任何人不得违背或擅自更改。

（3）简单易行

简单易行就是要求人们在设计策划案时一定要做到简单明了、通俗易懂、便于推广、便于操作。任何一个方案的提出都是为了能够在现实中容易操作，并通过操作过程达到预定的目的。为此，我们在策划案各要素的安排和操作程序的编制上要依据主客观条件尽量化繁为简、化难为易，做到既简便易行，又不失其效用。

（4）灵活弹性

灵活弹性就是要求人们在设计策划案时，一定要留有回旋余地，不可定得太死。当今是高速发展的时代，策划案虽然具有科学预见性的特点，但它毕竟与现实和未来存有较大的差距，因此，它在实施过程中难免会遇到突如其来的矛盾、意想不到的困难。例如，资金未到位，人员没配齐，物资不齐全，时间更改，地点转移，环境变化等。这些因素我们必须估计到，应提出应变措施，并能浸透到方案的各环节之中。一旦情况出现，便可及时对已定方案进行修改、调整。这样，既保证了原有意图在不同程度上得以实现，又避免了因策划案的夭折而造成重大损失。

（5）逻辑思维原则

商品企划目的在于解决企业行销中出现的问题，制订解决方案应按照逻辑性思维的构思来编制企划书。首先是了解企业的现实状况，描述进行该企划的背景，分析当前市场状况以及目标市场，再把企划中心目的全盘托出；其次详细阐述企划内容；再次明确提出解决问题的对策；最后预测实施该企划方案的效果。

（6）创意新颖原则

商品企划方案应该是一个"金点子"，也就是说要求企划的"点子"（创意）要与众不同、内容新颖别致，表现手段也要别出心裁，给人以全新的感受。新颖、奇特、与众不同的创意是商品企划书的核心内容。

2）营销策划书的框架

由于行业的差异和策划专题的不同，营销策划书框架纲要并无规定格式或固定模式。但是，从营销策划活动的一般规律来看，其中有些要素是共同的。一份比较完整的营销策划书框架的基本结构见表7.1。

综合性营销策划书是对企业营销活动的一个整体设计，其核心内容应包括环境分析、机会分析、战略及行动方案、营销成本、行动方案控制等。环境分析与机会分析我们在项目2中已做了介绍，这里重点介绍营销战略及行动方案。

表 7.1 营销策划书的基本结构

策划书的构成		要 素
①封面		策划书的脸
②前言		前景交代
③目录		一目了然
④概要提示		要点提示
正文	⑤环境分析	策划的依据和基础
	⑥机会分析	提出问题
	⑦战略及行动方案	对症下药
	⑧营销成本	计算准确
	⑨行动方案控制	容易实施
结束语		前后呼应
附录		提高可信度

所谓市场营销战略,是企业市场营销部门根据战略规划,在综合考虑外部市场机会及内部资源状况等因素的基础上确定目标市场,选择相应的市场营销策略组合,并予以有效实施和控制的过程。市场营销总战略包括产品策略、价格策略、营销渠道策略、促销策略等。市场营销战略计划的制订是一个相互作用的过程,是一个创造和反复的过程。

3)如何编制营销策划方案

合格的营销策划方案有以下五大部分:

(1)封面的制作

封面是营销策划书的脸。如一本杂志的封面设计一样,阅读者首先看到的是封面,因而如果封面能起到强烈的视觉震撼效果,给人留下深刻的第一印象,那么其对策划内容的形象定位将起到辅助作用。封面的设计原则是醒目、整洁,切忌花哨,至于字体、字号、颜色则应根据视觉效果具体考虑。策划书的封面可提供以下信息:策划书的名称、被策划的客户、策划机构或策划人的名称、策划完成日期及本策划适用时间段。

封面制作的要点如下:

①标出策划委托方。如果是受委托的营销策划,那么在策划书封面要把委托方的名称列出来,如××公司××策划书。

②取一个简明扼要的标题。题目要准确又不累赘,使人一目了然。有时为了突出策划的主题或者表现策划的目的,可以加一个副标题或小标题。

③标明日期。日期一般以正式提交时间为准。因为营销策划具有一定时间性,不同时间段上市场的状况不同,营销执行效果也不一样。

④标明策划者。一般要在封面的最下方标出策划者。如果策划者是公司,则须列出企业名称。

（2）前言撰写

前言一方面是对内容的高度概括性表综,另一方面在于引起阅读者的注意和兴趣。当阅读者看过前言后,能使其产生急于看正文的强烈欲望。

前言的文字以不超过 1 页为宜,字数可以控制在 1 000 字以内,其内容可以集中在 3 个方面:

①简单交代接受营销策划委托的情况。例如,A 营销策划公司接受 B 公司的委托,承担20××年度营销策划工作。

②进行策划的原因,即把该营销策划的重要性和必要性表达清楚,这样就能吸引阅读者进一步去阅读正文。

③策划过程的概略介绍和策划实施后要达到的理想状态的简要说明。

（3）设计目录

目录设计样例如图 7.1 所示。

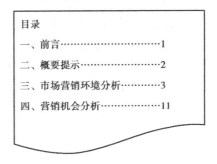

目录
一、前言·······················1
二、概要提示·················2
三、市场营销环境分析·······3
四、营销机会分析···········11

图 7.1　目录设计样例

目录的作用是使营销策划书的结构一目了然,同时也使阅读者能方便地查询营销策划书的内容。因此,策划书中的目录不宜省略。

如果营销策划书的内容篇幅不是很多的话,目录可以和前言同列一页。列目录时要注意的是:目录中所标的页码不能和正文的页码有出入,否则会给阅读者增加麻烦。

因此,尽管目录位于策划书中的前列,但实际的操作往往是等策划书全部完成后,再根据策划书的内容与页码来编写的。

（4）概要提示

为了使阅读者对营销策划内容有一个非常清晰的概念,使其立刻对策划者的意图与观点予以理解,作为总结性的概要提示是必不可少的。换句话说,阅读者通过概要提示,可以大致理解策划内容的要点。

概要提示的撰写同样要求简明扼要,篇幅不能过长,可以控制在 1 页以内。另外,概要提示不是简单地把策划内容予以列举,而是要单独成一个系统,因此,遣词造句等都要仔细斟酌,要起到"一滴水见大海"的效果。

概要提示的撰写一般有两种方法,即在制作营销策划书正文前事先确定和在营销策划书正文结束后事后确定,这两种方法各有利弊。一般来说,前者可以使策划内容的正文撰写有条不紊地进行,从而能有效地防止正文撰写的离题或无中心化;后者简单易行,只要把策划书内容归纳提炼好就行。具体采用哪一种方法,可由撰写者根据自己的情况来定。

（5）策划书正文的撰写

营销策划文案的具体内容如下：

①环境分析。环境分析是营销策划的依据与基础，所有营销策划都是以环境分析为出发点的。环境分析一般应在外部环境与内部环境中抓重点，描绘出环境变化的轨迹，形成令人信服的依据资料。

环境分析的整理要点是明了性和准确性。所谓明了性，是指列举的数据和事实要有条理，使人能抓住重点。在具体做环境分析时，往往要收集大量的资料，但所收集的资料并不一定都要放到策划书的环境分析中去，因为过于庞大复杂的资料往往会减弱阅读者的阅读兴趣。如果确需列入大量资料，可以以"参考资料"的名义列在最后的附录里。因此，做到分析的明了性是策划者必须牢记的一个原则。

所谓准确性，是指分析要符合客观实际，不能有太多的主观臆断。任何一个带有结论性的说明或观点都必须建立在客观事实基础上，这也是衡量策划者水平高低的标准之一。

②机会分析。这一部分可以把机会分析和前面的环境分析看成一个整体。而实际上，在很多场合，一些营销策划书也确实是如此处理的。

在这里，要从上面的环境分析中归纳出企业的机会与威胁、优势与劣势，然后找出企业存在的真正问题与潜力，为后面的方案制订打下基础。企业的机会与威胁一般通过外部环境的分析来把握；企业的优势与劣势一般通过内部环境的分析来把握。在确定了机会与威胁、优势与劣势之后，再根据对市场运动轨迹的预测，就可以大致找到企业的问题所在了。

③战略及行动方案。这是策划书中的最主要部分。在撰写这部分内容时，必须非常清楚地提出营销目标、营销战略与具体行动方案。这里可以用医生诊病的例子来说明。医生在询问病情、查看患者症状表现、把脉以及各种常规检查后（这可以看成进行环境分析和机会分析），必须对病人提出治疗方案。医生要根据病人的具体情况为其设定理想的健康目标（如同营销目标）、依据健康目标制订具体的治疗方案（如同营销战略与行动方案）。因此，"对症下药"及"因人制宜"是治疗的基本原则。所谓"因人制宜"，是指要根据病人的健康状况即承受能力下药，药下得太猛，病人承受不了，则适得其反。

在制订营销战略及行动方案时，同样要遵循上述两个基本原则。常言道"欲速则不达"，在这里特别要注意的是避免人为提高营销目标以及制订脱离实际难以施行的行动方案。可操作性是衡量此部分内容的主要标准。

在制订营销方案的同时，还必须制订出一个时间表作为补充，以使行动方案更具可操作性。此举还可提高策划的可信度。

④营销成本。营销费用的测算不能马虎，要有根据。像电台广告、报纸广告的费用等最好列出具体价目表，以示准确。如价目表过细，可作为附录列在最后。在列成本时，要区分不同的项目费用，既不能太粗，又不能太细。用列表的方法标出营销费用也是经常被运用的，其优点是醒目。

⑤行动方案控制。此部分的内容不用写得太详细，只要写清楚针对方案实施过程的管理方法与措施即可。另外，由谁实施也要在这里提出意见。总之，对行动方案控制的设计要

有利于决策的组织与施行。

⑥结束语。结束语主要起到与前言的呼应作用,使策划书有一个圆满的结束,而不致使人感到太突然。结束语中再重复一下主要观点并突出要点是常见的。

⑦附录。附录的作用在于提供策划客观性的证明。因此,凡是有助于阅读者对策划内容的理解、信任的资料都可以考虑列入附录。但是,为了突出重点,可列可不列的资料还是不列为宜。作为附录的另一种形式是提供原始资料,如消费者问卷的样本、座谈会原始照片等图像资料等。作为附录也要标明顺序,以便寻找。

4)撰写营销策划书注意要点

营销策划书和一般的报告文章有所不同,它对可信性、可操作性以及说服力的要求特别高。因此,要运用撰写技巧提高可信性、可操作性以及说服力,这也是策划书撰写追求的目标。

(1)寻找一定的理论依据

欲提高策划内容的可信性,并使阅读者接受,就要为策划者的观点寻找理论依据。事实证明,这是一个事半功倍的有效办法。但是,理论依据要有对应关系,纯粹的理论堆砌不仅不能提高可信性,反而会给人脱离实际的感觉。

(2)适当举例

这里的举例是指通过正反两方面的例子来证明自己的观点。在策划报告书中适当地加入成功与失败的例子,既能起调节结构的作用,又能增强说服力,可谓一举两得。这里要指出的是,应以多举成功的例子为宜,选择一些国外先进的经验与做法以印证自己的观点是非常有效的。

(3)利用数字说明问题

策划报告书是一份指导企业实践的文件,其可靠程度如何是决策者首先要考虑的。报告书的内容不能留下查无凭据之嫌,任何一个论点均要有依据,而数字就是最好的依据。在报告书中利用各种绝对数和相对数来进行比照是绝对不可少的。要注意的是,数字需有出处,以证明其可靠性。

(4)运用图表帮助理解

运用图表能有助于阅读者理解策划的内容,同时,图表还能提高页面的美观性。图表的主要优点在于其有强烈的直观效果,因此,用其进行比较分析、概括归纳、辅助说明等非常有效。图表的另一优点是能调节阅读者的情绪,从而有利于对策划书的深刻理解。

(5)合理利用版面安排

策划书视觉效果的优劣在一定程度上影响着策划效果的发挥。有效利用版面安排也是策划书撰写的技巧之一。版面安排包括打印的字体、字号、字距、行距以及插图和颜色等。如果整篇策划书的字体、字号完全一样,没有层次、主辅,那么这份策划书就会显得呆板,缺少生气。总之,良好的版面可以使策划书重点突出,层次分明。

应该说,随着文字处理的电脑化,这些工作是不难完成的。策划者可以先设计几种版面,通过比较分析,确定一种效果最好的设计,然后再正式打印。

（6）注意细节，消灭差错

细节往往会被人忽视，但是对于策划报告来说却是十分重要的。可以想象，如果一份策划书中错字、漏字连续出现的话，读者怎么可能会对策划者抱有好的印象呢？因此，对打印好的策划书要反复仔细地检查，特别是对企业的名称、专业术语等更应仔细检查。另外，纸张的好坏、打印的质量等都会对策划书本身产生影响，所以也绝不能掉以轻心。

7.1.4 技能训练——某物流企业营销策划书

1）公司介绍

本公司位于江苏省徐州市，主要经营与物流企业相关的各项业务，如装卸、包装、运输、配送等。由于自身实力有限，加上金融危机的影响，企业的营业额不断下降，实力与竞争力大不如前。为扭亏为盈，本企业通过对市场的调查及市场环境的分析，制订营销策划书，拟对企业资源进行重新整合与规划，重新出发，争取在市场中占有一席之地。

2）营销环境分析

传统运输、仓储企业向第三方物流企业转变的重要标志是企业能否为客户提供一体化物流服务，是否拥有结成合作伙伴关系的核心客户。从目前情况看，我国大部分物流企业仍然主要在提供运输、仓储等功能性物流服务，通过比拼功能服务价格进行市场竞争。要改变这种状况，一个重要方面就是要超越传统物流服务模式，在服务理念、服务内容和服务方式上实现创新。首先，要认清一体化物流与功能性物流在服务性质、服务目标和客户关系上的本质区别，树立全新的服务理念；其次，要在运输、仓储、配送等功能性服务基础上不断创新服务内容，实现由基本服务向增值服务延伸，由物流功能服务向管理服务延伸，由实物流服务向信息流、资金流服务延伸，为客户提供差异化、个性化物流服务；同时，要根据客户需求，结合物流企业自身发展战略，与客户共同寻求最佳服务方式，实现从短期交易服务到长期合同服务，从完成客户指令到实行协同运作，从提供物流服务到进行物流合作。

（1）国内环境分析

我国的现代物流需求虽然存在，但还未达到由需求拉动产业发展的程度。不少企业不太了解我国物流市场需求状况就急于进入物流市场，势必会给物流企业带来巨大风险，使企业利益受损，同时也不利于中国物流产业的良性发展。虽然我国现有的物流服务还没有摆脱传统的以运输费、仓储费为指标的结算方式，但物流企业在开发一体化物流项目时，仍应避免与客户纠缠于就功能性服务收费进行讨价还价。要从客户物流运作的不足切入，与客户共商如何改进，让客户先认识到物流企业的服务能带来的好处，再商谈合理的服务价格。实际上，如果客户因为物流的合理化而发展壮大，物流外包规模自然会相应扩大，双方合作的深度与广度也会随之增加，物流服务的收益和规模效益必然会提高，这就是双赢的合作伙伴关系。

（2）徐州市物流现状及发展思路与目标

①现状。徐州铁路地处苏、鲁、豫、皖交汇区域，物流市场潜力巨大，有较大的市场机遇。辖区丰富的物流资源由于一系列主客观原因，尚未有效开发创效。因此，必须认真研究，制

订对策,把握机遇,才能实现铁路物流业的发展。从徐州铁路物流业的现状看,徐州铁路的物流企业是在铁路多元经营运输延伸服务项目的基础上发展起来的。从业务性质看,主要开展了运输、仓储、装卸、配送、代理等项目。从组织结构看,一般有两种模式:一种是设立总公司,各车务段所在地设立分公司的统管形式;另一种是设立委托各车务段代管分公司的托管形式。从业务运作看,主要是依赖铁路垄断优势地位,依附铁路运输资源紧张,提供仓储、装卸、配送、代理等服务产品。

②徐州物流发展的思路与目标。针对目前徐州物流发展的现状,应坚持"统筹规划、政府引导、市场运作"的原则,依托东部产业基地和消费市场,以提高物流效率和降低社会物流成本为中心,以公路、铁路、水路为基础,以信息技术为手段,重点建设物流集中发展区和扶持第三方物流企业,整合物流资源,实现物流的社会化、专业化、规模化、信息化、一体化,把徐州建设成为东部重要的现代物流中心。发展区域型综合物流基地、专业配送中心、保税物流中心,形成层次分明、运转有序的物流体系,培育徐州物流业的品牌优势和核心竞争力,形成规模化、专业化、一体化的现代物流群体,使物流业成为徐州经济的支持产业之一。同时,放宽物流市场准入政策,探索沿海城市发展物流的新模式,构建连接国际国内经济发达地区的物流快速通道,启动公共物流信息平台建设,提高综合物流效率。

目前,徐州市物流业缺少大规模、高起点、现代化新型物流配送中心,一般的运输企业和传统的物流企业很难满足当今经济快速发展、流通的市场需求。

3)公司的市场定位及目标

随着社会经济的发展,满足物流客户的个性化需求已经成为物流企业营销的重点。企业营销战略的制订要从客户开始,并进行市场细分,选择目标市场,确定公司的定位。

(1)公司定位

通过对我国物流市场及徐州物流市场的分析,公司定位于提供一体化的物流服务。在第三方物流的基础上结合现代电子商务,充分发挥电子商务的信息化、自动化、网络化、智能化、柔性化特点与功能,集采购、包装、装卸、运输、储存保管、流通加工、配送、物流情报等功能要素于一体,建立集物流、商流、资金流、信息流于一体的现代物流企业。

(2)公司的目标

公司的目标是:在传统物流的基础上,进一步推动现代物流的发展,以提高供应链管理水平为核心,以实现物流资源整合为出发点,引进信息技术,建立互联互通的信息网络平台,提供创新服务。

同时,通过信息交换平台,公司将为传统企业提供丰富多样的贸易整合机会,并使企业的采购和销售成本大大降低。任何有物流需求的企业都可通过此平台提交服务诉求,通过平台进行低成本营销,拓展业务和市场,借助网络媒体的互动性,实现网上宣传和网上营销的一体化,从而最大限度地满足市场需求。

4)营销组合策略

市场营销组合是指企业针对目标市场综合运用各种可能的市场营销策略和手段组成一个系统化的整体策略,以达到企业的经营目标,并取得最佳的经济效益。它是由产品策略、定价策略、销售渠道策略以及促销策略等组成的,每个策略又有其独立的结构。企业在分析市场、选择自己的目标市场以后,就要针对目标市场的需求有效地利用本身的人力、物力、资源趋利避害,扬长避短,设计企业的营销战略,制订最佳的综合营销方案,以便达到企业的预期目标。

(1)产品策略

产品策略是指做出与企业向市场提供的产品有关的策划与决策。产品与服务是营销组合中至关重要的因素。

①增设采购、仓储、物流信息供应等产品线,实现一体化的管理。

②提供增值服务,如在仓储服务中建立高层的自动化仓库,利用巷道式堆垛起重机和激光引导无人驾驶小车完成物流任务,吸引大型企业,满足其要求。

③物流功能服务向管理服务延伸。

④实物流服务向信息流、资金流服务延伸。

⑤既要注重长途运输,又要发展短途运输、送货上门等低值的服务,吸引小企业。

⑥增加仓库、汽车等的数量,加强人员素质的培养等,通过这种有形商品的合理使用,可以有效地吸引客户。

⑦引进新技术,设计本企业的物流服务项目,实现物流服务的全面升级。

(2)定价策略

价格是市场营销组合因素中十分敏感而又难以控制的因素,它直接关系着客户对物流服务的接受程度,影响市场需求和企业的利润。物流服务的定价策略对物流系统及其所提供的服务具有重要作用,定价策略正确与否将影响物流活动的广度、深度及其顺畅性。

(3)分销渠道策略

在现代市场经济条件下,生产者与消费者之间在地点、时间、数量、品种、信息、产品估价和所有权等方面存在着差异与矛盾。企业生产出来的产品只有通过一定的市场分销渠道,才能在适当的时间、地点以恰当的价格供应给广大消费者和用户,从而克服生产者和消费者之间的差异和矛盾,满足市场需求,实现企业的市场营销目标。

①采用广告、电话、电视直销等直接渠道,并利用互联网加强网络营销。

②寻找采购代理商。采购对于本企业来说是新建立的产品线,所以还不够提供完善的采购服务,所以要寻找采购代理商进行代理。

③与经纪商建立长期的合作合同,把企业洽谈业务的环节交由经纪商负责,企业集中精力进行物流服务。

(4)促销策略

物流企业的服务特性使其沟通与促销和产品的促销有一定的差别,因此,为了进行有效的促销管理,物流服务促销必须遵循其特有的原则,进行周密的安排与计划。物流企业常使用的沟通与促销的工具包括人员推销、广告、营销推广、公共关系等。伴随着信息技术的发展和服务理念的演进,物流企业的促销将不断推出新的策略与方法。

①加强企业推销人员素质的培养,增强其销售手段和技能。推销人员要熟悉本企业的发展历史、经营理念、企业文化、交货地点、企业规模、经营目标、企业的优势以及未来的发展等,以取得客户的信任和支持;推销人员要向顾客详细介绍物流企业的服务项目、服务承诺、

服务费用、交货方式、交货时间、交货地点、付款条件等,吸引客户采用本企业的服务;推销人员还要帮助企业收集和反馈市场信息,包括客户信息、市场供求信息和竞争对手的信息,从而使企业在竞争中立于不败之地。

②在企业成本允许的情况下,加强广告方面的费用。通过在电台、电视广播等视听媒体做广告;通过报纸、期刊、印刷品等传递广告;在街头、建筑物、车站、码头、体育场、旅游点等公共场所,或在允许的路牌、霓虹灯等地方张贴广告;通过邮政直接投递企业介绍、产品说明函件等方式做广告,使广大的企业了解本公司。

③营销推广:对选择本公司服务的企业予以价格折扣,赠送与企业相关的小礼品并向其提供服务促销和展示促销;对与企业进行合作的中间商予以现金折扣、特许经销、代销、试销和联合促销等策略;向企业的推销人员推出推销员竞赛、红利提成和特别推销金等方式调动其积极性。

④公共关系:处理好与客户之间的关系,解决好产品的售后服务,保护客户的利益;处理好与中间商的关系,实现互利互惠、共同发展;处理好与新闻界的关系,真诚相待、主动联系、促进人际关系,理解尊重、积极配合新闻工作者的工作,虚心接受新闻界的批评;积极参与慈善事业捐献,提高社会声誉;处理好与竞争对手的关系,加强合作,促进物流业的发展。

5)公司在其他方面进行营销管理

①信息共享。通过信息平台的建设,了解各个仓库以及供应商的货物状态,包括库存量的数据、销售量数据、货物的走势情况及企业的回馈信息,并使各个仓库了解各供应商的货物品类、价格情况以及新品的推出,及时了解第一手的产品信息。

②建立企业自主的网站,将企业的各种产品服务的信息在网络上向顾客展示,让他们进一步了解产品服务,增大顾客使用本公司服务的欲望。同时也可以扩大企业的知名度,也就是广告效应,从而扩大市场份额。

③通过信息网使所有信息共享,增加透明化,可以及时了解商品的各类信息,减少不必要的开支。

④在信息平台的基础上使用条形码技术、全球卫星定位系统(GPS)、物流采购管理和企业资源管理等物流管理软件,并对其实施无缝链接和有效整合,以充分满足客户日益增长的信息化需求。

本企业在现代经济社会条件下提出物流服务项目的营销,必将提升企业的竞争力,占据更多的市场份额,从而促进区域内物流企业的改革,促进各物流企业的发展,提升整个物流业的水平。

问题:

1.你觉得该营销策划书哪些方面还需要进一步完善?

2.请列举出你的建议。

任务2 物流营销方案阅读与训练

7.2.1 物流营销方案精选阅读

方案1

德邦营销策划方案

一、公司简介

德邦始创于1996年9月。12年来,公司秉承"承载信任,助力成功"的服务理念,重品牌、讲诚信,以每年60%的发展速度在中国物流行业迅速崛起。德邦志在成为中国人首选的国内物流运营商,公司以"为中国提速"为使命,凭借一流水准的服务体系和持续完善的营业网络,竭诚为广大客户提供快速、安全、专业的服务!

二、当前营销状况分析

1.市场状况

快递市场是一个潜力巨大的市场,但是,即便近两年迅速发展了,如今全国的快递业务量还不到GDP的0.3%,与发达国家的1%相比,差距甚大。我国每年快递业务量约20亿件,发展空间巨大。

2.产品状况

1)产品介绍

德邦快递采用标准定价与标准操作流程为客户提供安全可靠、服务专业、高性价比的快递体验。

2)产品优势

①安全可靠,德邦快递。凭借遍布全国的4 026家直营门店、GPS全程货物跟踪,确保您的货物安全送达。

②专业服务,德邦快递。凭借56 761名优秀员工、体贴入微的增值服务体系,令您尊享全方位的专业服务。

3)增值服务

①代收货款:替客户收回货款后,在承诺的退款时效内将货款汇出,包括"即日退"和"三日退"。

②保价:寄件人可对托寄物内容向我公司声明价值,并缴纳相应的费用。当货物在运输过程中发生损坏时,我公司将按照托运人的声明价值赔偿一定损失。

③短信通知:及时通过手机短信向客户传递货物信息,通知内容包括货物出发、派前通知、签收短信等信息。

④实时跟踪:利用GPS全程定位,客户可以在我官网"货物追踪"输入单号,查询货物实时状态。

⑤包装:根据所寄快件类别的实际情况,为客户提供最佳的包装服务。

3.竞争状况

快递行业内现有企业之间的竞争:

1)国际快递企业的竞争

在国际快件市场上,邮政没有多少市场份额,敦豪集团(DHL)、联邦快递(FedEx)、联合包裹(UPS)、天地快件(TNT)为四大寡头,其他竞争者缺乏竞争实力。

2)国内快递企业的竞争

①由于计划经济下的政策性保护,中国邮政快递长期处于霸主地位。邮政快递不仅拥有一个遍及全国各省、市、区、县的服务网络,而且拥有连接世界各国的实物投递网络。这是民营快递企业很难与之比拟的。

②民营快递规模普遍偏小,缺乏资金支持。而且全国各类民营快递企业超过一万多家,市场需求将近饱和。民营快递行作为一种新兴行业,已经供大于求,快递行业已从暴利时期进入微利时期。而民营快递企业之间为了争夺市场纷纷采取价格战,行业竞争已从良性竞争进入恶性竞争,其竞争程度非常激烈。

③由于国情差异,国内消费者对快递价格特别敏感,这使得像UPS、FedEx、DHL、TNT等跨国快递巨头这样强调服务质量但价格偏贵的洋快递在国内表现不佳。

4.定价状况

快递行业的价格状况如下:

1)快递行业的目前整体价格形势分析

2009年11月后,大型民营快递纷纷涨价。上海、北京等城市将五环以内同城快递起步价由5元涨至8元,但一部分小型快递公司仍维持原价,导致大小民营快递之间的价格拉开了差距。

从2016年底开始,韵达、圆通、申通等沪上大型民营快递陆续发布声明,称燃油价格、人工及其他物品价格不断上涨,导致快递服务运营成本增大,因此决定适当上调价格以确保客户快件正常运行。

随后中通和天天快递等多家民营快递也加入了涨价大军。据悉,目前大部分民营快递五环内同城快递起步价都由5元涨至8元,涨幅达到60%。而发往外省市的快件价格,1千克以内由原来的10元涨到12~15元。

不过,顺丰、宅急送等原本价格较高的快递没有跟风涨价,EMS同城快递价格也维持12元不变。此外,大部分以同城快递为主营业务的小型民营快递并未涨价,如快递行业竞争激烈的中关村等地区价格仍是5元起步,只有少数快递价格上调了1~2元。

价格之后的竞争是价值的竞争,从低价走向高价就要面对提升服务价值的考验。快递企业要解决自身困境就必须加大基础设施建设投入,提升服务能力,提升服务品质,提高员工的待遇,解决招工难的问题。

2)德邦的差别定价策略

德邦依据客户不同、产品服务项目不同、地区不同、物流条件不同等制订了不同的价格。小部分地区快递首重为8元,其他地区价格以10元、12元、15元为主,最高20元(新疆地区)。续重价格最低为2元(江苏省),小部分地区3元,主要以8元、10元为主,最高15元

（新疆地区）。由此看出，快递越难送到的地方，物流成本越高，快递价格也就越高。价格比较低的地区主要分布在江苏省、上海市、浙江省、安徽省等物流水平发达地区。因此，德邦主要是根据物流成本来决定价格。

3）价格策略的建议

关于价格策略的建议如下：

①采用折扣定价的方法。折扣定价的方法是在很多行业都采用的方法，而这个定价方法对快递业同样是适用的。在节假日的时候，或者公司搞活动的时候，都可以搞一些折扣，以吸引更多的顾客。还有数量折扣，只要顾客所寄送的货物达到了一定的数量就可以给予一定的折扣，这也可以加大顾客对快递服务的依赖程度。还有推广期的折扣策略，这种策略是一个快递企业在新的服务上市的推广期内，在这种服务还没有被大多数人认识的情况下，为了招徕更多的客户而可以采用的一种较高的折扣方式。

②采用以满意为基础的定价策略。这是价格与服务承诺和保证相捆绑的定价策略。它将快递服务的价格、服务保障和保险捆绑在一起，即为快递服务制订一个价格水平，一旦服务结束时客户的货物受到损坏，或者货物的送达在时间上超过了规定的时间，快递公司都要付给客户一定的赔偿金。

还有价格与客户的最大期望相捆绑的定价策略，即快递公司在定价时，首先要知道客户关于该项快递服务的最大关注点、最大期望、最计较和最在意的点在哪里。如果客户最关注的是运输的速度，就把定价与速度结合起来，按照不同的送达时间收取不同的运输费用。

③根据竞争者的导向定价。即主要根据竞争者的定价水平作为快递业自己定价的重要依据。随行就高定价、随行就低定价和等于竞争对手的定价，无论采用哪个定价法，只要能够促进自身企业的发展，无论用什么策略都是可行的。

④成本导向的定价方法。快递业的定价可以按照完全成本定价的方法，或者目标利润定价的方法，或者盈亏临界点定价的方法，或者边际贡献定价的方法。这些方法的使用都是根据快递公司自身的情况来决定的。快递公司适用于什么样的定价方法还是应该结合自身实际来确定。

5.分销状况

1）特许加盟

特许加盟连锁是快递企业迅速发展壮大的一大法宝。但是，随着企业的成长，最初的圈地方式逐渐呈现出弊端。由于单纯以占山头为目的的扩展方式比较粗放，没有统一的管理和调度，品牌商对加盟商的控制力较弱，快递公司都存在部分加盟商加盟或代理两个快递品牌的现象，使客户对企业的认同感降低，难以形成客户忠诚度。此外，快递丢失和损毁问题一直无法得到很好解决，时有加盟公司打着品牌公司的旗号私拆客户信件、拖延投递时间等行为发生，对品牌造成很大的负面影响。

2）分销渠道建议

①建立公司专有合作客户关系，利用合作客户的名声等优势为自身吸引更多的客户，在保持好原有客户关系的基础上挖掘潜在客户，进而增加公司业务量。

②化加盟商管理体系，提升自身价值。

③拓展三四线城市的业务，注意县级城市经济的发展；随着国家对县域经济的重视以及

过去几年县域经济的高速发展,目前三、四级市场的消费潜力巨大,而且人们的消费意识也逐渐提高。

④完善物流基地、配送中心等基础设施的建设。

⑤完善网络信息系统,加强企业信息化建设,实现货物的全程跟踪,保障服务质量。

⑥在大城市物流市场供应饱和的状态下,将原有的终端渠道下沉到二、三级市场,或者实行扁平化营销模式,这对品牌的宣传和认知度都有着巨大的推动作用。特别是扁平化营销模式,它降低了中间的烦琐环节,让地方的代理商直接和厂商联系,减少成本,加大了市场的成交量。这对拉动市场潜力以及及时反馈消费者的需求意见、完善终端服务起到了很大的作用。

6.促销状况

1)人员推销

德邦快递公司每年都会招聘一些高校应届毕业大学生进行实习,通过对员工素质的培养,建立一支高效的推销队伍,进行直接的人员推销。在高素质队伍的建设中,积极建立品牌形象推广渠道,直接与需求企业沟通对话,以取得更多的市场信赖和市场占有率。

2)网站促销

德邦快递公司自建网站,除了发布公司简介、业务介绍等信息外,还将开辟其他栏目来满足网络用户对德邦快递物流公司文化资源的访问需求。这样就可以通过吸引众多厂商对公司网站的访问来起到宣传公司品牌及业务的营销效用,提高供应对象对公司及物流业务的知名度、美誉度、忠诚度等。其开设的栏目有网上服务、产品推荐、动态新闻、人力资源等,突出德邦快递公司网站所独有的信息资源。

3)广告促销

德邦快递公司的广告措施包括:

①品牌标志创建。

②德邦快递物流公司广告促销包括:印刷媒体——报纸、期刊;视听媒体——网络广告、电视广告;户外媒体——广告牌、招牌;邮寄媒体——宣传单等。

三、德邦物流问题分析

德邦物流也存在一些问题。

1.存在的问题

德邦快递在标准化管理工作中存在以下问题:企业管理者与员工存在物流标准化意识、质量意识淡漠现象;物流标准化管理思想和制度宣传贯彻不够;标准实施组织执行不力、过程中监督管理不够。

2.对策

针对德邦快递在标准化管理中存在的主要问题,提出以下优点策略:

①转变观念,找准地位。

②建立健全物流标准化管理制度,加强管理制度的贯彻实施。

③加强物流标准化监督工作。

四、发展趋势

提高服务,转型升级,在细分市场上重新定位,避开竞争焦点,加速转型渗透新领域,积极寻找新的利润增长点,逐步向电子商务、金融、代理、运输、仓储等与物流相关的诸多领域渗透,开拓新的市场。将服务产品的市场定位从低端市场向中高端市场延伸,为目标客户量身提供货物保险、物流仓储、供应链管理、VIP套餐等服务,提升利润空间,拓展发展平台。把市场竞争定位在服务水平和品种的性价比上,摒弃长期以来的"低价竞争"策略。

方案2

天地华宇市场营销策划方案

一、企业简介

天地华宇是中信产业投资基金管理有限公司(简称中信产业基金)旗下的全资公司,并在2005年就已拥有国家第一批AAAAA级物流企业资质认证。天地华宇为世界500强企业、全球四大快递公司之一TNT的在华全资子公司。作为国家一级运输资质企业,天地华宇始终致力于打造中国最强大、最快捷、最可靠的递送网络。天地华宇的前身黑龙江省华宇物流集团于1995年始建于广州,公司总部设在上海,早在20世纪90年代就已经在中国开展公路运输业务,拥有中国最大的公路快运网络之一。截至2017年,天地华宇在全国600个大中城市拥有54个货物转运中心、1 500家营业网点和16 000名员工。

在中信产业基金强有力的领导与支持下,天地华宇致力于打造国内领先和最值得信赖的高效物流服务提供商,将继续加大运营(门店、大型分拨中心及线路优化)、IT系统、员工培训及车辆采购等方面的投入,巩固其在"定日达"公路快运市场的领先地位。

天地华宇遵循"以人为本"的人才战略,拥有较为完善的员工管理与福利制度,不断加强员工的培训与职业规划,为全体员工提供良好的职业发展环境和广阔的发展平台,为客户提供最佳的服务体验。

二、产品策略

企业产品策略包括以下内容:

1."定日达"基本介绍

1)关于"定日达"

"定日达"是天地华宇面向企业客户提供的高端公路快运服务,它以"准时、安全、优质服务"作为核心价值,以高度的时效性和安全性成为中国公路快运的领先品牌。"定日达"于2009年2月推出,让客户以不到航空货运1/3的价格享受堪比航空货运的高性价比服务,成为全球财富500强在内的众多企业级客户首选的公路快运产品之一。截至2014年3月底,天地华宇拥有1 773条"定日达"运营线路,1 470个"定日达"服务网点,涵盖环渤海湾、长江三角洲、珠江三角洲、东北三省以及中西部经济活跃地区。

2)"定日达"三大核心价值

①准时:"定日达"的每辆运输车上都安装了GPS全球定位系统,实现车辆在运输过程中的全程追踪、实时监控,并通过严格控制发车时间、车辆在途时间来确保客户的货物准点到达。

②安全:"定日达"专车从发车至到达全程封闭,全程GPS监控,确保客户的货物安全抵达。

③优质服务:"定日达"通过专业的客服团队及全国统一的400客服电话为客户提供一

对一的贴心服务;免费为发货方提供到货通知,使其第一时间获取到货信息。

2.公路零担

以下是公路零担的相关内容。

①拥有覆盖全国的公路快运网络。

②以站到站的运输方式在全国 600 个城市的 1 500 家网点提供取送货服务。

③经济实惠,为客户提供经济实用的全国性标准零担公路运输服务。

④运输快捷,主要中心城市之间的运输时间为 2~4 天,市县级城市则为 3~6 天。

3.整车特运

整车特运有以下特点:

①专车为您服务。

②门到门一站式公路运输,在全国 600 个城市的 1 500 家网点提供取送货服务。

③可按客户要求单独定制门到门运输时间。

④适合于货物达到一定标准(有专属承运车辆直接运输并原车送货的单票货物或同一收货人的多票货物;有专属承运车辆直接运输到多地下货并全部原车送货的发车;单票货物体积或质量占当次承运车辆额定质量或体积的 80% 及以上的发车;配零担货时,整车运费金额占当次发车总运费金额 80% 及以上的发车)、对时间有一定要求的用户,适用卡车吨数为 5~25 吨。

⑤承运超重、异型等特殊货物。

4.增值服务

增值服务包括以下内容:

①状态追踪:在途信息轻松掌握。天地华宇提供网上查询和电话查询两种货物追踪功能,让您实时掌握货物在途情况。

②签单返回:让货物运单也"礼尚往来"。天地华宇提供的签收单返回服务可以将收货人签收后的签收单返还给发货人,确保货物安全到达。

③短信通知:第一时间,让您安心。我们通过短信提供到货信息给收货人,让收货人能更迅速地安排货物运输的下一个环节。

④便捷下单:多种渠道,提供便捷服务。我们提供电话下单、网络下单、门店下单、销售人员上门提货下单等多种下单方式,最大限度为您提供便捷服务。货物保价零损失、零风险,即天地华宇承运的所有货物均向保险公司全额投保,让客户的货物更有保障。保价后如有损坏或灭失,将会按照实际损失赔偿。

5.产品策略分析

"定日达"是天地华宇物流公司的第一大产品,以其"准时、安全、优质服务"为特色,让客户以不到航空货运 1/3 的价格享受堪比航空货运的高性价比服务。同时,公司开发了公路零担业务,以经济实惠的价格、高效快捷的运输效率,以及完善的交通运输网络和服务站点,使得客户的需求能够得到有效的满足。

在此基础之上,还加大了公司产品的深度:整车特运,按照客户需求制订特定的运输。例如,针对超重、异型等特殊货物组织运输活动;同时,为了更好地服务与运输,加强各个产品的相关性,实现运输货物状态追踪、提供的签收单返回等服务,还将增值服务有机地与"定日达"、公路零担、整车特运相结合,大大地提高了公司的整体运行效率,能够更好地为客户服务。

三、价格策略

主要包装材料:

①纸箱:五层瓦楞纸设计,纸板含水量适中,挺度和耐折度俱佳,内防震动外防戳穿。

②打包带:PP打包带,断裂强度高,有效防止纸箱破损、变形,是纸箱货物的"安全带"。

③纤袋:多层加厚纤袋,防潮、防油污、防散落,为布匹、服装和其他小件货首选"保护伞"。

④木架:松木原料,专业木工纯手工打造,铁钉加固,为易碎、易晃动物品(如贵重物品仪器、机器、电脑等)量身设计。

⑤缠绕膜、气泡膜、珍珠棉:新型塑料缓冲材料,质地轻、透明性好,良好的减震性、抗冲击性,是易碎易损货物包装的首选良材。

⑥蜂窝纸箱:新型耐挤压、抗缓冲、强防震纸箱,纸板防水、防潮,材质轻、承重大。与木箱相比,质量轻55%~75%,缓冲性能却高出2~8倍。

现假设有一批大型家电需从天津运往上海,而大型家电一般都是用纸箱包装,按照货物的质量、运送地点的里程计算运价。则天地华宇的运价标准为:单价是2.9元/千克(319元/立方米),最低纯运费为35元。按照纸箱长宽高计算,最小长度90厘米,宽度60厘米,高度120厘米的纸箱为20元;最大长度180厘米,宽度100厘米,高度140厘米的纸箱为50元。

从货主发货次日算起,第二天下午17:30前通知收货人,如果没有在规定时间内发货,天地华宇公司将在24小时内主动与收货人联系。

一般情况下是质量×质量单价或体积×体积单价,两者取较大值收费。

四、渠道策略

天地华宇物流公司坚持以"客户为中心"的服务理念,坚持以"安全、高效、准确、即时"为服务目标,逐步实施现代科学物流发展战略。业务配送以上海为中心,面对珠江三角洲,借助自身货运专线辐射全国,目前已为多家大型零售商、采购商和知名产品制造商提供最优质的物流服务。该公司成立至今得到了飞速的发展,客户类型有化工、电子器材、家具、机械、电器等产品,已承接了多家大型公司的运输业务。作为全国唯一的货物专业航空公司,自1985年以来,天地华宇物流公司已经建立了自己的声誉:安全、快速和可靠的性能。

1.市场状况分析

天地华宇物流主要的运输业务有定时快运和定日特运,市场固定为大中小型城市之间的货物运输,面向的企业主要是仓储和配送,这些企业大多是属于有货物运输需求却没有货物运输能力的企业。目前,快递市场是一个潜力巨大的市场,但是,即便近两年迅速发展,如今全国的快递业务量也不到GDP的0.3%,与发达国家差距甚大。我国每年快递业务量约20亿件,发展空间巨大。而且天地华宇物流于1995年在广州成立,有一定的品牌优势,发展历史悠久,市场优势较强。

2.服务项目

天地华宇有以下服务项目:

1)货物保价,零损失,零风险

天地华宇承运的所有货物均向保险公司全额投保,让客户的货物更有保障。保价后如有损坏或灭失,将会按照实际损失赔偿。

2) 代收货款,事半功倍,货款代收增高效

天地华宇通过一个共同平台办理货运及收款,将收到的货款及时转入发货客户的账号。作为中国首批 AAAAA 级物流资质企业和中国领先的公路快运企业,天地华宇有雄厚的资金和信用为您的资金安全提供保障。

3) 安全包装360度,全方位的安全运输

安全的包装是完美运送的第一步。天地华宇提供抗压纸箱、纤维编织袋等包装材料,同时也提供专用木箱打包服务。我们还为"定日达"的客户提供专属双锁金属笼箱,以确保货物的安全运输。

4) 提货密码,提货新保障,安全更放心

为了加强货物安全,天地华宇通过设置提货密码来避免货物冒领。由发货公司将运单输入系统后,会自动生成提货密码,并在到货后短信告知收货人,收货人根据此提货密码至到货公司验证无误后方能提货,尽最大可能保障您的货物安全。

3.公司拥有属于自己的渠道成员,并进行统一管理和控制

在这个系统中,通过正规的组织进行渠道成员间的合作与冲突控制。在进行渠道管理的同时,通过业务人员或其他的沟通交流方式进一步加强和顾客的联系与合作。只有通过与顾客的长期紧密合作,才能保持运输的市场占有率。我们建立起对整个渠道网络的控制机制,为此我们有较完备的营销渠道。

五、促销方式

公司有以下促销方式:

1."定日达"的推广广告促销

"定日达"的推广促销包括:

①新线"定日达",好礼等您拿。

②"定日达"又添66条专线,条条为您送好礼。

③新线新店,首月体验,8折畅想"定日达"。

④新线天天开,好礼天天拿,"定日达"新线运营,好"运"有您。

2.公共关系促销

天地华宇物流公司自建网站,除了发布公司简介、业务介绍等信息外,还通过吸引众多厂商对公司网站的访问起到宣传公司品牌及业务的营销效用,提高供应对象对公司及物流业务的知名度、美誉度、忠诚度等。其开设的栏目有物流资讯、产品推荐、动态新闻、媒体报道等,同时还开通了在线客服、官网留言、阿里旺旺等多个服务渠道,突出天地华宇物流公司网站所独有的信息资源。

3.营业推广促销

天地华宇电子商务物流服务以传统物流为基础,可通过天地华宇官方网站网上营业厅、掌上华宇及国内各大知名电子商务平台实现网上下单、订单管理、价格查询、网点查询、客户资料管理及发货历史清单查询等功能。电子商务物流服务是提升电商客户体验、提高物流效率、助力电商客户成功的有效渠道,有以下两种服务模式:

①电子商务第三方信息(交易)平台用户(阿里巴巴,淘宝网,天猫商城,京东商城,苏宁

易购,金蝶友商,QQ速递)。

②天地华宇自主服务平台。

六、促销策略

策略一:新用户注册最高送50元运费,推荐好友发货成功送10元运费抵用券。

针对天地华宇所有营业网点的新客户,一旦在天地华宇网上营业厅注册成功,就将获赠一份运费抵用券。抵用券金额由系统随机生成,最低10元,最高为50元。注册用户发送推广链接邀请好友注册网上营业厅,下单并成功发货,发送邀请用户即可获得10元运费抵用券。

以抵用券的形式去吸引消费者的购买欲望,并让消费者与消费者之间对天地华宇这个企业进行推广,大力度地宣传了天地华宇这个企业的声誉,使天地华宇真正达到了步入市场、打开市场、占领市场的目的。

策略二:校园托运。

天地华宇在校园开展了"致别青春校园,承运最美记忆"的活动,方便了学生,也留下了好的口碑。其服务范围是各类物品行李的包装、快运("定日达")、派送等服务,始终以"可靠、高效、优质的服务,力争成为客户最信赖的公路物流品牌"为目标。提供的服务有安全包装——安全包装360°,全方位的安全运输;送货服务——可提供送货服务以及送货上楼服务。

温馨提示:在校托运要保证委托寄递的货物内没有易燃易爆危险品、剧毒物质、含有酒精成分的化妆品、液体、易碎品及所有我国法律法规禁止寄递的物品;毕业证书、护照、身份证、出国签证、字画及其他附带艺术价值、纪念价值的重要物件也不要在委托寄递的货物中夹带;电脑等数码产品内的重要资料应自行备份,避免承运途中的意外造成的间接损失。

策略三:易到家。

天地华宇拥有集家居的揽货、干线运输、送货、上楼、安装服务等为一体的物流解决方案,并为所有线上及线下的家居客户设立城市试点。它们分别是:北京、上海、广州、重庆、成都、武汉、沈阳、天津、郑州、青岛,并提供送货、上楼、安装服务,仅收取运费及安装费。

公司还根据特定节日牢牢地掌握消费者心理学,利用消费者心理诱导消费行为。例如,在2017年4月16日—5月31日期间,消费者发送关键字"易到家"3个字,系统就会立即发一份神秘红包给消费者,此红包可用于发货时的运费抵扣。这个策略达到了宣传"易到家"这个活动以及天地华宇公司的目的。

策略四:大票货、大优惠。

针对全国所有天地华宇网点新老客户在活动期间的大票货的纯运费进行打折,最低可享4折优惠。优惠方案见表7.2。

表7.2　大票货折扣方案

按质量计费 /千克	按体积计费 /立方米	定日达	零担
500~999.9	2.5~4.99	7.5折	8.0折
1 000~1 499.9	5.0~7.49	7.0折	7.5折

续表

按质量计费 /千克	按体积计费 /立方米	定日达	零担
1 500~1 999.9	7.5~9.99	6.5 折	7.0 折
2 000 以上	10 以上	6.0 折	6.5 折
部分精选线路折扣低至 4 折			
3 000~4 999.9	13.5~19.9	5.0 折	5.0 折
5 000 以上	20 以上	4.0 折	4.0 折

7.2.2　技能训练

在阅读完以上案例后,请每位同学收集一个物流营销策划案例(案例内容不限,案例篇幅不限),对该案例进行分析和评价,或谈谈该案例对你的启示(字数要求 800 字以上)。

◀ 参考文献 ▶

[1] 曲建科.物流市场营销[M].北京:电子工业出版社,2009.

[2] 梁军,沈文天.物流服务营销[M].2版.北京:清华大学出版社,2016.

[3] 刘红一.服务营销理论与实务[M].北京:清华大学出版社,2009.

[4] 石小平,金涛,伍云辉.物流客户服务[M].3版.北京:人民交通出版社,2015.

[5] 魏炳麒.市场调查与预测[M].大连:东北财经大学出版社,2010.

[6] 袁炎清,范爱理.物流市场营销[M].3版.北京:机械工业出版社,2017.

[7] 郭伟业,郭景春.物流服务营销[M].北京:北京师范大学出版社,2011.

[8] 吴建安.市场营销学[M].2版.北京:高等教育出版社,2000.

[9] 王之泰.现代物流学[M].北京:中国物资出版社,1995.

[10] 岳俊芳.服务市场营销[M].北京:中国人民大学出版社,2008.

[11] 魏农建.物流营销与客户关系管理[M].上海:上海财经大学出版社,2009.

[12] 金涛,张利分.物流服务营销[M].北京:化学工业出版社,2014.